新质生产力

强国理论与生产力认识新飞跃

周　文◎著

图书在版编目(CIP)数据

新质生产力：强国理论与生产力认识新飞跃 / 周文著. -- 南昌：江西高校出版社，2024. 8. -- ISBN 978-7-5762-4908-8

Ⅰ. F120.2

中国国家版本馆 CIP 数据核字第 2024C25L95 号

出版发行	江西高校出版社
社址	江西省南昌市洪都北大道 96 号
总编室电话	(0791)88504319
销售电话	(0791)88511423
网址	www.juacp.com
印刷	浙江海虹彩色印务有限公司
经销	全国新华书店
开本	787 mm×1092 mm　1/16
印张	18
字数	210 千字
版次	2024 年 8 月第 1 版
	2024 年 8 月第 1 次印刷
书号	ISBN 978-7-5762-4908-8
定价	68.00 元

赣版权登字-07-2024-378

目　录

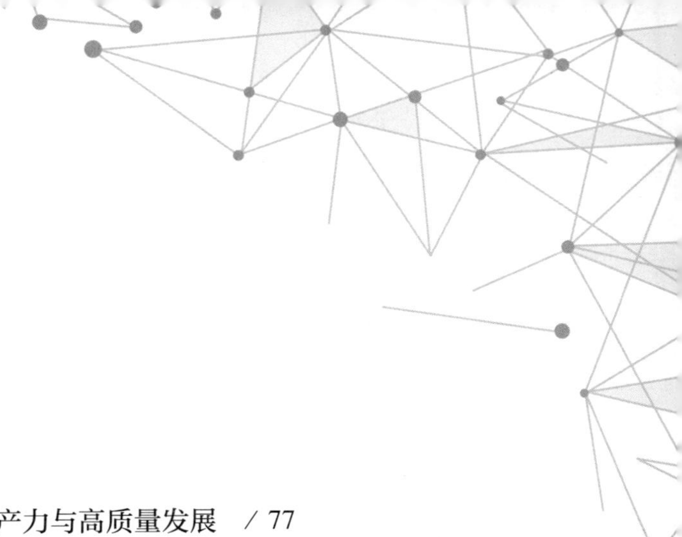

导　论

2023年7月以来，习近平总书记先后在四川、黑龙江、浙江、广西等地考察调研时，提出要整合科技创新资源，引领发展战略性新兴产业和未来产业，加快形成新质生产力①。2023年12月，习近平总书记在中央经济工作会议上再次指出，“要以科技创新推动产业创新，特别是以颠覆性技术和前沿技术催生新产业、新模式、新动能，发展新质生产力”②。2024年1月31日，习近平总书记在中共中央政治局第十一次集体学习时的讲话中再次强调“发展新质生产力是推动高质量发展的内在要求和重要着力点”，“必须继续做好创新这篇大文章，推动新质生产力加快发展”，并对新质生产力作出了明确定义：“新质生产力是创新起主导作用，摆脱传统经济增长方式、生产力发展路径，具有高科技、高效能、高质量特征，符合新发展理念的先进生产力质态。它由技术革命性突破、生产要素创新性配置、产业深度转型升级而催生，以劳动者、劳动资料、劳动对象及其优化组合的跃升为基本内涵，以全要素生产率大幅提升为核心标志，特点是创新，关键在质优，本质是先进生产力。”③2024年3月5日，习近平总书记在参加十四届全国

---

① 习近平：《发展新质生产力是推动高质量发展的内在要求和重要着力点》，《求是》2024年11期。

② 《中央经济工作会议在北京举行》，《人民日报》2023年12月13日第1版。

③ 习近平：《发展新质生产力是推动高质量发展的内在要求和重要着力点》，《求是》2024年11期。

人大二次会议江苏代表团审议时的讲话中指出，“要牢牢把握高质量发展这个首要任务，因地制宜发展新质生产力”①，彰显发展新质生产力的重要方法论。从2023年9月首次提出“加快形成新质生产力”，到在中央经济工作会议部署“发展新质生产力”，到政治局集体学习时对新质生产力的系统阐述，再到参加江苏代表团审议时指出发展新质生产力的根本方法论，习近平总书记关于新质生产力的一系列重要论述、重大部署，是对马克思主义生产力理论的发展和创新，进一步丰富和发展了习近平经济思想的内涵，标志着我们党关于生产力的认识实现了又一次飞跃，为高质量发展和中国式现代化的顺利实现提供了科学指引。

一、新质生产力是马克思主义生产力理论的创新和发展

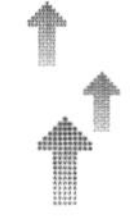

生产力概念是马克思主义政治经济学的核心概念，生产力理论是马克思主义政治经济学的经典理论。习近平总书记关于新质生产力的重要论述，拓展和深化了生产力的理论内涵，坚持和发展了马克思主义生产力理论，深化了对新发展阶段生产力发展规律的认识，为实现高质量发展所需要的新的生产力理论指明了方向，谱写了新时代马克思主义生产力理论的新篇章。

（一）新质生产力理论继承和发展了马克思主义生产力理论

生产力是马克思主义政治经济学的重要范畴。马克思指出，生产力是人类在改造自然时从事实践活动的生产能力。生产力是由很多因素共同决定的，“其中包括：工人的平均熟练程度，科学的发展水平和它在工艺上应用的程度，生产过程

① 《习近平在参加江苏代表团审议时强调　因地制宜发展新质生产力》，《人民日报》2024年3月6日第1版。

的社会结合，生产资料的规模和效能，以及自然条件”[①]。可以看到，生产力是一个复杂的系统性概念，基本要素是劳动者、劳动资料和劳动对象，自然、管理、科技等要素在生产中也起到了重要的作用。在《资本论》中，马克思把自然力作为生产力发展的要素，认为“大工业把巨大的自然力和自然科学并入生产过程”[②]，如利用水力、风力发电，利用太阳能供暖、发电等。他还把协作作为生产力的要素：“结合工作日的特殊生产力都是社会的劳动生产力或社会劳动的生产力。这种生产力是由协作本身产生的。”[③]

马克思尤其重视科学技术及其运用，认为科学技术属于生产力的重要组成部分，他强调，“生产力中也包括科学”[④]。在马克思看来，生产力不仅以物质形态存在，而且以知识形态存在，自然科学就是以知识形态为特征的一般社会生产力；科学技术也可以直接参与生产过程，成为直接的生产力，主要通过转化为劳动者的劳动技能，物化为劳动工具和劳动对象的方式实现，“固定资本的发展表明，一般社会知识，已经在多么大的程度上变成了直接的生产力”[⑤]。可以看出，马克思揭示了科学技术给人们的生产和生活带来的巨大改变，他指出，自然科学“通过工业日益在实践上进入人的生活，改造人的生活”[⑥]，并且，“劳动生产力是随着科学和技术的不断进步而不

① 中共中央马克思恩格斯列宁斯大林著作编译局编译：《马克思恩格斯选集》第二卷，人民出版社 2012 年版，第 100 页。

② 中共中央马克思恩格斯列宁斯大林著作编译局编译：《马克思恩格斯选集》第二卷，人民出版社 2012 年版，第 218 页。

③ 中共中央马克思恩格斯列宁斯大林著作编译局编译：《马克思恩格斯选集》第二卷，人民出版社 2012 年版，第 208 页。

④ 中共中央马克思恩格斯列宁斯大林著作编译局编译：《马克思恩格斯选集》第二卷，人民出版社 2012 年版，第 777 页。

⑤ 中共中央马克思恩格斯列宁斯大林著作编译局编译：《马克思恩格斯选集》第二卷，人民出版社 2012 年版，第 785 页。

⑥ 中共中央马克思恩格斯列宁斯大林著作编译局编译：《马克思恩格斯文集》第一卷，人民出版社 2009 年版，第 193 页。

断发展的"[①]。为此,恩格斯强调:"在马克思看来,科学是一种在历史上起推动作用的、革命的力量。"[②]

同时,生产力不是静态的,而是发展和变化的,并且生产力的发展是社会历史发展的物质基础,是人类社会发展的决定性力量。马克思和恩格斯认为,"人们所达到的生产力的总和决定着社会状况"[③]。生产关系必须适应生产力发展的状况,当生产关系与生产力发展不相适应时,就会出现矛盾,就会阻碍生产力发展。因此,生产力与生产关系的矛盾运动构成了社会形态发展的根本动力。这一规律也是我国推进中国式现代化的基本遵循,新质生产力正是在生产力与生产关系的运动中产生的。新质生产力在理论上继承和发展了马克思主义生产力理论,本质上是马克思主义生产力理论同新时代我国生产力发展实际相结合的产物[④],是马克思主义生产力理论的中国化时代化,更是当代中国马克思主义生产力理论、21世纪马克思主义生产力理论。

首先,新质生产力的产生符合生产力与生产关系的矛盾运动规律。在新一轮科技革命和产业变革的时代背景下,传统生产力无法突破技术制约继续提供经济发展的新动能,而随着我国在大数据、人工智能、5G通信、量子科技、生物技术等领域不断取得颠覆性技术突破,新质生产力应运而生。并且,新质生产力的形成也必然要求形成与之相适应的新型生产关系,围绕创新驱动推进体制机制变革,使生产关系更好地

---

① 中共中央马克思恩格斯列宁斯大林著作编译局编译:《马克思恩格斯选集》第二卷,人民出版社2012年版,第271页。

② 中共中央马克思恩格斯列宁斯大林著作编译局编译:《马克思恩格斯选集》第三卷,人民出版社2012年版,第1003页。

③ 中共中央马克思恩格斯列宁斯大林著作编译局编译:《马克思恩格斯选集》第一卷,人民出版社2012年版,第160页。

④ 周文、何雨晴:《新质生产力:中国式现代化的新动能与新路径》,《财经问题研究》2024年第4期。

适应新质生产力的发展。

其次，新质生产力继承了马克思“生产力中也包括科学”的观点，更加强调以科技创新为引领，突出技术、数据等新型生产要素在推动社会生产力发展中的核心作用。科技创新作为一种渗透性要素，是新质生产力的内生动力，必须融入生产的每一个环节，与其他生产要素结合起来。科技与传统生产要素的融合可以进一步提升劳动者的技术水平，丰富劳动资料的内容，扩大劳动对象的范围，有利于社会生产力的进一步发展。

最后，新质生产力继承和发展了马克思将协作视为生产力要素的观点，强调对科技创新资源的整合，促进数字经济与实体经济融合。科技创新固然是新质生产力的核心，但资源的整合协作也是加快形成和发展新质生产力的内在要求。通过对信息、设备等科技创新资源的优化整合，可以更好实现科技创新成本的降低和科技创新效率的不断提升，进而实现原创性、关键性和颠覆性技术突破。

（二）新质生产力的丰富内涵

马克思十分重视科学技术的发展及其在生产中的应用，但是，马克思并不认为科学技术就是构成生产力的一个独立要素，而是将其视为社会发展的一般精神产品，即一种精神生产力。科学技术想要由精神生产力转变为物质生产力，就必须与生产力的三要素，即劳动者、劳动资料和劳动对象相结合：一方面，通过与劳动资料、劳动对象相结合，改善其性状和功能；另一方面，通过与劳动者相结合，增强劳动者认识自然和改造自然的能力。这种结合的程度、质量、水平的不同也就造就了生产力在结合前后的不同，即传统生产力与新质生产力的不同。

新质生产力具有新的时代特质与丰富内涵。正如马克思所言：“各种经济时代的区别，不在于生产什么，而在于怎样生产，用什么劳动资料生产。"①生产力的质态因生产工具的突破性改进及其广泛应用而有新旧的区别②，新质生产力以第三次和第四次科技革命和产业革命为基础，是科技含量高，具有突出的创新驱动、绿色低碳、开放融合、人本内蕴特性的现代生产力，也是告别旧有技术体系、突破传统增长路径、符合高质量发展要求、契合信息化数字化智能化属性的生产力质态③，鲜明地体现出先进生产力前进方向的时代特质与内涵。习近平总书记强调，新质生产力"由技术革命性突破、生产要素创新性配置、产业深度转型升级而催生，以劳动者、劳动资料、劳动对象及其优化组合的跃升为基本内涵，以全要素生产率大幅提升为核心标志，特点是创新，关键在质优，本质是先进生产力"④。

具体来看，就劳动者而言，与传统生产力相匹配的劳动者主要是普通工人和技术工人，与新质生产力相匹配的则是新型劳动者，即知识型、技能型、创新型劳动者。相较于前者，新型劳动者拥有更高的教育水平和更强的学习实践能力。一方面，新型劳动者对自然界、人类自身及其生产活动有着更为深刻的认识，意识到要在人与自然和谐共生中利用和改造自然，兼顾生产的效益与质量；另一方面，新型劳动者具备更高的创新素养和劳动能力，能够熟练运用高端精密仪器和智能设备从事生产。

就劳动资料而言，随着科技的发展，劳动资料的内涵不断拓展。与新质生产力相匹配的劳动资料不仅有普通机器设备

---

① 中共中央马克思恩格斯列宁斯大林著作编译局编译：《马克思恩格斯选集》第二卷，人民出版社 2012 年版，第 172 页。

② 洪银兴：《新质生产力及其培育和发展》，《经济学动态》2024 年第 1 期。

③ 刘洋：《深刻理解和把握新质生产力的内涵要义》，《红旗文稿》2023 年第 24 期。

④ 习近平：《发展新质生产力是推动高质量发展的内在要求和重要着力点》，《求是》2024 年第 11 期。

和电子计算机，更有人工智能、虚拟现实和增强现实设备等高端精密仪器和智能设备。在数字经济时代，数字技术链接赋能万物，赋予了劳动资料数字化的属性，因此智能传感设备、工业机器人、光刻机、云服务、工业互联网等都属于劳动资料。

就劳动对象而言，与新质生产力相匹配的劳动对象除了以物质形态存在的未经加工的自然物以及加工过的原材料，还包括伴随科技进步新发现的自然物、注入更多技术要素的原材料以及数据等非物质形态的对象。在生产中有效应用新的自然物和原材料能够提增生产效益。在数字经济时代，数据成为劳动对象，促进了数字产业化和产业数字化的发展，使数字技术与实体经济深度融合，为传统产业的转型升级以及战略性新兴产业和未来产业的发展创造了有利条件。

可见，新质生产力从劳动者、劳动资料、劳动对象三个方面超越了传统生产力，是对马克思主义生产力理论的发展和创新。

（三）新质生产力的主要特征

新质生产力是创新起主导作用，摆脱传统的经济增长方式和生产力发展路径，具有高科技、高效能、高质量特征，符合新发展理念的先进生产力质态。

高科技体现为重视科技创新特别是原创性、颠覆性科技创新，并将科技创新成果融入生产全过程。科技创新能够催生新产业、新模式、新动能，是发展新质生产力的核心要素。新质生产力的形成离不开科技创新的持续突破，新质生产力的发展坚持以科技创新推动产业创新、以产业创新不断培育壮大新质生产力，着眼于具体的生产过程，原创性、颠覆性科技创新与劳动者、劳动资料、劳动对象相结合，贯穿于生产的全过程，主导并推动着新质生产力的发展，推动实现高水平科技自立自强。

高效能体现为生产要素配置效率高、科技成果转化效率高和生产效率高。不同生产要素组合方式的效率受到组织和技术因素的影响，通过改进组织方式和技术水平，可提升生产要素的组合效率进而推动生产力的跃升。其一，基于生产要素配置方式的创新，各类优质生产要素能够以更高的效率流向关键核心技术领域，进一步提升原创性、颠覆性科技的资源配置效率和创新效率。其二，经济体制与科技体制的深化改革，促进科技成果转化的体制机制逐渐成熟，从原始创新到产业转化的时间周期持续缩短，科技成果转化效率进一步提高。其三，原创性、颠覆性科技的产业化，推动了劳动者、劳动资料和劳动对象等生产要素的变革，缩短了社会必要劳动时间，能够极大提高劳动生产率。

高质量发展体现为摆脱传统增长路径，不再依靠大量资源投入、能源消耗，更加符合新发展理念。新发展理念和高质量发展内在统一，高质量发展就是体现新发展理念的发展。绿色发展是高质量发展的底色，新质生产力本身就是绿色生产力。加快形成和发展新质生产力，就是要以先进生产力打通高质量发展的关键环节，站在人与自然和谐共生的高度谋划发展全局。党的二十大报告指出："推动经济社会发展绿色化、低碳化是实现高质量发展的关键环节。"①新质生产力能够推动产业结构、能源结构和交通运输结构的调整优化，实现经济社会发展绿色化和低碳化的目标要求，成为助力高质量发展的绿色生产力。现在，中国在多个新能源领域处于全球领先地位，发展潜力巨大，中国的绿色发展正在成为中国式现代化的新典范。②

① 习近平：《高举中国特色社会主义伟大旗帜　为全面建设社会主义现代化国家而团结奋斗——在中国共产党第二十次全国代表大会上的报告》，人民出版社 2022 年版，第 50 页。

② 周文：《高质量发展需要新的生产力理论来指导》，《党建》2024 年第 5 期。

（四）新质生产力的理论创新

新质生产力是马克思主义政治经济学中国化时代化的重大理论命题。高质量发展需要新的生产力理论来指导，而新质生产力已经在实践中形成并展示出对高质量发展的强劲推动力、支撑力，需要我们从理论上进行总结、概括，用以指导新的发展实践。

社会主义的根本任务是解放和发展社会生产力。邓小平强调："马克思说过，科学技术是生产力，事实证明这话讲得很对。依我看，科学技术是第一生产力。"①邓小平将"解放生产力，发展生产力"概括为社会主义本质的主要内容。改革开放以来，我国经济发展之所以不断实现历史性跨越和取得历史性成就，就在于中国共产党始终坚持将马克思主义生产力理论与中国实际情况和时代发展要求相结合，不断推进对生产力规律的认识和深化，促进生产力理论的丰富和发展，始终坚持以科技进步推动传统生产力不断发展和跃升。

当前，随着新一轮科技变革和产业革命的不断深入，创新已经成为世界主要国家发展战略的重心。为了抓住创新驱动发展的重大机遇，在国际竞争中赢得主动权，习近平总书记提出要整合科技创新资源以加快形成新质生产力，将先进科技视为新质生产力生成的内在动力。一方面，这肯定了科学技术在生产力形成和发展中的重要作用；另一方面，将这些科学技术上升为更高层次上的关键性、颠覆性技术，突出科技创新在生产力发展中的主导作用，是根据时代发展要求和中国国情的变化对中国共产党人的生产力思想的传承、发展和创新，开拓了当代中国马克思主义政治经济学新境界。

新质生产力理论是习近平经济思想的最新理论成果。生产力理论是马克思主义政治经济学的经典理论，是不断与时

① 邓小平：《邓小平文选》第三卷，人民出版社1993年版，第274页。

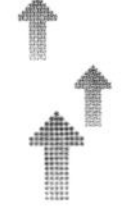

俱进、创新发展的理论。正如前文所言，新质生产力在理论上继承和发展了马克思主义生产力理论，本质上是马克思主义生产力理论同新时代中国生产力发展实际相结合的产物。习近平总书记指出："一种理论的产生，源泉只能是丰富生动的现实生活，动力只能是解决社会矛盾和问题的现实要求。"①习近平总书记立足于新一轮科技革命和产业变革的澎湃浪潮，顺应生产力发展的规律和我国经济发展新趋势，着眼于生产力跃迁的突破方向和高质量发展的实践要求，对什么是新质生产力、为什么要发展新质生产力、如何发展新质生产力作出深刻阐释，提出了一系列发展新质生产力的新思想新观点新论断，深化和拓展了生产力的理论内涵，坚持和发展了马克思主义生产力理论，深化了对新发展阶段生产力发展规律的认识，为实现高质量发展所需要的新的生产力理论指明了方向，谱写了新时代马克思主义生产力理论的新篇章。新质生产力理论科学解答了生产力理论发展的时代之问和现实生产力发展的实践之问，是新时代我国经济发展实践和经济理论创新的集成②。习近平总书记关于新质生产力的重要论述，为加快形成和发展新质生产力提供了根本遵循和科学指引，为抢占发展制高点、培育竞争新优势和赢得发展主动权、推动我国生产力水平跃迁和实现高质量发展、全面推进中国式现代化建设提供了理论指导和行动指南。

二、发展新质生产力是推动高质量发展的内在要求

经济发展离不开科学技术的突破。科学技术的每一次突破，都是推动旧生产力体系逐步瓦解和新生产力体系逐步形成的重要力量。当今世界，新一轮科技革命和产业变革深入

---

① 习近平：《论党的宣传思想工作》，中央文献出版社2020年版，第289页。

② 顾海良：《新质生产力是新时代实践和理论创新的集成》，《经济日报》2024年3月19日第3版。

发展,全球进入一个创新密集时代。高质量发展强调科技创新、绿色发展和人的全面发展,需要依靠原创性、颠覆性技术创新为其提供坚实的物质技术基础。从这个意义上来说,与高质量发展相适应的生产力只能是新质生产力。

高质量发展是注重科技创新的发展,加快形成新质生产力能够引领更高质量的发展。经济高质量发展是由以资源消耗、劳动力投入以及资本投入驱动的粗放式增长转为以提质增效、结构升级和创新驱动的集约式增长,将科技创新视为实现高质量发展的内在动力。改革开放以来,我国在科技领域取得了巨大成就,科技整体能力持续提升,重大创新成果竞相涌现,为经济的持续健康发展提供了强大动能。但同时也应当看到,当前我国"发展不平衡不充分问题仍然突出,推进高质量发展还有许多卡点瓶颈,科技创新能力还不强"[①]。可见,新时代推进高质量发展对科技创新能力提出了新的更高要求,需要通过科技进步进一步突破经济发展瓶颈。新质生产力是以科技创新为主导,实现原创性、颠覆性技术突破而产生的生产力,能够促进传统产业转型升级以及战略性新兴产业、未来产业的形成和发展,顺应高质量发展的目标要求。基于此,应大力实施创新驱动发展战略,实现原创性、颠覆性技术突破,使新质生产力成为高质量发展的强大引擎。

高质量发展是绿色的发展,加快形成新质生产力能够打通高质量发展的关键环节。绿色发展是高质量发展的底色,新质生产力本身就是绿色生产力。经济社会发展绿色化、低碳化要求加快推动产业结构、能源结构和交通运输结构的调整优化,从而对当前的生产力水平提出了新的要求。

首先,产业结构的调整优化需要依托绿色产业的发展来实现,而科技创新是推动绿色产业发展的关键支撑。以实现

① 习近平:《习近平著作选读》第一卷,人民出版社2023年版,第12页。

关键性、颠覆性技术突破形成新质生产力的过程，将带动节能降碳先进技术研发及其在新能源汽车、绿色环保等战略性新兴产业的技术应用，助力产业结构的绿色转型。

其次，能源结构的优化要求降低高能耗、高污染的传统能源的使用，加大对新的自然资源的开发利用，从而减少环境污染，实现人与自然的和谐共生。一方面，新质生产力的形成伴随着人类认识自然、改造自然能力的提升，能够开发出更多的新能源、新材料，并在开发的过程中注意保持自然资源的可持续利用。另一方面，与新质生产力相匹配的劳动资料是一系列高精尖设备，这些设备的应用将实现资源利用效率的提升。

最后，交通运输结构的优化需要科技赋能。现代化综合交通体系建设是当前交通运输结构优化的重要内容。这一目标的实现以各类运输方式基础设施的有效衔接为基础。新质生产力能够依靠科技创新带来的生产效率提升加快铁路、航道、公路等干线通道的建设，补齐基础设施短板，同时依托大数据、人工智能建立起智能交通运输网络，实现对各个运输环节的整体调配，提升枢纽、场站集疏运效率。总的来说，新质生产力通过促进绿色产业发展、提升资源利用效率、助力现代化综合交通体系建设三个方面推动经济社会发展绿色化、低碳化，从而打通高质量发展的关键环节。

高质量发展是人的全面发展，加快形成新质生产力能够推动高素质劳动人才队伍建设。推动新质生产力加快发展，归根到底要靠高素质劳动者。高素质劳动者是推动新质生产力发展的重要保障，教育、科技、人才三者是有机联系的整体。教育、科技、人才是全面建设社会主义现代化国家的基础性、战略性支撑，必须坚持科技是第一生产力、人才是第一资源、创新是第一动力。高素质劳动者不仅是新质生产力的主体，也是承担现代化建设任务的主体，是中华民族伟大复兴的中坚力量。加快发展新质生产力，就要把教育、科技、人才有机结合起来，一体统筹推进，畅通教育、科技、人才的良性循环，完善人才培养、引进、使用、合理流动的工作机制。要根据科技发展新趋势，优化高等学校学科设置、人才培养模式，为发展新质生产力、推动高质量发展培养急需人才。与此同时，随着新质生产力取代传统生产力，关键性、颠覆性技术创新包含的新知识、新方法和新理念逐渐被劳动者所掌握，劳动者的知识储备、文化素质、劳动技能进一步提高，同时也为高质量发展提供高素质的劳动者。

三、发展新质生产力是推动高质量发展的重要着力点

党的二十大报告明确指出："高质量发展是全面建设社会主义现代化国家的首要任务。"[①]党的二十届三中全会通过的《中共中央关于进一步全面深化改革　推进中国式现代化的决定》再次强调"高质量发展是全面建设社会主义现代化国家的首要任务"，并提出要"健全因地制宜发展新质生产力体制机制"[②]。新质生产力是摆脱传统经济增长路径、符合高质量发展要求的生产力。新质生产力与高质量发展相互促进、相互支撑，要加快发展新质生产力为高质量发展抢占发展制高点、培育竞争新优势、蓄积发展新动能；用新质生产力理论指导高质量发展实践，推动高质量发展不断取得新进展新成效。

（一）加快形成新质生产力的重要意义

近年来，我国经济发展面临复杂的内外部环境，无论是当前提振信心、推动经济回升向好，还是在未来发展和国际竞争中赢得战略主动，关键都在科技创新，重点都在关键性、颠覆

① 习近平：《高举中国特色社会主义伟大旗帜　为全面建设社会主义现代化国家而团结奋斗——在中国共产党第二十次全国代表大会上的报告》，人民出版社 2022 年版，第 28 页。

② 《中共中央关于进一步全面深化改革　推进中国式现代化的决定》，《人民日报》2024 年 7 月 22 日第 1 版。

性技术的突破。新质生产力的提出，体现了以科技创新推动产业创新，以产业升级构筑新竞争优势、赢得发展主动权的信心和决心。

新质生产力的形成有助于抢占发展制高点。只有通过技术创新，我们才能占据产业链的高端位置，掌握发展的主动权，占领发展的制高点。一方面，新质生产力的形成和发展，需以源源不断的技术创新和科学进步作为支撑。科技实力的跃升有利于我国占领前沿领域的最高点与创新链条上的关键点，从而为我国占领发展制高点提供技术支持。另一方面，新质生产力在战略性新兴产业和未来产业中的应用能够使我国科技发展面向世界科技前沿，不断向科学技术广度和深度进军，引领世界科技发展方向，从而掌握未来发展的主动权，率先占领发展的制高点。因此，要抢占发展制高点，就必须重视高新技术研发及其应用，加快发展战略性新兴产业和未来产业，加强知识产权保护，加紧培育人才这一科技创新的第一资源，为科技创新提供制度保障和人才支持。同时，要为科技创新注入国际视野和全球思维，扩大国际科技交流合作，加强国际化科研环境建设，处理好开放式创新与科技自立自强的关系，吸收全球先进技术和管理经验，提高自主创新能力。

新质生产力的形成有助于培育竞争新优势。改革开放以来，我国凭借丰富的劳动力和自然资源形成比较优势，成为世界贸易大国，进出口总额多年位居全球第一。然而，随着新一轮科技革命和产业变革的突飞猛进，科学技术与经济社会发展加速融合，劳动力和自然资源等要素禀赋的比较优势逐渐下降，出口贸易产品成本不断提高，传统的低成本优势逐渐弱化，我们迫切需要将以资源禀赋为基础的比较优势转为以核心技术为基础的竞争优势，发展战略性新兴产业和未来产业。在新产业、新业态、新领域、新赛道上，我国已经取得一定的发展成就，积累了较多的发展经验，具备较好的基础和条件，包括在人才、技术、资本等方面积累的优势，以及在市场规模、产业体系等方面的优势。保持良好的发展态势，持续推进高质量发展，才能使我国在激烈的国际竞争中处于有利地位，在已有优势的基础上培育竞争新优势。推动形成新质生产力，要求坚持深化改革开放，强化体制机制创新，从而提升产业经济的持续整体竞争力，培育产业竞争新优势。

新质生产力的形成有助于蓄积发展新动能。在新一轮科技革命和产业变革进程中，新动能主要表现为以下特点：以知识流动、技术扩散、产业升级等为需求牵引，以信息、数据、技术等为基础元素，以数字经济、生物经济、共享经济等为主要方向。其表现为一种与传统商品生产、流通和交换模式完全不同的新型生产力。新质生产力在关键性、颠覆性技术突破中产生，注重与信息技术、高端装备、航空航天、类脑智能、未来网络等战略性新兴产业和未来产业的创新结合，具有知识技术密集、物质资源消耗少、成长潜力大、综合效益好等特点，展现出与发展新动能相一致的技术与产业特征，能够为高质量发展提供源源不断的发展动力。在当前内外部环境复杂多变的形势下，推动形成新质生产力，当务之急是千方百计激活创新主体，打破经济创新主体的单一格局，更为充分地发挥企业特别是民营企业在科技创新和产业创新中的主体作用，坚持“两个毫不动摇”和“三个没有变”，破除民营企业面临的体制性、政策性障碍，使之成为创新要素集成、创新成果转化的生力军，打造科技、产业、金融等紧密结合的创新体系，从而为实现高质量发展提供强大动力和支撑①。

（二）用新质生产力理论指导高质量发展实践

理论来源于实践，又用于指导实践。发展新质生产力是

① 周文、许凌云：《论新质生产力：内涵特征与重要着力点》，《改革》2023 年第 10 期。

推动高质量发展的内在要求和重要着力点，高质量发展需要新质生产力理论来指导。

新质生产力理论要求重视技术革命尤其是原创性、颠覆性科技突破。技术革命性突破是催生新质生产力的关键，也是高质量发展的内在要求。回顾历史，人类每一次重大科技进步都改进了劳动工具，给经济社会发展提供了强大动力，表明科技革命是产业变革和生产力跃升的动力源泉，新质生产力与技术的革命性突破相伴相生。近年来，全球科技创新进入空前密集活跃的时期，新一轮科技革命和产业变革加速演进，抓住这个机遇，就能掌握发展的主动权。新质生产力主要由技术革命性突破催生，显著特点是创新。发展新质生产力，加强科技创新特别是原创性、颠覆性科技创新，加快实现高水平科技自立自强，有助于我们牢牢把握新一轮科技革命和产业变革重大机遇，加快转变发展方式、优化经济结构、转换增长动力，推进高质量发展。

新质生产力理论要求推动构建与之相适应的新型生产关系。加快形成和发展新质生产力，带来的是发展命题，也是改革命题。生产关系必须与生产力发展要求相适应。中国特色社会主义经济制度具有集中力量进行重大科技攻关的显著优势，正是这一优势使我国在量子信息、高铁等方面取得了一批重大原创性成果，北斗导航、移动通信、新能源汽车等一系列技术进入世界领先行列，为我国生产力发展提供了强大的科技创新动能。当前，新质生产力的形成需要新的生产关系与之相适应，要按照“强化科技同经济对接、创新成果同产业对接、创新项目同现实生产力对接、研发人员创新劳动同其利益收入对接”①的发展要求，全面深化体制改革，扩大高水平对外

① 中共中央文献研究室编：《习近平关于社会主义经济建设论述摘编》，中央文献出版社2017年版，第144页。

开放,不断调整生产关系,着力打通束缚新质生产力发展的堵点卡点,充分激发社会发展活力,让各类先进优质生产要素向发展新质生产力顺畅流动。正如党的二十届三中全会通过的《中共中央关于进一步全面深化改革　推进中国式现代化的决定》中提出的,要"健全相关规则和政策,加快形成同新质生产力更相适应的生产关系,促进各类先进生产要素向发展新质生产力集聚,大幅提升全要素生产率"①。

新质生产力理论要求加快建设现代化产业体系。产业是新质生产力的主要载体,由前沿技术、颠覆性科技创新和产业化所形成的物质资料构成的新兴产业,是新质生产力的重要表现,也是高质量发展的重要着力点。一是推动传统产业深度转型升级。传统产业是基本盘、老家底,是现代化产业体系的基底。推动传统产业与新兴产业协同发展,是发展新质生产力亟待解决的重大课题。要通过传统产业的高端化、智能化、绿色化升级夯实现代化产业体系基底,提升当前生产力的发展水平,加快新质生产力的形成和发展。二是培育壮大战略性新兴产业。其关键在于增强科技创新能力,以科技创新推动产业创新,以产业创新打造发展新引擎。要紧紧围绕战略性新兴产业重点领域,对标国际领先水平,打造一批具有国际竞争力的战略性新兴产业集群,增强产业发展的整体竞争力。三是前瞻性布局建设未来产业。未来产业代表着新一轮科技革命和产业变革方向,以原创性、颠覆性科技为特征,有望发展成为战略性新兴产业乃至支柱产业。发展未来产业既是推动高质量发展的内在要求,也是现代化产业体系建设的重要支撑。布局建设未来产业,有利于抢占经济发展的制高点,释放更多新质生产力,培育竞争新优势。

① 《中共中央关于进一步全面深化改革　推进中国式现代化的决定》,《人民日报》2024年7月22日第1版。

四、正确理解新质生产力，充分认识新质生产力的形成条件

当前有关新质生产力的研究中还存在理解有误区、认识不够充分的情况，例如将传统产业排除在新质生产力的产业基础之外、否认政府推动科技创新形成新质生产力的重要作用、认为新质生产力已经形成等。因此，有必要对认识误区进行剖析，帮助正确理解新质生产力，充分认识新质生产力的形成条件，以利于促进新质生产力的形成和发展。

（一）新质生产力的认识误区

1.新质生产力与传统产业无关论

新质生产力的核心是创新，载体是产业，其形成和发展离不开现代化产业体系的支撑。作为现代化产业体系的重要基底，传统产业关系着现代化产业体系的先进性、完整性和安全性，对战略性新兴产业和未来产业具有基础性作用，且其经过转型升级之后，也能够孕育新产业，形成新质生产力。然而，当前一些人只将战略性新兴产业和未来产业视为形成新质生产力的产业基础和载体，强调新质生产力由战略性新兴产业和未来产业所催生，否认传统产业对形成新质生产力的基础性作用。这一观点忽视了传统产业在经济发展中的重要地位，也违背了产业发展的客观规律。需要说明的是，强调引领发展战略性新兴产业和未来产业，加快形成新质生产力，只是将战略性新兴产业和未来产业视为加快形成新质生产力的主阵地，并不意味着二者是构成新质生产力的全部产业基础。传统产业的重要地位与发展特点决定了其与战略性新兴产业、未来产业共同构成新质生产力的产业基础。

其一，着眼于整个产业体系，传统产业关系着现代化产业体系的先进性、完整性和安全性。一方面，我国传统产业体量大，在制造业中占比超 80%，是我国经济的“压舱石”，其健康发展关乎我国现代化产业体系建设全局。另一方面,在部分西方发达国家对我国“脱钩断链”的背景下,将传统产业视为低端产业简单退出,必然会带来产业空心化的风险,影响我国产业链、创新链、价值链的完整性和安全性,不利于新质生产力的形成。

其二,着眼于不同产业之间的关系,传统产业是形成和发展战略性新兴产业和未来产业的基础和前提。德国经济学家弗里德里希·李斯特曾在分析生产力的联合时指出:“无论哪一种工业,都只有依靠了其他一切工业生产力的联合,才能获得发展。例如要使一个机器制造厂能够顺利进行工作,必要的条件是要使它能够向矿山和金属冶炼厂买到必要的原料,各种各样需用机器的工厂要愿意向它购买出品。”[①]传统产业之于战略性新兴产业、未来产业的意义亦是如此,三者之间并不是单纯的从属或替代关系,而是相互依存、共同发展。战略性新兴产业和未来产业的形成和发展离不开传统产业的支撑,如半导体行业离不开传统的电镀,智能化的工业机器人也需要传统焊接制造环节。可见,传统产业构成了战略性新兴产业和未来产业的基石。未来应持续在传统产业精耕细作,有效提升产业基础能力,实现生产力的联合,形成新质生产力的强大动能。

其三,着眼于产业转型升级,传统产业能够通过与新技术的结合实现优化和升级,并完成向战略性新兴产业与未来产业的转化,厚植形成新质生产力的产业基础。一方面,通过引入新科技手段和设备对传统产业进行高科技化改造,能够对传统产业的生产流程、管理方式进行优化和升级,提高生产效

① 弗里德里希·李斯特:《政治经济学的国民体系》,陈万煦译,蔡受百校,商务印书馆2012年版,第150页。

率和产品质量①。例如，引入人工智能、大数据等技术改进生产流程，能够实现生产过程的自动化、智能化和信息化，提升产业链现代化水平。另一方面，新技术融入传统产业能够推动传统产业向战略性新兴产业和未来产业转化。战略性新兴产业和未来产业不会横空出世，而是在传统产业的基础上发展而来。以汽车工业这一传统制造业为例，将传统汽车换上动力电池，传统汽车业就升级为战略性新兴产业中的新能源汽车产业。由此可见，传统产业不等于低端产业，只要坚持高端化、智能化、绿色化发展路径，同样能够推动新质生产力的形成。

2.新质生产力与政府无关论

关于政府在创新中的作用，当前也有不同理解，存在着认识误区，即认为创新只能来自市场，政府不仅不能促进创新发展，反而会阻碍创新的推进。这一观点忽视了市场在推动创新方面的不足和政府的积极作用，不利于构建与高水平科技自立自强相适应的科技创新体系。唯有将政府和市场作用有机结合，才能在最大程度上激发创新创造的活力，赋能新质生产力的形成和发展，助力我国迈进创新型国家前列。

从理论出发，单纯依靠市场力量难以最大限度地释放全社会创新潜力，需要政府引导、保障乃至直接参与创新活动。

其一，基于市场失灵理论，市场机制无法通过自身实现关键性技术和颠覆性技术创新的全过程。由于在科技创新活动中企业研发存在溢出效应、专属性、发展滞后性等局限，加之关键性技术和颠覆性技术研发特别是基础研究领域的技术研发具有投入巨大、成功率低、风险系数高、研发周期长等特点，多数企业会选择规避此类创新活动，使得对这一领域的创新

① 李政、廖晓东：《新质生产力理论的生成逻辑、原创价值与实践路径》，《江海学刊》2023 年第 6 期。

资源投入无法达到预期规模。在这种情况下，需要政府推动此类基础性、关键性技术的研发攻关，同时纠正市场失灵，通过出台政策保护企业知识产权，以财政补助、税收减免等手段降低企业技术创新的成本和风险，促进企业投身关键性技术和颠覆性技术领域，激发形成新质生产力的市场活力。

其二，基于美国学者亨利·埃茨科维兹提出的三螺旋理论，政府与大学、企业一样是创新过程中的独立主体，三者相互作用、相互促进，形成推动关键性技术和颠覆性技术创新的螺旋上升模式。在这一模式下，政府不仅通过优化创新制度环境、提供公共服务等方式推动大学的基础性研究和企业的应用型技术研发与成果转化，还以直接投资的方式支持科技创新，以独立创新主体的身份参与科技创新的全过程。可以说，科技创新离不开政府的引导与支持，新质生产力的形成离不开有为政府。

从实践出发，我国科技发展的成就和西方发达国家科技崛起的历史表明，政府是推动科技创新以及先进生产力形成和发展的重要力量。

着眼于我国科技发展的实践过程，政府实施重大科技发展战略是我国科技创新和生产发展的重要推手。面对世界高技术蓬勃发展、国际竞争日趋激烈的严峻挑战，国家有关部门从 1984 年起，多次组织专家学者研究发达国家高技术发展战略，致力于加快我国高技术领域的研究进展，于 1986 年 3 月，形成《关于高新技术研究发展计划的报告》(即“863 计划”)。1986 年 11 月，中共中央、国务院正式批准《高技术研究发展计划纲要》。这一计划聚焦生物技术、航天技术、信息技术、激光技术、自动化技术、能源技术、新材料等 7 个对我国未来发展有重大影响的高技术领域，促成了我国高技术研究领域由点到面、由跟随到创新发展的转变，推动形成了产学研结合的创新体系，带动了高技术产业的发展[①]，为我国生产力的跃迁提供了强大动力。

着眼于西方发达国家科技崛起的历史，政府干预仍然是实现关键技术创新的重要手段。以美国和德国为例，克林顿政府曾制定"信息高速公路计划"，通过成立总统科学技术委员会、削减国防开支、加大联邦政府对研究开发的投入等一系列措施，为美国奠定了信息技术革命时代的支配地位[②]；德国政府也通过制定《德国高技术战略（2006—2009 年）》《德国 2020 高技术战略》《未来研究与创新战略》等高技术产业发展规划，不断提升产业标准化、现代化水平与科技创新能力，使德国跻身世界科技强国。历史发展表明，政府是提升国家创新能力的重要主体，政府干预对一国科技创新与生产力发展具有重要意义。

3.新质生产力已经形成论

中国特色社会主义进入新时代，我国科技事业发生历史性、整体性、格局性重大变化，全球创新指数（GII）排名由 2012 年的第 34 位跃升至 2023 年的第 11 位，跻身创新型国家行列，科技进步贡献率达到 60%以上[③]，为生产力的发展提供了关键支撑。一些人将我国在科技创新领域取得的成就视为新质生产力形成的标志，这一观点混淆了生产力进步和新质生产力形成的边界，忽视了生产力形成与发展的渐进性和继承性特点，不符合习近平总书记提出的"加快形成新质生产力"的真实意蕴。强调"加快形成"，恰恰意味着新质生产力形成是一个长期的、复杂的过程。

---

① 徐畅：《"863"，中国高技术奋起发展的标志》，《光明日报》2021 年 3 月 29 日第 5 版。

② 周文：《赶超：产业政策与强国之路》，天津人民出版社 2023 年版，第 25—26 页。

③ 《政府工作报告——2023 年 3 月 5 日在第十四届全国人民代表大会第一次会议上》，《人民日报》2023 年 3 月 15 日第 1 版。

近年来,我国在科技领域取得了举世瞩目的伟大成就,科技实力正从量的积累迈向质的飞跃、从点的突破迈向系统能力提升,为进一步解放发展生产力奠定了坚实基础。但是,当前我国发展不平衡不充分问题仍然突出,推进高质量发展还有许多卡点瓶颈,科技创新能力还不强,特别是在关键核心技术领域仍然面临西方发达国家“卡脖子”的难题。可见,我国目前的生产力水平处于从量变到质变的跨越阶段,而非已经完成了质变。已经取得的成就(生产力的量变)只能视为形成新质生产力(生产力的质变)的前提和基础。新质生产力是以科技创新为主导,实现原创性、颠覆性技术突破而产生的生产力。① 只有当原创性、颠覆性技术实现突破、发生质变,引发生产力核心因素的变革,才能形成新质生产力。不能将生产力的量变与质变相混淆,从而将生产力进步等同于新质生产力形成。

生产力的形成和发展具有渐进性、继承性的特点,决定了新质生产力的形成需要一个长期的过程。生产力的形成和发展不是一蹴而就的,而是具有渐进性和继承性,遵循一定客观规律的。马克思曾在致帕维尔·瓦西里耶维奇·安年科夫的信中写道:“人们不能自由选择自己的生产力——这是他们的全部历史的基础,因为任何生产力都是一种既得的力量,是以往的活动的产物。可见,生产力是人们应用能力的结果,但是这种能力本身决定于人们所处的条件,决定于先前已经获得的生产力,决定于在他们以前已经存在、不是由他们创立而是由前一代人创立的社会形式。后来的每一代人都得到前一代人已经取得的生产力并当做原料来为自己新的生产服务……”②

---

① 周文、许凌云:《论新质生产力:内涵特征与重要着力点》,《改革》2023 年第 10 期。

② 中共中央马克思恩格斯列宁斯大林著作编译局编译:《马克思恩格斯选集》第四卷,人民出版社 2012 年版,第 408—409 页。

马克思深刻地揭示出生产力形成和发展的渐进性与继承性特点，认为生产力的形成和发展要经历世代相传的长期过程，要在继承前一代人生产力的基础上进行。

事实上，我国现实中的生产力发展之路与马克思对生产力发展规律的认识是一致的，其成就的取得是一代又一代中国共产党人同中国人民接续奋斗的结果。新中国成立初期，我们党团结带领全国各族人民优先发展重工业，建立和巩固了我国的工业化基础，促进了生产力水平的提高；改革开放后，我国基于先前建立的独立的比较完整的工业体系和国民经济体系，继续进行经济体制改革，引入市场机制，逐步建立起社会主义市场经济体制，极大地激发了市场主体的经济活力，推动了生产力的高速发展；步入新时代，在先前建立的经济基础上，我国经济由高速增长阶段转向高质量发展阶段，通过创新驱动实现生产力的持续升级。总的来说，生产力的每一次进步，都是经过全体人民长期奋斗取得的，都是建立在“已经取得的生产力”的基础之上的。基于此，形成新质生产力的过程应当是一个在继承传统生产力的基础上，依靠原创性技术和颠覆性技术对其进行超越的过程，要对其长期性、艰巨性和复杂性有充分认识。

（二）新质生产力的形成条件

1.市场基础

分工与协作是生产方式最重要的表现形式和存在形式[①]，分工细化的过程也是促成生产力发生质变的过程，这种分工的细化以有效市场规模的扩大为前提条件。英国古典经济学家亚当·斯密在《国富论》（即《国民财富的性质和原因的研究》）中指出，分工的出现会促进劳动生产力的提高，分工起源

① 周绍东、胡华杰：《新质生产力推动创新发展的政治经济学研究》，《新疆师范大学学报（哲学社会科学版）》2023 年第 5 期。

于交换，分工的程度要受市场大小的限制。市场规模的扩大能够促进分工的细化，分工精细则意味着新产业、新业态和新模式的持续涌现，进而更有利于生产力的发展和产业革命的出现。但同时也应当注意到，市场规模扩大带来的协调成本的提升会制约分工的细化[①]。也就是说，这种由市场规模扩大引发的分工细化与生产力的发展不是无止境的。一方面，随着分工不断细化，不同分工环节之间的摩擦也在增加，使得维持产业链正常运转的协调成本上升；另一方面，自然地理环境、风俗习惯以及产业政策等方面的差异导致市场处于分割状态，增加了不同区域、产业之间开展经济活动的沟通成本和协调难度，形成了一个个相对独立的分隔开的局部市场。总的市场规模看似很大，但单一市场的有效规模相对受限，分工专业化的水平也会由此受限[②]。因此，形成新质生产力的市场条件不是单纯地强调市场规模的扩大，而是强调要形成成熟的国内统一大市场。

大规模的市场需求还能够刺激生产要素供给，推动科学技术创新及其产业化进程，从而形成新质生产力的强大动力。庞大的市场规模能够产生巨大的市场需求，在市场供求机制的影响下，刺激市场主体加大对生产要素资源的持续供给，提升资源供给效率。在此基础上，完善的市场制度能够有效地将劳动力、资本、技术等要素资源迅速配置到科技创新领域，进一步推动科技创新和生产发展。不仅如此，市场需求还是推动科技创新的直接动力。创新活动往往出于市场的需要，企业要想在激烈的市场竞争中立于不败之地，就必须不断进行技术革新，提升劳动生产率以满足庞大的市场需求。正如

① 寇宗来、赵文天：《分工视角下的数字化转型》，《北京交通大学学报（社会科学版）》2021 年第 3 期。

② 寇宗来、赵文天：《分工视角下的全国统一大市场建设》，《云南社会科学》2022 年第 5 期。

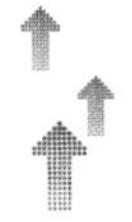

恩格斯所言："社会一旦有技术上的需要，这种需要就会比十所大学更能把科学推向前进。"①在市场需求的推动下，企业会加大对科技创新的投入力度，不断加快科技研发及其产业化过程，并在这一过程中不断促进社会生产力的发展。

2.技术基础

科技是生产力中最活跃、最具革命性的因素。回顾近代以来人类生产力发展的历史，可以发现生产力的跃升离不开科学技术特别是关键性技术和颠覆性技术的突破：蒸汽动力领域的技术突破催生了第一次科技革命，通过蒸汽机的应用带动了纺织工业、冶金工业、煤炭工业、交通运输业、机器制造业的飞跃发展，使蒸汽动力取代人力和畜力，生产动力发生巨大变革，人类进入了蒸汽时代；电力领域的技术突破催生了第二次科技革命，电力在生产、通信等诸多领域发挥了强大作用，通过机械化生产提高了生产效率，大规模的生产变得经济可行，实现了生产力的巨大飞跃，人类进入电气时代；原子能、电子计算机、空间技术和生物工程的发明和应用催生了第三次科技革命，带动了信息技术、新能源技术、新材料技术、生物技术、空间技术和海洋技术等诸多领域的生产发展，使生产的数字化、智能化水平不断提升，人类进入信息时代。可见，技术革命是产业革命和生产力飞跃的动力源泉。新质生产力是实现原创性技术和颠覆性技术突破而产生的生产力。从这种意义上来说，原创性技术和颠覆性技术突破是形成新质生产力的技术条件。

五、新质生产力理论彰显强国的中国话语和中国理论

社会主义的根本任务是解放和发展社会生产力，社会主

① 中共中央马克思恩格斯列宁斯大林著作编译局编译：《马克思恩格斯选集》第四卷，人民出版社2012年版，第648页。

义相对于资本主义的优越性就体现在能够更快、更好地发展生产力。新中国成立以来，我们党领导人民仅用几十年的时间就走完发达国家几百年走过的工业化历程，推动我国发展成为世界第二大经济体，创造了世所罕见的经济快速发展和社会长期稳定两大奇迹，极其重要的一点就是始终坚持将马克思主义生产力理论与中国具体实际和时代发展要求相结合，不断推进对生产力发展规律的认识和深化，高度重视和始终坚持不断发展生产力，不断增强社会主义国家的综合国力。

今天，我们站在“两个一百年”奋斗目标历史交汇点上，更要立足中国实践，全面提炼中国经济发展经验，努力揭示中国经济发展伟大成就背后所蕴含的系统化和规律化学说，从历史和现实、理论和实践相结合的角度深入阐释如何更好坚持中国道路、弘扬中国精神、凝聚中国力量。而这一切，归根结底就是建构中国自主知识体系。现在，新质生产力已经在实践中形成并展示出对高质量发展的强劲推动力、支撑力，需要我们从理论上进行总结、概括，用以指导新的发展实践。加快形成和发展新质生产力就是以中国为观照、以时代为观照，立足中国实际，从中国话语和中国理论视角阐释深入剖析中国如何实现从大国到强国、从富起来到强起来的伟大飞跃。

加快形成和发展新质生产力，也给推进和构建中国话语和中国理论做了很好的示范。加快形成和发展新质生产力，真正体现了强国的中国理论和中国话语，也超越了西方理论。美国经济学家约翰·贝茨·克拉克提出的边际生产力概念主要用于其分配论分析，而回避技术创新。事实上，早期西方理论为了强调资本的作用，把技术视为“黑箱”和外生变量，淡化科技创新对经济增长的作用，后来才纳入管理、科学等要素。熊彼特的创新理论也只是强调微观上的企业管理创新，希克斯中性技术进步论以及罗默、卢卡斯的新经济增长理论更是一般化地讲技术进步。

新质生产力本质是先进生产力。在强国建设、民族复兴新征程上，推进中国式现代化，最根本的是要实现生产力的现代化。加快形成和发展新质生产力，不仅有助于中国发展，也将为世界经济复苏和增长注入更多更强动力。我国用几十年的时间走完了发达国家几百年走过的工业化历程，经济发展进程波澜壮阔，成就举世瞩目，蕴藏着理论创造的巨大动力、活力、潜力，我们要善于从我国的丰富实践中汲取、提炼和升华理论的中国元素。加快构建中国特色哲学社会科学，不只是要解构理论上的“西方中心论”，更重要的是对理论上的西方概念进行“术语革命”，进而用更多中国特色、中国风格的术语创造性地系统化构建强国的中国理论。

新质生产力是一个“术语革命”，自提出以来，相关研究已成为学界关注的热点，笔者也很早就关注并对新质生产力开展研究。党的二十届三中全会通过的《中共中央关于进一步全面深化改革　推进中国式现代化的决定》对发展新质生产力作出了重要部署，笔者更感受到对新质生产力进行系统深入研究的重要性和紧迫性。本书是笔者带领研究团队在多年政治经济学研究的基础上对新质生产力进行研究思考的成果，力图从政治经济学视角对新质生产力作一个较为系统的学理化阐释，为帮助学界正确理解新质生产力、促进发展新质生产力提供理论参考，也为构建中国话语、中国理论作出贡献。全书包括导论和十一个章节，分别阐释了新质生产力的理论内涵、时代意义，新质生产力与中国式现代化、高质量发展、新型生产关系、新型举国体制、国家竞争优势、民营经济、新型工业化、数字经济、生态文明建设、人类文明新形态等重大命题、重大体制、重大领域的关系。从政治经济学视角对新质生产力进行理论阐释是本书的立足点和最大特色。新质生产力理论是对马克思主义生产力理论的发展和创新，运用马克思主义思想武器，立足中国实践，用历史的、辩证的方法研究新质生产力有利于增强理论的彻底性，但笔者深知自身的研究还处于探索阶段，新时代的中国实践十分丰富，还需要不断去深化认识、科学总结。本书还存在诸多不足，恳请各位专家提出宝贵意见。

第一章
新质生产力的政治经济学要义

2024年1月31日,习近平总书记在中共中央政治局第十一次集体学习会上强调发展新质生产力是高质量发展的内在要求和重要着力点,并强调要从理论上对其进行总结和概括,用以指导新的发展实践。由此可见,对新质生产力展开理论研究的重要性和紧迫性已愈发凸显。生产力是马克思主义政治经济学的重要范畴,对新质生产力进行理论研究,只有从政治经济学视角出发才能真正挖掘其蕴含的理论逻辑、历史逻辑和现实逻辑。因此,要完整准确全面阐释新质生产力的内涵特征、核心要义,需要在回溯马克思主义生产力理论的基础上揭示新质生产力理论的创新性,在与西方经济增长理论作比较的基础上揭示新质生产力理论的超越性,进而彰显新质生产力理论对我国未来发展、发展中国家崛起和人类文明进步的重大意义。

一、新质生产力是对马克思主义生产力理论的创新和发展

"生产力"一词最早在18世纪中期由重农学派创始人魁奈提出。他强调只有农业劳动才是生产性的劳动,将生产力界定为农业生产力或土地生产力。随后,亚当·斯密对生产力展开研究,并在《国富论》中指出了劳动和生产力之间的本质联系,提出了"劳动生产力"的概念,认为分工导致劳动生产

力的提高。第一个系统论述生产力概念的是李斯特，他在《政治经济学的国民体系》中详细阐述了生产力理论，在“农业生产力”“工业生产力”“自然生产力”“劳动生产力”“科技生产力”“个人生产力”“国家生产力”“国际生产力”“政治生产力”“社会生产力”等多种意义上使用了生产力的概念，并将代表精神力量的文化、教育、国家政策等视为推动生产力发展的真正动力。在批判李斯特将精神视为生产力的根本的基础上，马克思认为历史的基础是人们的物质生产活动，而推动历史发展的生产力是物质生产带来的物质力量。马克思和恩格斯结束了孤立地考察生产力的历史，从生产力和生产关系互动的视角对生产力展开研究，将生产力置于唯物史观的视域下进行考察，把生产力研究提升到一个崭新的高度。新质生产力理论则是在继承马克思主义生产力理论的基础上，从内涵跃升、组合创新、属性优化以及构建新型生产关系等方面对其进行了创新和发展，实现了马克思主义生产力理论的又一次伟大飞跃。

（一）马克思主义生产力理论的内涵与重要特征

生产力理论是马克思主义政治经济学的重要研究范畴。马克思和恩格斯从生产力的概念、构成要素及地位作用等方面对其生产力理论进行了系统阐释。

首先，关于生产力的概念，马克思主义生产力理论视域下，生产力被视为人类改造自然和征服自然的能力，即“人们在劳动生产中利用自然、改造自然以使其满足人的需要的客观物质力量”①。这种能力在劳动生产中体现，作为人类所特有的一种生产能力而存在。

其次，关于生产力的构成要素，马克思主义生产力理论从劳动过程的视角来考察生产活动，指出“劳动过程的简单要素

① 徐光春主编：《马克思主义大辞典》，崇文书局2017年版，第58页。

是：有目的的活动或劳动本身，劳动对象和劳动资料”①。由于“劳动首先是人和自然之间的过程，是人以自身的活动来中介、调整和控制人和自然之间的物质变换的过程”②，其本质体现的是人改造和征服自然的能力，所以从这个维度来说，劳动过程的三要素（劳动者、劳动资料、劳动对象）就是生产力的构成要素。

最后，关于生产力的地位作用，马克思主义生产力理论认为物质资料生产方式是人类社会存在和发展的基础，从而将生产力视为人类社会发展的决定性力量，强调“物质生活的生产方式制约着整个社会生活、政治生活和精神生活的过程”③，“人们所达到的生产力的总和决定着社会状况”④。只有基于生产力的发展，人类才能获得自身发展的物质基础，才能创造人类的历史。

马克思十分重视科学技术的发展及其在生产力中的作用，他反复强调科学技术是生产力，认为“生产力中也包括科学”⑤，“大工业则把科学作为一种独立的生产能力与劳动分离开来”⑥。但是，基于“物质生产力和精神生产力”的划分，科学技术只是“社会发展的一般精神产品”⑦，即一种精神生

① 中共中央马克思恩格斯列宁斯大林著作编译局编译：《马克思恩格斯文集》第五卷，人民出版社2009年版，第208页。

② 中共中央马克思恩格斯列宁斯大林著作编译局编译：《马克思恩格斯文集》第五卷，人民出版社2009年版，第207—208页。

③ 中共中央马克思恩格斯列宁斯大林著作编译局编译：《马克思恩格斯文集》第二卷，人民出版社2009年版，第591页。

④ 中共中央马克思恩格斯列宁斯大林著作编译局编译：《马克思恩格斯文集》第一卷，人民出版社2009年版，第533页。

⑤ 中共中央马克思恩格斯列宁斯大林著作编译局编译：《马克思恩格斯选集》第二卷，人民出版社2012年版，第777页。

⑥ 中共中央马克思恩格斯列宁斯大林著作编译局编译：《马克思恩格斯全集》第二十一卷，人民出版社2003年版，第412页。

⑦ 中共中央马克思恩格斯列宁斯大林著作编译局编译：《马克思恩格斯全集》第四十八卷，人民出版社1985年版，第41页。

产力。科学技术想要由精神生产力转化为物质生产力，就必须通过与生产力三要素结合即转化为劳动者的知识技能、物化为劳动资料和劳动对象并进入直接生产过程来实现。正如马克思所说："固定资本的发展表明，一般社会知识，已经在多么大的程度上变成了直接的生产力。"[①]这种精神生产力经过上述转化过程，发挥其在社会物质财富生产中的决定性作用，使现实财富的创造"取决于科学的一般水平和技术进步，或者说取决于这种科学在生产上的应用"[②]，从而使自身"在实践上进入人的生活，改造人的生活，并为人的解放作准备"[③]，给人类生产和生活带来巨大变化。

不仅如此，马克思主义生产力理论还从生产力和生产关系的矛盾运动来认识生产力的发展和人类社会形态的更替。在唯物史观视域下，生产力和生产关系不是静止的，而是不断发展的，并在发展过程中始终坚持生产关系适应生产力发展这一人类社会的普遍规律。从生产力和生产关系矛盾运动的历史来看，生产关系的发展往往滞后于生产力的发展，使旧的生产关系成为生产力发展的阻碍，二者的矛盾冲突由此产生。正如马克思所说："社会的物质生产力发展到一定阶段，便同它们一直在其中运动的现存生产关系或财产关系（这只是生产关系的法律用语）发生矛盾。于是这些关系便由生产力的发展形式变成生产力的桎梏。"[④]为了由阻碍生产力发展的桎梏转变为推动生产力发展的形式，生产关系不断进行调整从而与生产力相适应，人类社会由原始社会、奴隶社会、封建社

① 中共中央马克思恩格斯列宁斯大林著作编译局编译：《马克思恩格斯选集》第二卷，人民出版社2012年版，第785页。

② 中共中央马克思恩格斯列宁斯大林著作编译局编译：《马克思恩格斯文集》第八卷，人民出版社2009年，第195—196页。

③ 中共中央马克思恩格斯列宁斯大林著作编译局编译：《马克思恩格斯文集》第一卷，人民出版社2009年版，第193页。

④ 中共中央马克思恩格斯列宁斯大林著作编译局编译：《马克思恩格斯选集》第二卷，人民出版社2012年版，第2—3页。

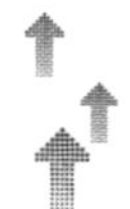

会、资本主义社会到共产主义社会的形态演变也在这一矛盾运动中得以实现。

（二）新质生产力：生产力三要素的优化组合跃升

马克思在《资本论》中指出，生产力是"生产能力及其要素的发展"①，主张从要素发展的角度理解生产力。沿着这一思路进行探索，习近平总书记在中共中央政治局第十一次集体学习时将"劳动者、劳动资料、劳动对象及其优化组合的跃升"视为新质生产力的基本内涵。因此，理解新质生产力对马克思主义生产力理论的创新和发展应当从生产力三要素的创新以及三要素优化组合的跃升两个维度展开。此外，新质生产力强调发展生产力与保护生产力并重，从优化生产力自身属性的维度发展了马克思主义生产力理论。不仅如此，新质生产力理论还强调建立与之相适应的新型生产关系，为加快发展新质生产力指明了方向。可以说，新质生产力在理论上继承和发展了马克思主义生产力理论，是马克思主义生产力理论同新时代我国生产力发展实际相结合的产物，推进了马克思主义生产力理论的中国化时代化。

其一，新质生产力以生产力三要素的内涵跃升实现对传统生产力的超越。新质生产力理论在继承马克思主义生产力理论对生产力三要素划分的基础上，创造性地将原创性、颠覆性科技创新与生产力三要素结合，形成了超越传统生产力的劳动者、劳动资料和劳动对象。具体而言，新质生产力内含的原创性、颠覆性科技创新与生产力三要素的融合能够提升劳动者认识自然规律与经济规律、改造自然满足自身需要、顺应自然实现和谐共生的能力，推动劳动资料朝着更高效、更智能的方向发展，进一步拓展劳动对象的边界，实现对传统生产力

---

① 中共中央马克思恩格斯列宁斯大林著作编译局编译：《马克思恩格斯文集》第七卷，人民出版社2009年版，第1000页。

三要素的超越。

其二,新质生产力实现了生产力三要素的组合创新。生产要素的组合方式直接影响着生产力的发展水平。马克思曾在《资本论》中强调,生产力要素劳动者和生产资料"在彼此分离的情况下只在可能性上是生产因素。凡要进行生产,它们就必须结合起来"①,由此引申出要素组合的重要性。新质生产力理论重视要素优化组合的跃升,从技术和组织两个层面提升要素组合效率。在技术层面,原创性、颠覆性技术为三要素的组合提供了新的链接工具和手段,不仅对不同要素的组合具有催化作用,还能优化要素的组合比例,从而提升要素组合的效率和质量。在组织层面,新质生产力理论强调通过建立新型生产关系促进新质生产力要素组合效率与质量的提升。通过进一步深化体制机制改革,破除阻碍科技创新和生产力发展的制度藩篱,促进要素在不同区域、产业之间的流动和共享,实现要素的跨区域组合,发挥要素协同优势,完成生产力内部诸要素的最佳组合,推动生产力水平的整体跃升。

其三,新质生产力完成了由发展生产力向保护生产力的转变。马克思主义生产力理论将生产力视为人类改造自然和征服自然的能力,主要是在人类改造自然的逻辑下阐释生产力的发展。然而,建立在强调人类改造自然基础上的生产力理论容易忽视发展高耗能、高排放产业带来的环境问题,从而在实践中存在着引发人与自然、经济发展与生态环境保护的矛盾冲突的可能,不利于生产力的可持续发展。新质生产力理论坚持保护生态环境就是保护生产力、改善生态环境就是发展生产力的发展理念,由在改造自然中寻求发展转向在人与自然和谐共生中实现生产力的跃升,蕴含着生产力可持续

① 中共中央马克思恩格斯列宁斯大林著作编译局编译:《马克思恩格斯文集》第六卷,人民出版社 2009 年版,第 44 页。

发展的合理内核。在新质生产力理论的指导下，我国经济发展将由以往高物质投入、高资源能源消耗、高碳排放、高污染的发展范式转向高效能、高质量、绿色化的发展新范式①，形成一种绿色生产力，一种保护性的生产力。

其四，新质生产力强调建立与其相适应的新型生产关系。马克思主义生产力理论强调生产力决定生产关系，生产关系反作用于生产力，与生产力相适应的生产关系能够促进生产力的进一步发展。新质生产力的提出，带来的是发展命题，也是改革命题，其形成和发展需要建立与之相适应的新型生产关系。为了回应这一重大改革命题，习近平总书记在中共中央政治局第十一次集体学习时强调要通过深化体制改革建立新型生产关系，具体从经济体制、科技体制改革以及高水平对外开放三个方面展开。经济体制改革的重点内容在于深化金融体制的改革，抓好科技金融，促进科技创新与金融发展的良性互动，使金融更好地服务科技创新，助力原创性、颠覆性科技创新成果的持续涌现，实现金融、科技、生产力三者的良性循环。科技体制改革的关键在于健全和完善科技创新体系，推进教育、科技、人才"三位一体"融合发展，构建有利于关键核心技术攻关的新型举国体制，加快实现高水平科技自立自强，为新质生产力的形成和发展提供强大的科技支撑。实现高水平对外开放需要积极融入全球创新网络，搭建国际科技开放合作创新平台，积极参与国际性技术创新联盟建设，进一步加强跨国科技合作，吸引国际创新资源进行开放式创新②，为新质生产力营造良好国际环境。

总的来说，新质生产力理论是马克思主义生产力理论的创新和发展，深刻回答了"什么是新质生产力、为什么要发展

① 周文、叶蕾：《新质生产力与数字经济》，《浙江工商大学学报》2024 年第 2 期。

② 洪银兴：《新质生产力及其培育和发展》，《经济学动态》2024 年第 1 期。

新质生产力、怎样发展新质生产力”等重大理论和实践问题，为我国未来的生产力发展指明了前进方向。

二、新质生产力是对西方经济增长理论的超越

新质生产力是在经济增长的大背景下提出的，其形成和发展可以理解为经济增长的动力和过程，因此剖析新质生产力的经济学本质也需要回到基本的经济增长理论上来[①]。围绕“经济增长”这一核心命题，西方经济学家进行了丰富的理论探讨，分析了影响经济增长的内外部因素，刻画了理想的经济增长模型，进而提出促进一国经济增长的方法和路径[②]。其中，科技进步与经济增长的关系是西方经济增长理论的重要研究内容，对二者关系的认识也由最初的忽视科技进步对经济增长的重要作用，到将科技进步视为经济增长的外生变量，最终将科技进步内生化，并从制度、经济结构、人力资本等方面深入探究技术与经济增长互动的发展过程。新质生产力理论突破了西方经济增长理论着眼于一般性技术进步的局限，将其提升至原创性、颠覆性科技创新的战略高度，并看到了经济增长的根本动力是科技创新引发的生产力的发展，形成了关于生产力认识的中国话语和中国理论，完成了对西方经济增长理论的超越。

（一）西方经济增长理论视域下的技术进步

20 世纪 40 年代，西方经济增长理论哈罗德-多马经济增长模型由哈罗德和多马分别提出。这一模型以凯恩斯投资、储蓄理论为基础，试图将凯恩斯主义的静态和短期分析扩展为动态和长期分析。在这一模型的分析框架下，经济增长的快慢取决于储蓄倾向或储蓄率的高低，并将储蓄视为资本积

① 贺俊：《新质生产力的经济学本质与核心命题》，《人民论坛》2024 年第 6 期。

② 周文、何雨晴：《新质生产力：中国式现代化的新动能与新路径》，《财经问题研究》2024 年第 4 期。

累和放弃消费，从而认为增加资本积累是加速经济增长的关键。由于模型的建立以不存在技术进步为假设条件，即未将技术进步纳入影响经济增长的解释框架内，忽视了科技创新对经济增长的重要作用，因此也就限制了模型的解释能力。

为了增强模型的解释力，美国经济学家萨缪尔森和索洛将技术进步作为外生变量引入模型，构建了新古典经济增长模型，也是外生增长模型。索洛认为，劳动力投入、资本投入和技术进步都是影响经济增长的重要因素，技术进步可视为长期经济增长的源泉，但是技术进步对经济增长而言是外生性的，技术只有通过资本投资才能得到体现。在这一模型的分析框架下，边际收益被认为会随着时间推移而减少，技术进步的作用就在于制止收益递减的固有倾向。基于技术进步的这一作用以及将技术视为公共物品的理解，新古典经济增长理论提出了发展中国家赶超发达国家的可能。具体而言，由于边际收益递减的存在，在发展中国家投资的边际收益高于在发达国家投资，而知识技术作为世界范围内的公共物品被允许在国家之间进行自由流动，资本、技术便由发达国家向发展中国家扩散，使得发展中国家能够获得高于发达国家的经济增速，最终世界各国的技术进步率和经济增长率将实现趋同，各国收入不平等的现象得以消灭。但需要指出的是，只有在各国增长条件相同（即储蓄率、人口增长率等参数相同）的条件下，上述趋同现象才会在理论上成立。

新古典经济增长理论对技术外生性认识引发了诸多经济学家的批判，也催生了新的内生增长理论的出现。该理论由罗默和卢卡斯共同提出，其核心内容在于否定了新古典经济增长理论把技术或知识作为外生变量的观点，将技术创新和知识进步纳入增长模型之中，将其视作除了资本和劳动力之外的另一种生产要素。进一步分析，知识具有的非竞争性使其存在外溢效应，知识的积累不仅能促进技术进步，而且也能使劳动、资本等其他要素具有递增收益，因而经济长期增长依靠的是知识的不断积累。此外，内生增长理论还强调人力资本是经济增长的关键，认为在有些条件下，一国相较于另一国在人力资本上的最初优势将造成两国收入水平的长久差异，世界经济将走向发散而不是趋同。该理论削弱了索洛模型对趋同现象的解释力度，在理论的严格性和对现实世界的解释力方面前进了一大步。

奥地利经济学家熊彼特从企业这一微观主体出发探究技术进步与经济增长之间的关系，使得增长理论具有了微观基石。按照熊彼特的创新理论，创新就是建立一种新的生产函数，即把一种从来没有过的关于生产要素和生产条件的新组合引入生产体系。在熊彼特看来，企业家是创新的主体，其职能就是实现创新，引进新组合，而引用新技术是实现新组合的重要途径。所谓的经济增长是就整个资本主义社会不断地实现这种新组合而言的。可见，熊彼特的创新理论从企业的微观层面探究了技术进步与经济增长之间的关系。此外，熊彼特还将技术进步引入其以创新理论为基础的经济周期理论，首次提出在资本主义的历史发展过程中存在着长、中、短三种周期。他将以往的资本主义经济发展过程分为三个长周期，将技术发展水平作为划分三个长周期的标志，认为经济发展的长周期变动与周期内的技术进步有着相当密切的关联，强调了技术进步在资本主义经济发展过程中的重要作用。

在将资本、劳动、技术和知识内化为经济增长的内生变量之后，西方经济学对经济增长理论的探索转入了制度和经济结构方面，并根据卢卡斯的人力资本增长模型继续探索家庭人力资本提升在推动技术进步实现经济增长过程中的作用机制。

在制度方面，制度决定理论成为经济增长理论中的一个主流观点。在这一理论下，制度可以通过干预资本形成或者作用于技术进步，进而影响经济增长；劳动、资本、技术等要素需要以有效制度环境为前提条件才能对经济增长产生正向促进作用。因此，只有那些在鼓励要素积累、创新和资源高效分配方面建立了完善的制度的国家才能实现持续繁荣。

在经济结构方面，生产要素从农业部门向工业部门和服务业部门的转移成为现代经济增长的突出特点。这一现象吸引着经济学家们探究产业结构转变与经济增长之间的关系，由此推动了对结构转变理论的研究。在这一理论框架下，经济增长得益于企业为了应对技术进步而采取的将生产要素向依赖知识技术的轻资产部门转移的行为，这一行为一般都伴随着工业革命或者技术变革。

在人力资本方面，经济学家沿着卢卡斯的人力资本增长模型探索了人口因素与技术变革之间的互动性，认为技术进步可以提高家庭人力资本的回报，从而使得父母愿意牺牲子女的数量来换取子女的质量，即家庭会选择少生育而努力提高子女的人力资本水平。而当家庭的人力资本水平提高时，又进一步促进了技术进步，从而带来经济加速增长，两者之间有相互促进的正向激励作用。

由此可见，伴随各国经济实践的发展，西方经济增长理论从技术进步的角度探究了经济增长的动因，肯定了科技进步对经济增长的促进作用，具有一定的积极意义。然而，该理论对技术进步的认识仅仅停留在一般性技术进步的层面，尚未注意到原创性、颠覆性技术在推动长期经济增长中的关键作用。此外，西方经济增长理论对经济增长动因的认识还局限于科技进步促进经济增长的现象层面，而未能认识到其根本原因在于科技进步引发的生产力水平的提高。

（二）生产力新质态：从科学技术创新到原创性、颠覆性技术突破

新质生产力是先进生产力的新质态，是相对于传统生产力而言的先进生产力。传统的生产力质态承认科学技术创新在经济增长中的重要作用，将科技进步引发的创新动能作为生产力发展的驱动力。新质生产力是以科技创新为主导，实现原创性、颠覆性技术突破而产生的生产力。原创性、颠覆性技术突破是形成和发展新质生产力的内在动力。新质生产力理论仍然坚持创新驱动的本质，但与之相匹配的是原创性、颠覆性技术带来的驱动能力的提升。

新质生产力是以创新驱动为主导的先进生产力。以科技创新驱动生产力发展是中国共产党在团结带领全国人民解放和发展生产力过程中形成的理论共识。早在1963年，毛泽东就强调了科学技术对发展生产力的关键作用，认为“不搞科学技术，生产力无法提高”①；邓小平将科学技术的地位进一步提高，提出“科学技术是第一生产力”②；江泽民把科学技术与先进生产力相联系，将其视为“先进生产力的集中体现和主要标志”③；胡锦涛重视科技创新对现实经济发展的重要作用，强调要“加快科技成果向现实生产力转化”④；习近平总书记则将科技创新视为发展新质生产力的核心要素⑤，强调原创性、颠覆性科技创新在形成和发展新质生产力过程中的核心作用。可见，从传统生产力到新质生产力，科技创新驱动生产力发展的理论思路贯穿始终，强调新质生产力的本质是创新驱动的

---

① 中共中央文献研究室编：《毛泽东文集》第八卷，人民出版社1999年版，第351页。

② 邓小平：《邓小平文选》第三卷，人民出版社1993年版，第274页。

③ 江泽民：《江泽民文选》第三卷，人民出版社2006年版，第275页。

④ 胡锦涛：《胡锦涛文选》第二卷，人民出版社2016年版，第406页。

⑤ 习近平：《发展新质生产力是推动高质量发展的内在要求和重要着力点》，《求是》2024年11期。

生产力。在这一点上，西方经济增长理论强调科技创新对经济增长的促进作用，而新质生产力理论则聚焦科技创新对生产力发展的驱动作用，将经济增长建立在由科技创新引起的生产力发展的基础之上，实现了对西方经济增长理论的超越。

新质生产力是实现原创性、颠覆性技术突破而产生的生产力。新质生产力强调“新”与“质”。理论创新是新质生产力之“新”的重要表现，强调创新驱动催生新经济、新业态、新模式。新质生产力的“质”体现在原创性、颠覆性技术突破，相较于一般性技术进步对生产力发展产生的驱动作用，正是这种原创性、颠覆性技术突破产生的新的更强劲的驱动力成就了新质生产力的新质态。

可以说，新质生产力自提出以来就与原创性、颠覆性技术突破密不可分。从新时代推动东北全面振兴座谈会上，新质生产力伴随着“掌握更多关键核心技术”“加快科研成果落地转化”①的表述出场，到中央经济工作会议提出“以颠覆性技术和前沿技术催生新产业、新模式、新动能，发展新质生产力”②，到中共中央政治局第十一次集体学习时强调“加强科技创新特别是原创性、颠覆性科技创新……使原创性、颠覆性科技创新成果竞相涌现，培育发展新质生产力的新动能”③，再到习近平总书记在看望参加政协会议的民革、科技界、环境资源界委员时指出科技界委员和广大科技工作者要“打好关键核心技术攻坚战，培育发展新质生产力的新动能”④，始终贯穿着以原创性、颠覆性技术突破形成驱动发展新质生产力的新

① 《习近平主持召开新时代推动东北全面振兴座谈会强调　牢牢把握东北的重要使命　奋力谱写东北全面振兴新篇章》，《人民日报》2023 年 9 月 10 日第 1 版。

② 《中央经济工作会议在北京举行》，《人民日报》2023 年 12 月 13 日第 1 版。

③ 习近平：《发展新质生产力是推动高质量发展的内在要求和重要着力点》，《求是》2024 年 11 期。

④ 《习近平在看望参加政协会议的民革科技界环境资源界委员时强调　积极建言资政广泛凝聚共识　助力中国式现代化建设》，《人民日报》2024 年 3 月 7 日第 1 版。

动能这一内在逻辑，将新质生产力的新质态锚定在原创性、颠覆性技术突破对生产力发展产生的更强劲的创新驱动力上。相较于西方经济增长理论从一般性技术进步的视角切入研究经济增长，新质生产力理论强调原创性、颠覆性技术突破对生产力发展的驱动作用，从而为长期经济增长提供源源不断的内生动力。

总的来说，新质生产力实现了对西方经济增长理论的超越，是习近平总书记立足于我国经济发展的伟大成就和突破未来发展关键性问题所提出的全新概念，是基于我国经济发展实践所总结、提炼和升华的中国话语。围绕这一概念所形成的新质生产力理论内含着总结提炼中国实现经济腾飞的成功经验和引领未来走好强国之路的关键性举措，展现出强大的理论活力与思想伟力，成为彰显中国特色、中国风格、中国气派的生产力理论，是推进强国建设的强国理论。一方面，新质生产力强调原创性、颠覆性技术突破对实现生产力跃升和经济发展的重要作用，超越了西方经济增长理论仅仅关注一般性技术进步的局限性；另一方面，不同于西方经济增长理论只注意到由一般性技术进步推动经济增长的表层现象，新质生产力揭示出推动经济增长的根本动力是由科技创新带来的生产力水平提升，在术语革命的基础上完成了对经济增长逻辑的革命性重构，以中国特色术语创造性地、系统化地构建了强国理论。

三、新质生产力的重要理论意义

实践发展永无止境，理论发展亦无止境。新质生产力理论是根据人类社会发展规律、时代发展要求和中国国情变化对马克思主义生产力理论的传承、创新和发展，不仅是指导我国以中国式现代化实现中华民族伟大复兴的正确理论，还为广大发展中国家走出“中等收入陷阱”、实现经济赶超提供有益借鉴，并最终推动开创人类文明的崭新形态，成为引领世界发展的当代中国马克思主义生产力理论、21世纪马克思主义生产力理论，开拓了当代中国马克思主义政治经济学的新境界。

（一）新质生产力理论开拓了发展中国家实现经济赶超的新路径

世界经济总是处于不平衡的发展格局之中，任何在现代化进程中起步较晚的后发国家都不会甘心落后，都有赶超的强烈愿望，这既是国内民众追求富裕以及美好的物质文化生活诉求使然，也是国际经济融合与竞争的自然结果。然而，不少后发国家从西方经济增长理论出发探寻赶超之路的努力以失败告终。外生增长理论描绘的各国经济的趋同在现实中没有实现，而内生增长理论的研究结论支持各国经济的发散和分流，二者都没有提出后发国家实现经济赶超的可行路径。

习近平总书记着眼于新一轮科技革命和产业变革、大国竞争加剧，以及我国经济发展方式转型形成的历史性交汇对生产力发展水平提出的新要求，创造性地提出了“新质生产力”这一崭新概念。这是马克思主义生产力理论的创新和发展，也是马克思主义生产力理论的最新理论成果。回顾新中国成立70多年、改革开放40多年来的发展历史可以发现，中国始终坚持马克思主义生产力理论的科学指导，把解放和发展生产力作为社会主义建设的根本任务，取得了科技进步和生产力发展的显著成就，走出了一条既切合中国国情和实际，又符合社会主义经济建设规律和人类社会发展规律的赶超道路，实现了中国的崛起和超越。在此基础上，新质生产力理论将我国在崛起过程中积累的成功经验上升为系统化的理论学说，揭示出发展中国家实现经济赶超的一般规律，为后发经济体实现经济赶超提供了新的路径选择，对发展中国家赶超发达国家的可能性及其实现路径这一世界之问、时代之问作出了回应。

新质生产力理论描绘了一条通过高水平科技自立自强实现生产力跃升的赶超之路,起点是科技的赶超。诚然,发展中国家能够在与发达国家的自由贸易中享受到技术外溢的福利,从而推动国内产业的升级换代和国际化进程。但是,外溢的技术只会是一般性的科学技术,这种技术带来的升级换代会将发展中国家锁定在产业链、价值链低端,这种技术所促进的国际化进程是发展中国家沦为发达国家经济附庸的国际化进程。这种技术给发展中国家带来的不是对发达国家的赶超,而是持久的落后。真正能够带领发展中国家走向赶超的,是原创性、颠覆性技术引发的生产力的跃升,这种生产力的跃升才是推动发展中国家实现赶超的根本力量。但是,原创性、颠覆性技术是买不来、要不来、讨不来的,必须依靠自力更生。为此,习近平总书记在中共中央政治局第十一次集体学习时强调要加强原创性、颠覆性科技创新,加快实现高水平科技自立自强,培育发展新质生产力的新动能①。基于此,新质生产力理论将高水平科技自立自强视为形成新质生产力的必由之路,主张以原创性、颠覆性技术的突破实现生产力的跃升,通过解放发展生产力不断缩小与发达国家之间的差距,最终实现赶超。

新质生产力理论展示出一条以科技创新推动产业创新、以产业升级构筑竞争新优势的赶超之路,落脚点是产业的赶超。以科技创新促进产业创新是一国增强核心竞争力、抢占发展制高点的关键。在现有的国际分工格局中,发达国家凭借自身对关键核心技术的垄断,企图将发展中国家长期锁定在产业链、价值链的低端;处于"低端锁定"中的发展中国家受

① 习近平:《发展新质生产力是推动高质量发展的内在要求和重要着力点》,《求是》2024 年 11 期。

到发达国家的剥削和控制，自然难以实现赶超。在新质生产力理论的框架下，创新是新质生产力的核心，产业是新质生产力的载体。离开作为载体的产业，创新就成为无源之水、无本之木。这一理论主张“以科技创新推动产业创新，特别是以颠覆性技术和前沿技术催生新产业、新模式、新动能，发展新质生产力”①，即通过原创性、颠覆性技术突破来冲破发达国家的技术封锁，推动本国传统产业的转型升级以及战略性新兴产业和未来产业的发展壮大，形成实现赶超的先进生产力。遵循这一理论脉络，发展中国家要想实现对发达国家的赶超，就不能被动地接受国际分工，而应该主动以原创性、颠覆性科技创新推进产业升级，改变自身在国际分工中所处的不利地位，依靠产业的赶超实现经济的赶超。

总的来说，新质生产力理论为发展中国家实现经济赶超开辟了一条崭新路径，即以科技创新推动产业创新，以产业升级构筑竞争新优势，通过原创性、颠覆性技术突破打破发达国家的技术封锁，以科技创新赋能传统产业转型升级以及战略性新兴产业和未来产业的发展壮大，依靠生产力的跃升缩小与发达国家之间的差距，最终完成对发达国家的超越。

（二）新质生产力理论破解“中等收入陷阱”

“中等收入陷阱”的概念最早在世界银行 2006 年发布的《东亚经济发展报告》中提出，用以形容一些发展中经济体在达到一定收入水平后不能保持经济持续增长，最终无法跨入高收入国家的现象。受西方话语体系影响的学者往往从比较优势的丧失、制度的阻碍等方面解释“中等收入陷阱”的成因。事实上，“中等收入陷阱”的成因在于，新自由主义理论弱化了后发国家的国家能力，从而使其丧失了崛起的必要条件。② 具

① 《中央经济工作会议在北京举行》，《人民日报》2023 年 12 月 13 日第 1 版。

② 周文、李思思：《全面理解和把握好高质量发展：内涵特征与关键问题》，《天府新论》2021 年第 4 期。

体而言，过度市场化使政府在市场失灵时难以发挥应有的作用，从而引发经济结构恶化、贫富差距扩大等问题，阻碍经济发展的转型；私有化则主张国有企业私有化，通过生产资料所有权的转移削弱政府干预的能力，使其无力推动经济转型；自由化则通过宣扬金融自由化、贸易自由化、投资自由化，致使大量外资涌入发展中经济体，挤垮或控制其产业，使其经济最终被外资所掌控，沦为发达国家的附庸，政府丧失经济发展的主动权。

不同于新自由主义对市场化、私有化和自由化的过度宣扬，新质生产力理论强调在正确处理好政府和市场关系的基础上推进原创性、颠覆性科技创新，从而形成强大的创新合力，为推动经济的持续增长提供源源不断的创新动能，实现对"中等收入陷阱"的破解。

新质生产力理论强调充分发挥政府和市场在推进科技创新方面的显著优势，协同推进原创性、颠覆性科技创新，积聚突破"中等收入陷阱"的创新动能。2023 年 9 月 8 日，习近平总书记在听取黑龙江省委和省政府工作汇报时指出要"整合科技创新资源，引领发展战略性新兴产业和未来产业，加快形成新质生产力"①。这意味着新质生产力理论自提出伊始就从科技创新资源的整合方面提出了正确处理政府与市场关系的发展要求。在这一理论框架下，政府与市场都是提升国家创新能力、推动生产力跃升的重要主体。政府不仅通过加强顶层设计把握科技创新的前进方向，推动优质科技创新资源向发展先进生产力集聚，还以财政补助、税收减免等手段降低企业进行技术创新的成本和风险，引导市场主体积极投身科技创新活动，为其营造良好的科技创新环境，同时在市场不愿踏

① 《习近平在黑龙江考察时强调 牢牢把握在国家发展大局中的战略定位 奋力开创黑龙江高质量发展新局面》，《人民日报》2023 年 9 月 9 日第 1 版。

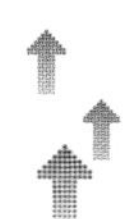

足的高投入、高风险、高不确定性的原创性、颠覆性技术领域进行先行攻关，弥补市场失灵，满足国家经济转型对关键核心技术的战略需求。市场则通过价格机制、供求机制和竞争机制激励企业在新兴技术路线上试错、竞争和合作，充分发挥市场主体迅速把握市场需求、经营管理灵活和专业化程度高[①]的突出优势，加快科技创新成果的落地转化，推动新技术、新产品、新业态的持续涌现，助力实现经济发展方式的转型。新质生产力理论启发着广大发展中国家重视政府作用的发挥，依靠政府与市场的结合力量推进科技创新，为形成依靠科技创新驱动经济持续增长的内涵型经济发展模式创造条件。

(三)新质生产力理论有助于开创人类文明新形态

生产力的发展是人类文明进步的根本动力，一部人类文明发展史就是一部生产力发展的历史。从历史发展阶段和文明形态演变来看，人类社会先后经历了渔猎文明、农耕文明、工业文明三个阶段。[②] 渔猎文明阶段，人类社会的生产力水平较为低下，以骨器、石器、弓箭为生产工具，主要依靠采集和狩猎为生，其发展在很大程度上受限于自然环境。随着生产力的进一步发展，铁器、青铜器成为主要的生产工具，大量的土地被开垦出来用于农业生产，人类由此有了稳定的生活来源，开始过上定居生活。人类改造自然的能力得到了革命性的提升，推动人类步入农耕文明。随后，蒸汽动力领域的技术突破催生了第一次工业革命，通过蒸汽机的应用带动了工业的迅速发展，使蒸汽动力取代人力和畜力，生产力发生巨大变革，带领人类由农耕文明迈入工业文明。

在由渔猎文明到农耕文明再到工业文明的演进过程中，

---

① 周文、李雪艳：《民营经济高质量发展与新质生产力：关联机理与互动路径》，《河北经贸大学学报》，2024年第2期。

② 潘家华、禹湘：《中华民族永续发展的坚实支撑》，《人民日报》2016年10月12日第7版。

生产力的发展推动着人类文明的更迭,成为人类文明进步的根本动力。正如马克思所说:“各种经济时代的区别,不在于生产什么,而在于怎样生产,用什么劳动资料生产。”[①]可见,生产力水平的高低决定了人类文明所处的阶段。遵循这一发展逻辑,新质生产力理论强调以原创性、颠覆性技术与生产力三要素的有机结合实现对传统生产力的质的超越,必然以生产力的跃升推动人类文明形态的演变。

新质生产力理论有助于开创人类文明的崭新形态。当前,工业文明仍然占据主导地位[②]。在工业文明时期,生产力的巨大发展创造出超越以往任何文明时期的物质财富,极大地提高了人们的生活水平。但与此同时,与这一文明相伴随的是全球资源短缺、世界能源危机和生态环境危机。这使得工业文明呈现出鲜明的矛盾性:它能够将人类的物质财富增加到前所未有的水平,也能对社会造成前所未有的伤害。究其原因,西方工业文明建立在人与自然的对立以及对外扩张和剥削的基础之上,其发展是不可持续的。一方面,西方工业文明遵循人类征服自然的价值理念,将人与自然之间的关系视为改造与被改造的关系,无限攫取自然资源以实现资本积累。这种对自然界的贪婪宰制带来的是人与自然矛盾的激化,也就难以实现文明的可持续发展。另一方面,西方工业文明表现出侵略扩张性和剥削压榨性的特点,依靠全球性的殖民侵略和资本扩张驱动自身的文明发展进程,这种牺牲他国利益实现自身繁荣的发展路径显示出强烈的不可持续性。与西方工业文明不同,新质生产力理论将带领全人类开创出崭新的文明形态。在这一理论框架下,生产力由改造性的生产力转变为保护性的生产力,强调通过原创性、颠覆性科技创新

---

① 中共中央马克思恩格斯列宁斯大林著作编译局编译:《马克思恩格斯文集》第五卷,人民出版社2009年版,第210页。

② 杨春学:《论科学技术是第一生产力》,《经济学动态》2021年第9期。

提高资源利用效率，推动传统产业的绿色转型，促进绿色产业的培育和发展，呈现出一条人与自然和谐共生的可持续发展之路①。此外，不同于西方工业文明通过对外扩张和剥削寻求发展动力，新质生产力理论主张通过对内深化改革进一步解放和发展生产力，以生产力的跃升形成文明进步的强大驱动力，从而推动开创一种崭新的文明形态。

① 周文、李吉良：《新质生产力与中国式现代化》，《社会科学辑刊》2024 第 2 期。

第二章 新质生产力与中国式现代化

党的二十大报告强调,“科技是第一生产力、人才是第一资源、创新是第一动力”①,凸显出当代社会科技创新在生产力发展中的核心地位。生产力发展是世界各国现代化的共同特征,中国要在百年未有之大变局中和“两个一百年”奋斗目标的历史交汇点上走出具有中国特色的现代化道路,成功的关键在于生产力与生产关系的变革,核心路径在于科技创新。新质生产力的提出立足于我国经济发展现实与全球大国竞争格局,针对的是当前着力推动经济高质量发展和实现中国式现代化的时代命题。因此,加快形成新质生产力是应对当前经济社会发展难题与培育大国竞争优势的必然举措。

不同于西方现代化传统生产力增长路径与粗放式生产方式,新质生产力的引入明晰了以科技创新释放新动能的生产力跃迁路径与全方位生产方式变革要求。这不仅凸显了创新在我国现代化建设全局中的核心地位,更彰显出中国式现代化的中国特色,体现了新质生产力与中国式现代化的高度一致性。从政治经济学理论方法和二者耦合关系出发,深入剖析和阐释新质生产力的内涵特征及其助推中国式现代化的生成逻辑,探索以新质生产力赋能中国式现代化的发展方向,具

---

① 习近平:《高举中国特色社会主义伟大旗帜　为全面建设社会主义现代化国家而团结奋斗——在中国共产党第二十次全国代表大会上的报告》,人民出版社2022年版,第33页。

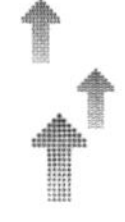

有重要的理论和实践意义。

一、新质生产力的主要特征

新质生产力，顾名思义，其具有显著区别于传统生产力的新质态。新质生产力作为经济范畴，要厘清其相对于传统生产力具有何种独特性，从学理层面必须放之于政治经济学特别是马克思主义政治经济学的框架下进行研究。因此，对“新质生产力”的考察首先要回到对“生产力”概念的内涵与外延的分析上。

生产力发展是经济学研究的永恒主题，新质生产力本质上仍然是一种生产力。马克思主义政治经济学中的生产力范畴，从历史渊源来看，很大程度上受到威廉·配第、亚当·斯密、萨伊、大卫·李嘉图和李斯特等人关于生产力的论述的影响。早在17世纪，英国古典经济学家威廉·配第便提出了“土地为财富之母，而劳动则为财富之父和能动的要素”①的观点，从生产要素角度阐释了生产力的内涵。进入18世纪，亚当·斯密提出了“劳动生产力”概念，从分工的角度指出劳动生产力的提升对经济社会发展的重要作用：“劳动生产力上最大的增进，以及运用劳动时所表现的更大的熟练、技巧和判断力，似乎都是分工的结果。”②同时，他还提到土地是“具有生产力的物质”，引入“自然生产力”的概念。③ 之后，萨伊在《政治经济学概论——财富的生产、分配和消费》中格外关注生产要素在生产中的作用，将劳动、资本和自然力视作“强大的生产力”，并指出三种生产力间的关系：“自然是人的伙计，

① 威廉·配第：《赋税论 献给英明人士 货币略论》，陈冬野、马清槐译，商务印书馆2022年版，第91页。

② 亚当·斯密：《国民财富的性质和原因的研究》上卷，郭大力、王亚南译，商务印书馆1979年版，第5页。

③ 亚当·斯密：《国民财富的性质和原因的研究》上卷，郭大力、王亚南译，商务印书馆1979年版，第260页。

是人的工具。人越能不用自己和资本的力并把越大的部分的生产工作交给自然，自然便越有益于人。”①同样，大卫·李嘉图在《政治经济学及赋税原理》也肯定了土壤、水等自然要素具有生产力，并且从比较优势理论出发，指出通过机器的发明、技术的改进等方式提高生产便利条件不仅增加了国家财富，也增加了未来生产的能力。② 李斯特在《政治经济学的国民体系》中强调国家整体生产力和工业化的重要性，认识到个人生产力与国家生产力的差异、农业和制造业的生产力差异，指出“国家力量是一种动力，新的生产资源可以由此获得开发，因为生产力是树之本，可以由此产生财富的果实”③。不同于前人局限于生产力本身的讨论，马克思和恩格斯认识到物质生产的社会关系本质，从生产力与生产关系相互作用的角度，对古典政治经济学的生产力范畴进行了批判性吸收和发展，从社会生产力的视角揭示了生产力的本质。依据马克思主义政治经济学原理，生产力被普遍视作人们在劳动生产中利用自然、改造自然以使其满足人的需要的客观物质力量。概括地讲，正如马克思所说，“生产力当然始终是有用的、具体的劳动的生产力”④，因此，生产力是具体劳动生产财富即使用价值的能力⑤。总结而言，通过对经济思想史中生产力范畴演变的考察，存在包括自然生产力（以土地、水为代表）、劳动生产力、资本生产力和社会生产力等不同内涵和质态的生产力

① 萨伊：《政治经济学概论——财富的生产、分配和消费》，陈福生、陈振骅译，商务印书馆 2010 年版，第 76 页。

② 大卫·李嘉图：《政治经济学及赋税原理》，郭大力、王亚南译，商务印书馆 1962 年版。

③ 弗里德里希·李斯特：《政治经济学的国民体系》，陈万煦译，商务印书馆 2012 年版，第 52 页。

④ 中共中央马克思恩格斯列宁斯大林著作编译局编译：《马克思恩格斯选集》第二卷，人民出版社 2012 年版，第 105 页。

⑤ 卫兴华：《关于生产力与生产关系理论问题的研究与争鸣评析》，《经济纵横》2010 年第 1 期。

概念理解与阐释。马克思指出，个人自主活动的条件“在历史发展的每一阶段都是与同一时期的生产力的发展相适应的”①，因而，对生产力范畴的理解和认识也是在历史阶段与条件的演变中不断深化的。

由此，站在新的历史发展阶段，新质生产力作为马克思主义政治经济学中国化的创新范畴，包含着新的丰富内涵特征。新质生产力与过去的传统生产力在内涵特征上的最大区别在于科技创新，核心在于实现关键性、颠覆性技术突破②，目标在于实现高质量发展、推进中国式现代化。

具体来看，新质生产力的“新”主要体现在：

一是驱动能力。新质生产力是以关键性、颠覆性技术突破为主要动力的生产力。新质生产力是在科学技术是第一生产力的基础上，以关键共性技术、前沿引领技术、现代工程技术、颠覆性技术创新为突破口，着力实现以大数据、人工智能、量子计算、生物科技为代表的技术创新，以自主可控的关键核心技术为中国式现代化提供新动能。

二是支撑载体。新质生产力是以未来产业和战略性新兴产业为主要支撑载体的生产力。新质生产力在载体创新上锚定同前瞻性科学技术创新高度契合，具有消耗低、潜力大等特点的未来产业和战略性新兴产业。其中，战略性新兴产业包括新一代信息技术、新能源、新材料、高端装备、新能源汽车、绿色环保、民用航空、船舶与海洋工程装备等；未来产业包括元宇宙、脑机接口、量子信息、人形机器人、生成式人工智能、生物制造、未来显示、未来网络、新型储能等。在顺应数字经济发展新潮流、催生一系列新产业新业态的同时，新质生产力

---

① 中共中央马克思恩格斯列宁斯大林著作编译局编译：《马克思恩格斯选集》第一卷，人民出版社2012年版，第204页。

② 周文、许凌云：《论新质生产力：内涵特征与重要着力点》，《改革》2023年第10期。

的形成倒逼传统产业转型升级，加快科学研究与技术创新以克服关键核心技术“卡脖子”难题，助力现代化产业体系建设和国家竞争新优势形成。

三是发展方式。新质生产力是摆脱了传统粗放式增长路径、符合高质量发展要求的生产力。高质量发展是速度与效率并重的发展，既要体现经济增量的提升，也要讲究质量的提高。[①] 在高质量发展的目标要求下，新质生产力服务于新经济的发展，发展方式上从要素驱动、低效率、高污染、粗放式的传统增长方式向创新驱动、高效率、可持续、集约式的新型增长方式转变。

四是生产力要素。新质生产力是劳动者、劳动资料和劳动对象的升级和拓展的生产力。在劳动者方面，传统生产力的劳动者主要是普通工人和技术工人，新质生产力的劳动者以知识型、技能型、创新型的高素质工人为主。在劳动资料方面，相对于劳动资料主要为传统机械仪器设备的传统生产力，新质生产力的劳动资料升级为具有高端、精密、智能等特点的仪器设备。在劳动对象方面，传统生产力主要以物质形态存在的自然物与粗加工材料为劳动对象，新质生产力的劳动对象不仅包括以物质形态存在的新材料与新能源，还包括以非物质形态存在的数据、算力等新质态劳动对象。概括地说，新质生产力与传统生产力存在“质”的不同，它是以新技术、新经济、新产业、新业态为主要内涵特征的生产力。

二、新质生产力赋能中国式现代化的生成逻辑

习近平总书记指出：“中国式现代化，是中国共产党领导的社会主义现代化，既有各国现代化的共同特征，更有基于自

---

① 周文、李思思：《全面理解和把握好高质量发展：内涵特征与关键问题》，《天府新论》2021 年第 4 期。

己国情的中国特色。”[①]从世界现代化进程来看，生产力发展是推动经济社会发展的根本动力，生产力的质量是决定现代化成败的关键因素。从中国独特国情来看，我国生产力发展遵循现代化发展的历史性与阶段性规律，是与特定历史阶段生产关系相适应的生产力。站在新的历史起点，新质生产力的提出彰显出中国式现代化的共同特征与中国特色，加快形成新质生产力在理论逻辑、历史逻辑与实践逻辑层面服务于中国式现代化的实现。

（一）理论逻辑：生产力发展是各国现代化的共同特征

马克思主义认为，物质资料的生产是人类社会存在和发展的基础。从政治经济学视角来看，生产力的发展是各国现代化的共同特征，生产力从量到质的跃迁关键在于科学技术发展。因此，新质生产力的提出从理论上服务于中国式现代化生产力发展目标，丰富和发展了马克思主义政治经济学。

现代化的普遍过程就是实现生产力从量到质的变化。现代化过程涵盖了政治、经济、文化、社会等多方面内容，是全社会范围内一系列现代要素及其组合方式连续发生的从低级到高级的突破性变革过程。[②] 从世界各国现代化的共同特征来看，现代化的动力源于人类经济社会活动中生产力的发展，由此带来生产关系调整进而引发生产方式的变革，可见，生产力是实现现代化的决定性力量与关键要素。[③] 生产力是质与量有机统一的整体，现代化的过程也正是生产力发生量变与质变的过程。马克思指出：“不管生产力发生了什么变化，同一

---

① 习近平：《高举中国特色社会主义伟大旗帜　为全面建设社会主义现代化国家而团结奋斗——在中国共产党第二十次全国代表大会上的报告》，人民出版社2022年版，第22页。

② 周文：《中国道路：现代化与世界意义》，浙江大学出版社2021年版，第122页。

③ 周文、唐教成：《西方现代化的问题呈现与中国式现代化的创新发展》，《中国高校社会科学》，2023年第6期。

劳动在同样的时间内提供的价值量总是相同的。但它在同样的时间内提供的使用价值量是不同的:生产力提高时就多些,生产力降低时就少些。”①生产力的量变主要体现在一定生产力要素条件下的生产效率的提升,在度量上主要表现为劳动要素投入量和劳动产品的产出量的增加。生产力同样遵循着量变与质变的发展规律,“纯粹的量的分割是有一个极限的,到了这个极限,量的分割就转化为质的差别”②。当生产力量变到一定阶段,现有的劳动者、劳动资料与劳动对象难以解决现阶段生产中的问题与挑战,必须依靠生产力的质变。生产力的质变包括多个层面的变化,主要包括生产力质态的变化与生产力变革的作用范围及影响。从现代化的角度来看,生产力质变既要提升生产效率,也要满足特定时代经济发展的需要,根本目的是推动实现人的现代化。生产力的质变不仅仅是物质生产力的改变,更是精神生产力的提升与生态生产力的创造,使物质生产回归到人的现代化本质上,以新质态的生产力推动社会变革与人的发展、加速现代化的实现。

现代化的关键在于以科学技术推动生产力的质变。生产力的量变和质变受到多种要素影响,马克思指出:“劳动生产力是由多种情况决定的,其中包括:工人的平均熟练程度,科学的发展水平和它在工艺上应用的程度,生产过程的社会结合,生产资料的规模和效能,以及自然条件。”③马克思和恩格斯多次强调科学技术对于生产力提升的作用,强调科学技术是影响生产力现代化的关键性因素。其一,马克思和恩格斯

---

① 中共中央马克思恩格斯列宁斯大林著作编译局编译:《马克思恩格斯文集》第五卷,人民出版社2009年版,第60页。

② 中共中央马克思恩格斯列宁斯大林著作编译局编译:《马克思恩格斯选集》第三卷,人民出版社2012年版,第904页。

③ 中共中央马克思恩格斯列宁斯大林著作编译局编译:《马克思恩格斯选集》第二卷,人民出版社2012年版,第100页。

反复强调科学技术是生产力，“生产力中也包括科学”①，“大工业则把科学作为一种独立的生产能力与劳动分离开来”②。其二，科学技术是现代化的动力之一，在开启现代文明的同时引发社会发展的一系列变革。恩格斯指出：“使用机械辅助手段而获益一旦成为先例，一切工业部门也就渐渐仿效起来；文明程度的提高，这是工业中一切改进的无可争议的结果，文明程度一提高，就产生新的需要、新的生产部门，而这样一来又引起新的改进……使用机械辅助手段，特别是应用科学原理，是进步的动力。”③其三，马克思和恩格斯认识到科学技术对实现人的现代化的重要作用，如恩格斯在《国民经济学批判大纲》中指出：“科学又日益使自然力受人类支配。这种无法估量的生产能力，一旦被自觉地运用并为大众造福，人类肩负的劳动就会很快地减少到最低限度。”④同时，他们也认识到科学技术的“阴暗面”，科学技术只有掌握在无产阶级手中才能真正推进实现人的现代化。马克思指出：“我们的一切发明和进步，似乎结果是使物质力量成为有智慧的生命，而人的生命则化为愚钝的物质力量……要使社会的新生力量很好地发挥作用，就只能由新生的人来掌握它们，而这些新生的人就是工人。工人也同机器本身一样，是现代的产物。”⑤从马克思主义经典作家关于科学技术的论述可以看出，现代化普遍要求以科学技术的创新促进生产力发展，新质生产力的提出在理论

---

① 中共中央马克思恩格斯列宁斯大林著作编译局编译：《马克思恩格斯选集》第二卷，人民出版社 2012 年版，第 777 页。

② 中共中央马克思恩格斯列宁斯大林著作编译局编译：《马克思恩格斯全集》第二十一卷，人民出版社 2003 年版，第 412 页。

③ 中共中央马克思恩格斯列宁斯大林著作编译局编译：《马克思恩格斯文集》第一卷，人民出版社 2009 年版，第 102 页。

④ 中共中央马克思恩格斯列宁斯大林著作编译局编译：《马克思恩格斯文集》第一卷，人民出版社 2009 年版，第 77 页。

⑤ 中共中央马克思恩格斯列宁斯大林著作编译局编译：《马克思恩格斯文集》第二卷，人民出版社 2009 年版，第 580 页。

逻辑上揭示了以颠覆性、关键性技术作为生产力从量变到质变的路径,以生产力的变革为中国式现代化提供了积累物质基础的契机。

（二）历史逻辑:生产力发展在现代化进程中具有历史性与阶段性

政治经济学是一门历史学科,探究世界现代化进程中生产力的发展规律或是中国式现代化进程中新质生产力的生成,都要"从历史上和实际上摆在我们面前的、最初的和最简单的关系出发"①,以历史和逻辑的分析方法进行阐释。从各国现代化的普遍历程来看,生产力的发展具有历史性与阶段性,生产力的跨越式发展是现代化的重要前提。正如马克思所说:"一定的生产方式或一定的工业阶段始终是与一定的共同活动方式或一定的社会阶段联系着的,而这种共同活动方式本身就是'生产力';由此可见,人们所达到的生产力的总和决定着社会状况,因而,始终必须把'人类的历史'同工业和交换的历史联系起来研究和探讨。"②决定历史发展阶段的是生产力的发展,总体而言,生产力的跨越式发展主要分为四个阶段。

第一阶段表现为自然生产力。在自然的原始社会,即人类社会的初期,生产力中的决定性因素是自然,"最早被利用的是动物的自然力",其中,劳动力自然地形成生产力;"最晚的是机械的自然力"③,其中主要包括火、水、风等,所以自然环境决定了人类的生存状况和发展。同时,由于尚处于蒙昧时代与野蛮时代,在这一阶段人类的生产工具简单,社会协作分

① 中共中央马克思恩格斯列宁斯大林著作编译局编译:《马克思恩格斯文集》第二卷,人民出版社2009年版,第603页。

② 中共中央马克思恩格斯列宁斯大林著作编译局编译:《马克思恩格斯选集》第一卷,人民出版社2012年版,第160页。

③ 威廉·罗雪尔:《历史方法的国民经济学讲义大纲》,朱绍文译,商务印书馆1986年版,第17页。

工程度低，生产力水平总体较低。

第二阶段表现为劳动生产力。劳动具有创造价值和使用价值的重要作用，其中有用的具体劳动是财富形成的关键。进入原始社会末期，随着生产力的发展与文明程度的提高，出现了以畜牧业与农业的分离为标志的第一次社会大分工。[①]分工的出现扩大了产品交换的范围，推动了生产工具的改进，提高了劳动生产率。劳动生产力作用越发明显，生产力跨越式发展的决定性因素从自然转变为劳动。同时，生产关系也随之调整，劳动生产力的发展导致了私有制和阶级的产生，在三次社会大分工后奴隶社会取代原始社会，推动人类向现代文明迈进。

第三阶段表现为科技生产力。马克思指出，“增加劳动的生产力的首要办法是更细地分工，更全面地应用和经常地改进机器”[②]。随着工业革命的发端，西方国家正式迈入现代化进程，而科学技术所催生的生产力变革则成为引领现代化浪潮的根本推动力。自 18 世纪 60 年代以来，三次技术革命直接改善了生产工具，极大提高了社会生产力与生产组织效率，以全新动力推动了产业的彻底革新和转型，在颠覆人类生产方式的同时，也进一步推动人类走向现代文明新形态。可见，随着现代化的不断推进，科学技术迭代速度更快、影响作用更深，科技创新成为影响生产力跨越式发展的关键因素，是实现现代化的重要前提。

第四阶段表现为新质生产力。随着物联网、云计算等新一代信息技术的蓬勃发展和广泛应用，知识总量和技术成果的爆炸式增长推动着数据、知识、算力等新兴生产要素与传统

---

① 中共中央马克思恩格斯列宁斯大林著作编译局编译：《马克思恩格斯选集》第四卷，人民出版社 2012 年版，第 176—178 页。

② 中共中央马克思恩格斯列宁斯大林著作编译局编译：《马克思恩格斯选集》第一卷，人民出版社 2012 年版，第 352 页。

生产力的结合与发展，催生出更能推动生产力跨越式发展与生产方式变革的新质生产力。新质生产力阶段适应于数字经济时代发展，是当前生产力历史进程中的最高阶段。作为科技生产力进一步跨越式颠覆式发展的结果，新质生产力更加强调创新驱动，更加讲求高质量发展，更加适应现代化发展。

世界现代化历程表明，人类社会经济发展动力的关键性颠覆性变革来源于技术变革。“蒸汽时代是资产阶级的时代，电的时代是社会主义的时代”①，随着时代的发展，要推动数字经济时代成为中国特色社会主义的时代，必须把握好新质生产力生成的历史逻辑，以加快形成新质生产力推动中国式现代化。

（三）实践逻辑：生产力跃迁是现代大国竞争的现实需要

习近平总书记指出：“历史经验表明，那些抓住科技革命机遇走向现代化的国家，都是科学基础雄厚的国家；那些抓住科技革命机遇成为世界强国的国家，都是在重要科技领域处于领先行列的国家。”②中国式现代化的基本特征之一便是大国的现代化，生产力跃迁是大国竞争格局下现代化的现实需要。随着传统外延式发展动能逐渐不足，中国式现代化势必要依靠科技创新培育内生型国家竞争优势，从实践逻辑来看，必须以加快形成新质生产力助推中国式现代化。

新质生产力是培育大国竞争优势、赢得现代大国竞争的关键。经济意义上的国家竞争是通过国际贸易与产业分工来体现的，“所谓经济国际竞争力，主要是指面向国际国内两个市场、两种资源，在国际范围内进行资源配置和经济扩张，参

---

① 中共中央马克思恩格斯列宁斯大林著作编译局编译：《列宁全集》第三十八卷，人民出版社2017年版，第124页。

② 习近平：《论把握新发展阶段、贯彻新发展理念、构建新发展格局》，中央文献出版社2021年版，第113页。

与国际分工协作和竞争的能力”①。当前世界正经历百年未有之大变局，竞争和创新是经济全球化新趋势的主题②，以科技创新助推生产力跃迁是大国竞争的角力点。从全球趋势来看，一方面，世界正面临着逆全球化潮流，依靠过去传统国际分工和全球贸易的外延型增长路径显得动能不足；另一方面，先发国家凭借技术优势对后发国家进行技术封锁，后发国家现代化过程中面临“卡脖子”、产业链供应链“断链”等难题，进而陷入“比较利益陷阱”等发展困境中。因此，国家内生生产力的跃迁是当前世界格局下的重要发展突破口，是大国现代化的重要前提。“综合国力竞争说到底是创新的竞争。”③以创新驱动生产力内涵型增长是自力更生实现现代化、塑造国家竞争优势的重要路径。随着新一轮科技变革和产业革命的不断深入，掌握颠覆性关键性核心技术的大国更容易实现国家生产力的跃迁，在现代化浪潮中便赢得了国际竞争的主动权与发展先机。当前我国在全球竞争中具有超大规模人口优势、超大规模市场优势与集中力量办大事的制度优势等良好基础，以关键核心技术的突破形成新质生产力能更好发挥既有优势，并在新产业、新赛道、新领域形成国家竞争新优势，在大国竞争中处于主动与优势地位。

同时，加快形成新质生产力是建设社会主义现代化国家的必由之路。社会主义的本质是不断解放和发展生产力。从宏观来看，我国从高速增长阶段迈向了高质量发展阶段，但在发展过程中仍面临着高端供给不足低端供给过剩的供需结构失衡、工业化速度与资源承载能力不匹配、关键领域核心技术

---

① 习近平：《干在实处　走在前列——推进浙江新发展的思考与实践》，中共中央党校出版社 2006 年版，第 42 页。

② 周文、冯文韬：《经济全球化新趋势与传统国际贸易理论的局限性——基于比较优势到竞争优势的政治经济学分析》，《经济学动态》2021 年第 4 期。

③ 中共中央文献研究室编：《习近平关于科技创新论述摘编》，中央文献出版社 2016 年版，第 7 页。

受制于人、产业布局不合理等问题与挑战。问题破解的关键在于实现创新驱动，加快科技创新形成新质生产力这一新动能，推动实现传统产业升级和战略性新兴产业、未来产业布局。新质生产力的形成既能推动传统产业转型升级迈向低污染、低消耗、高效益的新型工业化，同时又加快关键核心技术突破形成新兴产业集群，推动建设现代化产业体系，共同服务于国家发展战略，进一步夯实全面建设社会主义现代化国家的物质技术基础。

三、新质生产力与中国式现代化的内在一致性

中国式现代化的实现与新质生产力的形成存在深刻的内在一致性，二者在多个方面高度耦合、相辅相成。全面审视二者关系，加快形成新质生产力是实现中国式现代化的动力支撑，实现中国式现代化是加快形成新质生产力的目标指引，二者具有共同关键任务、共同价值遵循、共同发展要求与共同实践原则。

（一）共同关键任务：加快科技创新

中国式现代化关键在于科技现代化，科学技术是构成生产力的关键要素，以科技创新推动传统生产力向新质生产力的转变是现代化的关键，因此，形成新质生产力与实现中国式现代化的共同关键任务在于加快科技创新。这主要体现在以下三个方面：

首先，体现在二者目标实现的总体效率上——科技创新是实现“时空压缩”与“并联发展”的根本动力。不同于西方发达国家的“串联式”的发展过程，中国式现代化呈现出工业化、信息化、城镇化、农业现代化“并联式”的跨越式发展过

程。[①] 在追赶型、非均衡型现代化发展战略下，中国式现代化要以最短的时间实现西方国家花了数百年所完成的现代化阶段，“时空压缩”的关键就在于以科技创新驱动新质生产力的形成。依靠科技创新催发新质生产力的形成，以创新性巨变与传导性巨变纾解中国式现代化任务的叠加性、艰巨性与紧迫性困境。

其次，体现在二者目标实现的主要难点上——科技创新是技术革命与产业革命中的关键突破口。世界正处于新一轮科技革命、产业革命与数字革命孕育发展新时期，数字技术的迅猛发展带动人工智能、大数据、区块链等新技术的广泛应用，要加快形成新质生产力和实现中国式现代化，势必要抓住这一重要历史机遇。其中，对科技革命、产业革命与数字革命中的重要科学问题和颠覆性关键核心技术进行革命性突破是关键，重要突破口就在于增强自主创新能力、构建科技创新体系，核心就在于科技创新。[②] 因此，科技创新作为推动技术和产业变革的核心力量，是涌现颠覆性、关键性技术的重要引擎，是化解二者目标难点的重要法宝。

最后，体现在二者目标实现的努力方向上——科技创新是加快生产力高质量发展的关键路径。中国式现代化和新质生产力都是以生产力高质量发展为重要方向的，全要素生产率的提高与产业结构的加速转型是生产力高质量发展的重要表现形式。因此，二者的实现必须以科技创新为重要引擎，发展新产业、新业态与新经济，实现生产力发展的质量变革、效率变革、动力变革转型，进而迈向生产要素投入少、资源配置效率高、资源环境消耗低、经济社会效益好的生产力高质量发

① 中共中央文献研究室编：《习近平关于社会主义经济建设论述摘编》，中央文献出版社2017年版，第159页。

② 周文、李吉良：《新型举国体制与中国式现代化》，《经济问题探索》2023年第6期。

展路径。

(二)共同价值遵循:人本发展逻辑

党的二十大报告指出:“中国共产党是为中国人民谋幸福、为中华民族谋复兴的党,也是为人类谋进步、为世界谋大同的党。”[①]中国式现代化的本质是党领导的现代化道路,新质生产力是党领导下的生产力创新,在价值遵循上,二者依靠人民的力量,追求全体人民的共同价值,坚持以人民为中心的发展理念,共同服务于共同富裕的发展目标。

新质生产力与中国式现代化共同服务于人的现代化。西方现代化受资本逻辑主导,长期以资本作为生产力发展的动力,以攫取剩余价值作为价值追求,以实现资本家等少部分人的富裕为目标,是人的片面的、单向度的现代化。与之不同,中国式现代化遵循人本逻辑,是以人的全面发展作为发展动力与价值追求的,是物质文明与精神文明相统一的现代化。人的现代化是建立在生产力高度发展的基础之上的,因此,中国式现代化生产力的发展与创新在于切实反映人民意愿、维护人民权益、增进人民福祉,从而保障人民群众对美好生活的向往和追求。新质生产力的提出从根本上符合中国式现代化生产力的发展要求,有利于提升社会整体生产力水平与满足人民美好生活需要,能够更好地服务于全体人民共同富裕的发展目标。随着新质生产力的持续发展,劳动者的知识储备、文化素质、劳动技能随着关键核心技术的普及而进一步提高,从而为中国式现代化提供高素质劳动者,形成良性循环。

新质生产力的形成与中国式现代化的实现有赖于人民的力量,人民是加快形成新质生产力与实现中国式现代化的根本力量。一方面,广大人民群众的创造力和劳动力是新技术

① 习近平:《高举中国特色社会主义伟大旗帜 为全面建设社会主义现代化国家而团结奋斗——在中国共产党第二十次全国代表大会上的报告》,人民出版社2022年版,第21页。

与新理念的源泉与动力。从宏观来看，中国式现代化是人口规模巨大的现代化，我国拥有全球最大规模的劳动力队伍，具有形成强劲人力资本的发展潜力，进一步将人口红利转化为人才红利是实现创新发展、推动生产力进步的不竭源泉；从微观来看，劳动者是生产力的重要因素，劳动者素质与技能的提升有利于劳动生产率的全面提升，使之适应于新质生产力低投入、高产出的效率要求。另一方面，广大人民群众的积极性与社会氛围是社会变革的基础。现代化或者说生产力的跨越式发展所引发的一系列经济与社会变革，其核心在于获得人民群众的支持并广泛地激发人的创造性，这不仅需要劳动者个体的创造，更需要激发全社会广大人民群众对创造社会生产力与美好生活的热情，形成万众创新与共建共享的良好氛围。

(三)共同发展要求：实现绿色发展

生态就是资源，生态就是生产力。中国式现代化与新质生产力的共同发展要求体现在实现绿色发展上，实现理念都融入了生态文明建设的重要思想，实现路径均通过推动技术创新实现可持续发展，通过生产方式变革与产业结构调整，彰显了二者对绿色发展的共同追求。

从生产方式变革上看，二者都要求推动技术创新实现绿色可持续发展。推动经济社会发展绿色化、低碳化是形成新质生产力和实现中国式现代化的关键环节。在动能变革上，我国面临着新旧动能转换的转型期，过去依靠要素投入的生产方式带来了高能耗与高污染的资源环境危机，必须以新动能培育绿色经济增长点。在质量和效率变革上，过去追求经济效率而忽视自然承载力，生态的生产力作用被忽视，必须以新理念推动生产方式的可持续与效率提升。因此，必须以新发展理念为指导，以创新赋能绿色发展，为先进生产力与现代化指引前进方向。从新质生产力的核心特征来看，新质生产力强调颠覆性关键性技术突破，不仅能引发生产力的跨越式发展，并且依靠与新质生产力相匹配的高精尖设备等生产资料，更有利于实现生产方式的环境友好与接续发展。新质生产力“质”的变化，符合中国式现代化是人与自然和谐共生的现代化的特征，引入新质生产力更有利于提升资源利用效率和确立环境友好型生产方式，加快经济体系的绿色转型，进而超越西方国家“先污染、后治理”“控制自然、掠夺自然”的现代化发展模式，走人与自然和谐共生的可持续发展道路。

从产业结构调整来看，二者发展方向在于引领全产业链实现绿色升级。在新征程上，以科技创新推动我国产业结构绿色转型升级面临新的挑战。目前我国绿色发展的新材料、新技术整体处于跟跑阶段，新技术与生态环境领域融合不足，急需加快绿色技术赋能产业转型，实现全产业链绿色升级。同时，构建绿色发展的现代化产业体系是新质生产力形成的关键，也是中国式现代化的产业支撑。具体来看，其一，新产业新业态的形成有赖于以绿色技术为代表的新技术的研发与应用。战略性新兴产业与未来产业具有技术含量高、可持续性强、市场空间广与发展潜力强等突出特点，加快新能源技术、绿色材料等绿色技术的研发与应用是形成新质生产力、实现绿色发展的关键路径。其二，新产业新业态的发展要求实现传统产业的绿色转型。将绿色发展理念贯穿传统产业生产的全链条、全领域和全过程，通过技术升级、降低能耗、采用清洁能源等手段实现生产过程的绿色化，才符合新质生产力的发展要求，进一步推动实现中国式现代化建设生态友好型现代化产业体系的目标。

（四）共同实践原则：践行自主发展

走自己的路，是党百年奋斗得出的历史结论。坚持独立自主与创新发展是践行自主发展的核心要义，中国式现代化走的正是基于我国独特国情的自主创新的道路，是以新质生产力为引领的自主式内源式现代化道路。

第一，保持独立自主是二者实践的重要前提。“独立自主是中华民族精神之魂，是我们立党立国的重要原则。”[①]不同于西方现代化依靠殖民掠夺实现自身发展，也不同于部分后发国家的“依附现代化”“模仿现代化”，中国式现代化始终保持自身独立、坚持自主发展。独立是道路探索的前提条件，实现国家独立与民族自决才能跳出西方现代化先在模式的限制，才能掌握本国经济社会发展的主动权。自主是道路探索的发展创新，自主探索才能立足于自身国情，有选择性地吸收西方现代化的发展经验，找到适合自己的现代化道路。进入新时代，新质生产力的提出更是践行自主发展的重要体现。新质生产力形成过程中的关键核心技术攻关，是适应我国发展的切实需要，是基于社会主义现代化过程中国家与人民利益的自主选择。反观那些依附美国走“依附现代化”的国家，一旦其现代化发展特别是关键核心技术的突破触及或威胁到美国的核心利益，就会立即遭到美国严厉的制裁打击。[②]世界历史发展经验已充分证明，没有独立自主，就没有新质生产力的形成，更无法走出中国式现代化的发展道路。

第二，坚持自主创新是二者实践的根本路径。“实践告诉我们，自力更生是中华民族自立于世界民族之林的奋斗基点，自主创新是我们攀登世界科技高峰的必由之路。”[③]科技自主创新是实现国家现代化和形成新质生产力的基石，是改变关键核心技术受制于人的根本举措。在新型全球化背景下，部分后发国家依靠比较优势与全球产业分工实现的外源式现代

---

① 《中共中央关于党的百年奋斗重大成就和历史经验的决议》，《人民日报》2021 年 11 月 17 日第 1 版。

② 骆郁廷：《中国式现代化道路的自主创新》，《世界社会主义研究》2023 年第 3 期。

③ 习近平：《习近平谈治国理政》第一卷，外文出版社 2018 年版，第 122 页。

化道路，可能会面临先发国家在关键核心技术相关领域的技术壁垒，进而陷入“后发优势陷阱”。“关键核心技术是要不来、买不来、讨不来的。只有把关键核心技术掌握在自己手中，才能从根本上保障国家经济安全、国防安全和其他安全。”①要实现中国式现代化的自主可控与新质生产力的接续发展，必须坚持自主创新道路，加快颠覆性关键核心技术突破。同时，自主创新并不意味着闭门造车，也应兼具国际视野。在科技创新领域的国际合作与竞争中，中国式现代化既要在关键领域抢夺制高点，加速形成新质生产力，也要通过合作共享科技成果，共同面对世界性难题。

四、新质生产力助力中国式现代化的路径

新质生产力是助推经济高质量发展，进而实现中国式现代化的重要基础与引擎。在转变经济发展方式、转变经济增长动能的新时期，我国仍存在技术创新不足、创新产业基础薄弱、创新氛围不强等问题，制约着新质生产力的形成。因此，必须从宏观治理、内在动力、支撑载体与持续保障四方面发力，加快形成新质生产力，更好助推中国式现代化的实现。

（一）完善宏观治理：更好发挥国家主体作用

中国式现代化的实现离不开国家生产力的发展，国家生产力的跃迁离不开国家主体作用的发挥。长期以来，西方现代化理论渲染自由市场的作用，认为创新发展与生产力的提升仅仅来自市场的作用，政府是被视作无益于创新的，甚至被认为是创新的阻碍。按此说法，“野蛮国家就应当是世界上生产力最高、最富裕的国家，因为就对个人听其自然、国家权力

① 习近平：《论把握新发展阶段、贯彻新发展理念、构建新发展格局》，中央文献出版社2021年版，第271页。

作用若有若无的情况来说，再没有能比得上野蛮国家的了"[①]。事实却并非如此，西方早发国家现代化的成功，有赖于国家生产力的跨越式发展。综观美国的"大项目引领"模式、日本的政企联合模式等科技创新模式，国家政府无不在创新资源配置上发挥着不可替代的作用。[②] 国富国穷的关键在于国家能力[③]，因此，更好发挥国家主体作用以完善宏观治理，处理好政府与市场关系，对实现创新发展与生产力跃迁进而形成新质生产力具有重要意义。

以宏观治理保障新质生产力的形成，应当更好发挥国家主体作用，推动党、政府、市场三者有机结合、协同发力。

第一，坚持和完善党的集中统一领导，有效统筹政府与市场关系。要充分发挥党总揽全局、协调各方的统筹引领作用，明确国家创新发展方向，协调各类创新主体与资源，更好应对市场失灵与政府失效；要践行党以人民为中心的发展理念，保障新质生产力的创新成果服务于人民生活水平的提升与社会财富的增加；要发挥党自我革命和艰苦奋斗的政治本色，面对颠覆性关键性技术攻关难题，保持坚韧不拔与迎难而上的革命意志。

第二，更好发挥政府作用，加快重大技术攻关。政府在耗时长、成本高、风险高的重大技术攻关上具有无可比拟的优势，是形成国家竞争优势的重要动力。因此，要明确政府在创新中的地位，避免政府"越位"和"缺位"，提升配置效率与治理效能；要加大政府在基础创新中的投入与保障，推动基础研究、人才创新等基础型工作的持续推进，为生产力的质变积累

① 弗里德里希·李斯特：《政治经济学的国民体系》，陈万煦译，蔡受百校，商务印书馆2012年版，第169页。

② 周文、李吉良：《新型举国体制与中国式现代化》，《经济问题探索》2023年第6期。

③ 周文、刘少阳：《社会主义基本经济制度、治理效能与国家治理现代化》，《中国经济问题》2020年第5期。

量变基础；要加强政府对科技创新的整体统筹、政策引导、财政支持，鼓励和激发全社会的创新热情。

第三，充分发挥市场作用，提升创新效率。市场是创新的动力源与风向标，有效市场是突破颠覆性技术创新的关键。因此，要完善市场基础制度，降低市场制度性交易成本与市场准入门槛，实现各类市场主体的竞争平等与创新可能；要加快建设全国统一大市场，加快创新资源和要素流动，加强区域创新合作与联动，形成因地制宜、优势互补的产业集群；要强化企业的创新主体作用，发挥国有企业的创新示范作用，鼓励民营企业等市场主体在新技术研发上加大投入，加快形成新产业、新业态、新经济。

（二）增强内在动力：加快突破关键核心技术

走自主创新的高水平科技创新之路，是中国式现代化的应有之义，是形成新质生产力的必由之路。恩格斯指出："社会一旦有技术上的需要，这种需要就会比十所大学更能把科学推向前进。"①其中，新质生产力的形成关键在于加快突破关键核心技术，以科技创新为内生动力推动中国式现代化。进入新时代以来，我国科技创新水平迈上新台阶，进入创新型国家行列，但在研发经费、研发强度上相比于美国、日本等发达国家尚显不足，关键核心技术研发仍面临基础研究薄弱的挑战。此外，当前世界经济波动巨大，关键核心技术受限加大了我国经济安全风险。因此，仅仅依靠模仿学习科技创新实现的"非对称赶超"难以为继，只有将关键核心技术掌握在自己手中，才能在新一轮科技革命中克服"卡脖子"难题，以新技术、新产业、新业态推动我国产业链价值链向高端化迈进，进而满足新质生产力发展动力要求，才能把握中国式现代化的

① 中共中央马克思恩格斯列宁斯大林著作编译局编译：《马克思恩格斯选集》第四卷，人民出版社2012年版，第648页。

前进方向，从根本上保障国家经济安全和稳定发展。

第一，健全新型举国体制，发挥集中力量办大事的制度优势。要坚持党对科技创新工作的集中统一领导，通过党的高效决策、统一指挥，形成关键核心技术研发合力；要发挥公有制经济与新型举国体制的协同作用，依靠公有制经济在关键领域的生产资料占有优势，最大限度提升举国体制效率；要建构整合式创新范式，针对新质生产力形成过程中的痛点与堵点，整合创新主体和资源，提升科技资源配置效率，降低创新成本。

第二，完善创新体制，统筹基础研究与关键核心技术攻关。要面向国家发展需求，深入实施创新驱动发展战略、科教兴国战略、人才强国战略，以教育、科技与人才“三位一体”共同推动生产力跃迁；要加强基础研究与原始创新，优化基础学科建设布局，加大基础研究经费等创新投入力度，加快协同创新基础平台等创新平台建设，推进国内基础研究团队建设，培育世界级基础研究类人才；要加强重点学科建设，支持形成新质生产力相关重点与新兴学科发展，鼓励学科交叉融合，以跨学科视野加快突破性成果生成；要培育承担国家重大攻关任务的科技人才，同时要加强应用研究类新时代高技能人才队伍建设，特别是加大急需紧缺高技能人才的培养力度；要广泛开展创新研究国际交流合作，秉持开放合作和互利互惠理念，加快融入全球创新网络。

第三，支撑科技成果产业化，加快科技创新成果的生产力转化。要以企业为创新主体，发挥产学研协同作用，充分发挥体制机制优势，形成产业化合力；要加强企业科技创新的市场导向，在关键核心技术突破上赋予企业充分自主权，破除体制机制障碍，推动科技成果落地；要完善企业创新知识产权保护，强化企业无形资产管理，在数字经济时代尤其要建立完善的数据安全管理机制以提升技术体系相关数据安全保障能力,激发专精特新企业创新活力。

(三)培育支撑载体:着力创新发展实体经济

实体经济具有生产性功能,是生产力的载体,是国民经济的根基,是新质生产力的新技术、新产业、新业态的重要支撑载体。发达国家的现代化经验表明,没有以制造业为主体的实体经济的充分发展,就不可能实现整体经济的现代化。[①] 不同于西方现代化后期将金融资本凌驾于实体经济之上,在高科技的加持下导致国家经济"脱实向虚"的严重失衡,中国式现代化着力振兴实体经济,将更多创新要素向实体经济积聚,推动新型工业化发展,提高全要素生产率[②],为新质生产力的形成奠定良好的物质基础。因此,在加快形成新质生产力的过程中,既要加强实体经济与新技术融合发展,形成新产业新业态,也要促进科技与金融深度融合,更好服务实体经济发展。

第一,实施创新驱动发展战略和供给侧结构性改革,加快数字经济和实体经济融合发展。数字经济与实体经济融合发展,在加大社会财富创造与提升生产力的同时,不断催生形成新质生产力的新产业新业态。面对未来,要进一步发挥数字经济赋能实体经济的作用,持续推进中国式现代化。要促进物联网、人工智能、大数据、云计算等数字技术与实体经济深度融合,加快新产业新业态的形成;要加快新型基础设施建设,形成高速泛在、天地一体、云网融合、智能敏捷、绿色低碳、安全可控的智能化综合性数字信息基础设施[③];要加强数字经济监管,深化平台经济领域反垄断治理,更好发挥平台经济服务实体经济发展与满足人民生活需要的作用。

---

① 周文、刘少阳:《新中国70年成就的政治经济学考察》,《天府新论》2019年第6期。

② 周文、司婧雯:《中国共产党百年经济理论与实践探索》,《长安大学学报(社会科学版)》2021年版第4期。

③ 周文、韩文龙:《数字财富的创造、分配与共同富裕》,《中国社会科学》2023年第10期。

第二，发挥金融资本支持技术创新作用，更好服务实体经济科技创新。金融是链接科技创新和产业创新的一个重要工具，促进科技与金融深度融合，对加快形成新质生产力、推动高质量发展、实现中国式现代化至关重要。在体制机制上，要加快完善科技金融服务体系，优化金融支持科技创新的配套政策，破除科技与金融部门间、产业间的制度壁垒。在资金投入上，既要发挥政府作用，利用国家中小企业发展基金等国家资金的引导带动作用，也要充分利用市场，拓宽以中小民营企业为代表的创新型企业的融资渠道，提升融资可得性。在风险管理上，既要发挥保险和融资担保机构的风险分担作用，降低专精特新中小企业的创新风险，也要发挥国家对银行业等金融机构的指导作用，平衡好金融支持科技创新与防范金融风险的关系。

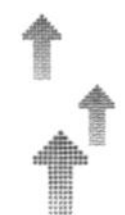

（四）强化持续保障：推动建设现代产业体系

现代化产业体系是现代化国家的物质技术基础，是实现中国式现代化的产业基石。同样，新质生产力以新产业新业态为主要支撑，新质生产力的形成过程就是现代化产业体系的建设过程。当前，新一轮科技革命与产业革命深入发展，以科技创新加快传统产业转型升级、布局战略性新兴产业与未来产业是抢占全球产业分工新赛道、塑造国家竞争新优势的必由之路。同时，我国现代化产业体系面临着体量庞大但高精尖产业不足、门类齐全但产业链纵深不够、绿色发展增速但结构性转型受限制等诸多困难与挑战。[①] 因此，要加快推进产业智能化、绿色化、融合化，进一步建设具有完整性、先进性、安全性的现代化产业体系。

一是推动产业智能化，实现产业链向高端迈进。产业体

① 徐建伟、韩晓、赵阳华：《推动制造业高质量发展的时代要求、现实基础与策略选择》，《改革》2023年第11期。

系高端化离不开产业技术智能化，随着颠覆性关键核心技术的突破，新质生产力的广泛应用将持续提升产业链向高端迈进。因此，要着力推动产业数字化转型，发挥物联网、大数据、云计算等数字技术与传统产业的结合，利用数据、算力等新兴生产要素，搭建智能化数据平台、自动化设备、智能制造系统实现生产与资源管理智能化，实现产业链全方位、全链条的改造升级；要加快推动数字产业化，聚焦集成电路、通信设备、智能硬件等重点领域，完善数字经济治理，参与数字经济国际合作，加快形成具有国际竞争力的新兴数字产业集群，提升产业体系先进性。

二是践行产业绿色化，推动产业可持续发展。生态环境与自然资源是新质生产力发展的重要因素，绿色可持续产业体系的形成，将为中国式现代化提供持续动力。因此，要加快绿色技术创新应用，鼓励企业自主研发，加快实现绿色低碳技术重大突破与融合应用，革新以制造业为代表的产业工艺与基础设备，践行新质生产力的绿色发展要求；要加快可再生清洁能源开发与利用，加强产业长期能效改进，满足产业绿色化的节能减排与清洁生产要求；要加强绿色供应链管理，优化绿色供应链相关标准要求；要发展好循环经济等绿色新经济模式，以生态生产力助推建设生态友好型产业体系。

三是加强产业融合化，促进产业体系多维度协同。产业结构的转型升级需要提升产业间的配套协作能力，产生集聚效应与规模效应，进一步提升产业链供应链韧性，为新质生产力的形成提供持续保障。要实现新产业与国家发展重大战略协同，利用西部大开发、长三角一体化发展等区域协调发展战略的人才、资金等支持，在服务和支撑战略的同时，促进新质生产力的更快更好发展；要强化不同产业间跨界创新、自主创新，实施产业跨界融合示范工程，发挥平台企业作用，融通不同行业产业创新壁垒，加速打造战略性新兴产业与未来产业，

形成优势产业集群；要优化区域产业链发展，政府要针对主导产业、支柱产业与基础产业等不同产业类型完善顶层设计，因地制宜、优势互补，发挥区域内龙头企业作用，带动引领区域企业创新合作，提升产业链水平。

第三章
新质生产力与高质量发展

高质量发展是全面建设社会主义现代化国家的首要任务，是中国式现代化的本质要求，是新时代的硬道理，其根本任务在于不断解放与发展生产力，促进经济发展提质增效，加速国家的物质财富积累，持续提高人民生活水平。

2024 年 1 月，习近平总书记在主持中共中央政治局第十一次集体学习时强调，发展新质生产力是推动高质量发展的内在要求和重要着力点，必须继续做好创新这篇大文章，推动新质生产力加快发展。[①] 2024 年 3 月，在参加十四届全国人大二次会议江苏代表团审议时，习近平总书记立足党和国家事业发展全局，高瞻远瞩地指出，要牢牢把握高质量发展这个首要任务，因地制宜发展新质生产力。[②]

加快发展新质生产力既是中国突破外部科技封锁打压，更为有效应对外部环境的复杂性、严峻性与不确定性影响的关键一招，也是中国顺应新一轮科技革命与产业变革浪潮，不断塑造发展新动能、新优势，抢抓未来发展机遇的重要举措。当前，高质量发展亟需新的生产力理论来指导，而新质生产力已经在实践中形成并展示出对高质量发展的强劲推动力与支

---

① 习近平：《发展新质生产力是推动高质量发展的内在要求和重要着力点》，《求是》2024 年 11 期。

② 《习近平在参加江苏代表团审议时强调　因地制宜发展新质生产力》，《人民日报》2024 年 3 月 6 日。

撑力。为加快培育与发展新质生产力，赋能高质量发展，必须深入分析新质生产力与高质量发展的内在关联，阐明以新质生产力推动高质量发展的理论逻辑与现实路径，更好地指导经济社会发展实践。

一、新质生产力体现新发展理念

理念是行动的先导，发展理念的正确与否事关发展成效乃至成败。从本质上来看，新质生产力是符合新发展理念的先进生产力质态①，高质量发展“是体现新发展理念的发展”②，二者理念共通，都符合新发展理念的要求。具体而言，新质生产力与高质量发展在根本宗旨与基本特性方面具有内在一致性。

其一，在根本宗旨上，新质生产力与高质量发展共同体现以人民为中心的发展思想。为人民谋幸福、为民族谋复兴是新发展理念的根与魂，无论是发展新质生产力还是推动高质量发展，都是践行“发展为了人民，发展依靠人民，发展成果由人民共享”的发展观的生动实践。

从发展的出发点与落脚点来看，高质量发展的提出是为了消除束缚社会生产力发展的障碍，以满足人民日益增长的美好生活需要，实现全体人民共同富裕③；新质生产力的提出同样服务于提升社会整体生产力水平与满足人民美好生活需要，服务于共同富裕这一发展目标④。

从发展的动力来看，劳动者是生产力的主体要素。新质

---

① 习近平：《发展新质生产力是推动高质量发展的内在要求和重要着力点》，《求是》2024年11期。

② 习近平：《论把握新发展阶段、贯彻新发展理念、构建新发展格局》，中央文献出版社2021年版，第215页。

③ 王一鸣：《百年大变局、高质量发展与构建新发展格局》，《管理世界》2020年第12期。

④ 周文、李吉良：《新质生产力与中国式现代化》，《社会科学辑刊》2024年第2期。

生产力的本质,就是人的创造性生产力,即以人为本的先进生产力。[①] 随着新质生产力的发展,新型生产工具的出现将节省劳动者的体力与脑力,为劳动者开展精密作业或创造性生产提供更加智能与精准的辅助。新产生的就业岗位需要一批知识型、技能型、创新型的新型劳动者,由此会形成促使劳动者提升技能水平、专业知识储备、创新创造能力的强大推动力,专业型与复合型的人才队伍成为推动高质量发展的生力军。在这一过程中,社会经济发展与人的全面发展的双元目标得以有机统一、更好实现。

其二,在基本特性上,新质生产力与高质量发展都蕴含创新、协调、绿色、开放、共享的特征,都将安全作为保障发展的重要因素。"高速增长"与"高质量发展"可以被看作是区分两个发展阶段的不同质态的概念表达[②],随着中国经济质态发生显著改变,以"创新、协调、绿色、开放、共享"为内涵的新发展理念诞生。在新发展理念的指导下,高质量发展即"创新成为第一动力、协调成为内生特点、绿色成为普遍形态、开放成为必由之路、共享成为根本目的"[③]的发展。同时,随着经济发展内外环境的严峻性、复杂性与不确定性日益上升,安全也被作为重要因素纳入高质量发展的内在要求。

新质生产力蕴含的重要特质与高质量发展的要求相契合。

"创新"是新质生产力的核心特征,基础研究的发展、关键核心技术的突破、原创性颠覆性科技创新成果的竞相涌现,将促使生产力要素结构中实体性要素与非实体性要素结合广度、深度、频度的深入拓展,由此引发社会生产综合能力的迭

① 金碚:《论新质生产力研究的经济学思维》,《西部论坛》2024 年第 2 期。
② 金碚:《关于"高质量发展"的经济学研究》,《中国工业经济》2018 年第 4 期。
③ 习近平:《习近平著作选读》第二卷,人民出版社 2023 年版,第 67 页。

代跃升。①

"协调"是新质生产力的内在要求。随着科技高速迭代、资源优化配置、产业深度转型，生产力系统中劳动者、劳动资料、劳动对象的组合方式将更加合理高效，城乡间、区域间、产业间要素资源流动的渠道将进一步拓宽，社会再生产四环节将紧密衔接、更为畅通，发展不平衡不充分的问题将有效改善。

"绿色"是高质量发展的底色，新质生产力本身也是绿色生产力，新质生产力的发展将推动绿色科技创新、绿色技术应用、绿色产业壮大、绿色金融发展，助力中国走绿色低碳可持续发展之路。

"开放"是新质生产力进步的必由之路。作为新一轮科技革命与产业变革中孕育的先进生产力质态，新质生产力发展所凭依的大数据、云计算、人工智能等先进科技只有在开放场域的交流、碰撞、合作、互促中才能进一步发展②，隐私数据保护、人工智能监管、数据经济与数字化转型、国际贸易和技术合作等重要的全球性议题亟需各国共同探讨应对。只有在交流、合作与互鉴中，新质生产力才能持续壮大，成为占据全球领先地位的先进生产力，不仅赋能中国经济高质量发展，也促进世界各国共同繁荣。

"共享"是新质生产力发展的最终目标。新质生产力的发展不仅能为消费者提供品种多元、科技含量高、更具个性化的产品与服务，也赋予更多劳动者参与社会化生产、改善生活、提升个人素质与技能的机会；不仅能满足人民日益增长的美好生活需要，也能以人的全面发展赋能经济高质量发展；不仅

① 黄群慧、盛方富：《新质生产力系统：要素特质、结构承载与功能取向》，《改革》2024 年第 2 期。

② 黄群慧、盛方富：《新质生产力系统：要素特质、结构承载与功能取向》，《改革》2024 年第 2 期。

能促进经济发展，为实现共同富裕奠定物质基础，也能促进体制机制改革，为实现共同富裕提供重要的制度保障。

"安全"是新质生产力发展的重要依托。高水平安全是高质量发展的重要保障，新质生产力要求实现高水平科技自立自强，以科技创新赋能先进种业、新能源产业发展，增强产业链供应链自主可控能力，确保粮食、能源资源、重要产业链供应链安全，以突破外国在关键核心技术上的封锁与遏制，有效应对"脱钩""断链"威胁；新质生产力要求实现人与自然和谐共生，确保生态环境安全，使高质量发展和高水平安全良性互促。

二、新质生产力赋能高质量发展的内在逻辑

（一）发展动力转换：科技创新为高质量发展注入新动能新优势

在马克思所处的时代，19 世纪前 40 年，第一次工业革命方兴未艾；19 世纪后 30 年，第二次工业革命如日方升。19 世纪 50 年代，马克思便已经敏锐地察觉到科学技术对于生产方式的重要影响，指出"生产力中也包括科学"①。历经三次工业革命浪潮，到了新一轮科技革命与产业变革兴起的今天，科技创新已经成为新质生产力的核心与关键。发展新质生产力有助于发展动力实现从要素驱动向创新驱动的根本转换，为高质量发展注入新动能新优势。

其一，科技创新推动劳动者、劳动对象、劳动资料及其优化组合实现跃升，增强新质生产力对高质量发展的推动与支持。在新质生产力中，科技创新成为主导性因素，与其他因素深度融合，劳动者的知识、经验与创造力显著提升；先进生产

① 中共中央马克思恩格斯列宁斯大林著作编译局编译：《马克思恩格斯选集》第二卷，人民出版社 2012 年版，第 777 页。

工具使劳动者能够完成更为复杂与精细的工作，提升了产品质量与生产效率；原先无法改造或尚未被发掘的劳动对象被引入劳动过程，与劳动者、劳动资料相结合，形成更加丰富多元的产品。特别是随着人工智能、大数据、云计算等数字技术的广泛应用，新兴的通用设备，多元的软硬件配置，智能化的数字基础设施、数据处理和计算中心等新型劳动生产资料纷纷涌现。[①] 数据与算法深刻改变了劳动者的劳动过程与企业的组织形式：一方面，算法对生产流程各节点的整合与管理不仅使生产模式更为模块化与柔性化，也使劳动者远程灵活开展工作成为可能；另一方面，作为新型组织形式的数字平台通过数据聚合、算法优化与用户交互，推动生产组织方式向更为高效、灵活、开放的方向转型，打造出广泛参与、资源共享、精准匹配、紧密协作的产业生态圈。由此可见，科技创新不仅直接提升了劳动者素质，扩大了生产资料的规模和效能，改进了生产工艺，促使生产提质增效，更克服了时间与空间上诸多自然条件的限制，改造了生产过程的社会结合方式，扩大了“由协作与分工产生的生产力”，即“社会劳动的自然力”[②]，使新质生产力相较传统生产力实现质的飞跃，对高质量发展的牵引力与推动力更加强劲。

其二，原创性、颠覆性科技创新的涌现为中国经济塑造新的竞争优势。当今世界，得科技者得先机，在科技领域领先的国家往往也在经济领域占领发展的制高点，而遭受科技封锁的国家往往也面临经济打压的困境。发展新质生产力正是为了解决中国面临的关键核心技术“卡脖子”困境与产业链供应链“脱钩”“断链”风险，将科技力量更好地转化为经济动能，

① 肖巍：《从马克思主义视野看发展新质生产力》，《思想理论教育》2024 年第 4 期。

② 中共中央马克思恩格斯列宁斯大林著作编译局编译：《马克思恩格斯文集》第五卷，人民出版社 2009 年版，第 443 页。

塑造经济竞争优势。一方面,随着关键核心技术攻坚战在诸多重要领域顺利推进,中国在部分高科技领域受制于人的被动局面将发生根本转变,中国在外贸领域的竞争优势将不断增强。如龙芯中科发布的新一代中央处理器龙芯 3A6000 是完全自主研发的产品,其性能已与市场主流产品基本接轨,与国际最先进同类产品的差距缩小到 3 年,标志着国产 CPU 在自主可控程度和产品性能上均已达到新高度①,在世界市场具备了一定的竞争实力。另一方面,随着中国的基础科研与技术工业化水平不断提升,一系列原创性、颠覆性科技成果将加速涌现。科技创新的率先突破将催生一系列新产业、新模式、新动能,赋能中国抢占产业发展的制高点,在全球经济治理中获取更多制度性话语权。如在量子科技领域,中国成功构建了量子计算原型机“九章二号”与“九章三号”,多次刷新光量子信息技术世界纪录。随着基础研究的突破,多家科技巨头着力推动量子产业化。如:百度推出全球首个全平台量子软硬一体化解决方案“量羲”,实现了量子计算、高性能计算、云计算及人工智能计算的有机融合;华为公布超导量子芯片专利,该芯片有望成为未来计算机技术的核心。随着中国的战略科技实力显著提升,中国经济的活力、竞争力与抗风险能力得到进一步强化,高质量发展和高水平安全实现良性互促。

(二)要素创新配置:新质生产力充分激发各类生产要素活力

要素资源的有效配置对于一国经济增长具有关键作用。改革开放以来,中国经济高速增长,重要动力之一就是通过市场机制配置资源,提升生产经营效率。从某种视角来看,改革开放的本质就在于:一是建立社会主义市场经济体制与构建

---

① 佘惠敏:《科技创新为发展注入澎湃动能》,《经济日报》2023 年 12 月 6 日第 1 版。

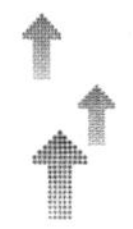

全国统一大市场，使各类生产要素、产品与服务在中国国内自由流动[①]；二是积极融入世界市场，参与全球要素资源流动与配置的国际循环，获取中国自身发展所需的原料、技术、资金等关键资源。

当前，发展新质生产力有助于实现要素资源创新配置，通过改造要素特质、提高要素配置效率、优化要素组合，可提高全要素生产率，为高质量发展注入重要动能。

其一，新质生产力改造生产要素特质。随着科技革命与产业变革的逐步深化，除劳动力、资本、土地等传统生产要素外，技术、知识、管理等关键要素对提升生产效率与质量的作用日益重要。新质生产力以科技创新为核心，新质生产力的发展带来技术与知识的进步，推动原料、生产设备与工艺的丰富与更新，提升劳动力的教育水平和创新能力，从根本上提升了各类生产要素质量。此外，新质生产力的发展使以数据要素为代表的新生产要素嵌入社会再生产的各个环节。一方面，数据要素与其他生产要素紧密融合，与部分要素形成互补与替代，形成了适应数字化、智能化生产要求的新型生产要素；另一方面，数据要素有着规模报酬递增、低成本复用等特点，在与其他要素结合时能发挥放大、叠加和倍增作用，具有超越传统要素的基本属性与价值创造能力。数据要素渗入并深刻重塑了生产方式，拓展各类要素使用方式与应用场景，带来了知识扩散与价值倍增的网络效应，促进了社会生产力的提升。

其二，新质生产力改善生产要素配置效率。随着新质生产力的深入发展，大数据、云计算、人工智能大模型等关键技术的广泛使用深刻改变了要素资源配置方式、规模和效率。

---

① 陈朴、林垚、刘凯：《全国统一大市场建设、资源配置效率与中国经济增长》，《经济研究》2021 年第 6 期。

就配置方式而言，数据分析和算法调控成为配置资源的重要方式。先进数字技术的发展使企业、政府与社会机构能够挖掘、开发和使用海量规模的数据资源，更为便捷与精确地获取所需信息，减少信息的搜寻成本与交易成本，并能通过算法调控各类资源的流动，使供给端与需求端有效衔接，减少资源错配。在配置规模方面，数字技术的发展突破了时空因素与行政壁垒的限制，能够促进跨区域、跨产业的大规模要素资源流动与产品贸易，缓解了普遍存在的市场分割现象。数据与算法连接现有各类生产要素，从而连接产业链供应链上下游各企业，也连接供应商、企业、劳动者、消费者、金融机构、政府等各类主体，实现更大范围的市场整合，并通过促进信息交互与要素流动，实现多领域、广范围的供需对接，打通社会再生产过程中生产、分配、流通、消费各个环节的堵点，畅通经济循环。在配置效率方面，随着数字技术的发展，企业、高校、科研机构、政府之间能够有效共享信息资源、科技成果与创新人才，提升协同创新效率。通过采集与分析数据，企业能更为精准地掌控市场趋势、消费者心理，提升产品供给与需求的匹配度。通过将数据分析和算法调控应用于产品研发、制造等环节，企业能对生产流程进行模块化、标准化管理，依据情况适时调整，实现提质、降本、增效。资本市场可以依托算力等信息技术，通过开发多样化的金融工具或投资平台，提高资本流动性与资金使用效率①，缓解中小企业面临的融资困境。此外，数字技术的发展可以实现跨地区与国家的高效、高频贸易，帮助缩短贸易空间距离与降低贸易成本，促进国内国际更多企业进行生产合作、贸易往来与技术共享，推动中国企业深刻融入全球价值链体系。②

① 易成岐、窦悦、陈东等：《全国一体化大数据中心协同创新体系：总体框架与战略价值》，《电子政务》2021 年第 6 期。

② 罗双成：《数字经济、要素配置效应与产业升级》，《南方金融》2024 年第 1 期。

其三，新质生产力优化要素组合，提升全要素生产率。全要素生产率主要反映的是一国的技术进步对经济发展的综合推动作用程度。[①] 新质生产力的发展不仅催生新型生产要素，更促成各类要素之间新的组合方式，由此带来生产效率与产品质量的双重提升。一方面，在数据、算法的智能调控下，各类要素资源能以更加科学、精确的比例进行配置和投入生产；另一方面，跨学科、跨领域的融合发展与协同创新催生了新技术、新工艺、新产品，使原有要素实现多场景复用，使传统要素与新型要素融合形成新的组合方式，使数据要素协同优化、复用增效、融合创新的作用得以充分发挥，充分激发各类生产要素活力。通过推动要素条件、组合方式、配置机制和发展模式的有序组合，新质生产力以技术进步为牵引，提升全要素生产率，使各类关键要素形成强大合力，共同推动高质量发展。

（三）产业结构优化：现代化产业体系建设推动经济发展提质增效

现代化产业体系是新质生产力形成与发展的主阵地，发展新质生产力的过程也是推动产业体系现代化的过程。通过促进传统产业转型升级，重点推动战略性新兴产业发展壮大，超前布局并推动未来产业创新发展，中国的产业结构将持续优化，技术进步与产业发展将实现互促共生，产业链供应链的韧性与安全水平将不断提升，高质量发展和高水平安全将实现良性互促。

其一，新质生产力的发展推动产业体系现代化。科技创新是产业体系现代化建设的关键，随着新质生产力的发展，先进技术将赋能传统产业改进落后工艺、淘汰过剩产能、实现转型升级，以技术创新塑造新的竞争优势。一系列原创性、关键性、颠覆性的技术突破将赋能战略性新兴产业与未来产业发

① 张杰：《新质生产力理论创新与中国实践路径》，《河北学刊》2024 年第 3 期。

展，打造新的经济增长点。在这一过程中，中国的产业结构将进一步优化与完善，主导产业与支柱产业将持续迭代，产业发展水平持续提升。中国各地区将调整产业布局，基于自身要素禀赋优势与发展目标打造富有特色与竞争力的产业集群。城乡之间、区域之间、三大产业之间的水平分工与协调发展格局进一步优化，高质量发展的产业基础将更加坚实有力。

其二，新质生产力的发展提升产业链供应链韧性与安全水平。美国学者纳尔森指出，技术进步有时持续集中在某一特定的技术群，有时会带来“革命”性变化，也就是事实上会形成一个全新的产业。[①] 在新质生产力孕育壮大的过程中，一系列关键性、颠覆性技术的创新与突破将带动相关领域的产业链、供应链与创新链的广泛交互与协同发展，孕育出一批关键零部件与产业配套设施制造方面的细分产业，催生具备强大生产力的先进产业集群。如 C919 大型客机的生产带动中国民用航空产业链、价值链与创新链的形成与发展，吸纳国内 20 多个省份、30 多所高等院校、240 多家大中型企业参与大型客机研制，推动建立 16 家航电、飞控、电源、燃油和起落架等机载系统合资企业，提升了中国民用飞机研发与制造的整体水平以及配套能力，促进中国大飞机产业集群的形成。[②] 随着科技进步与产业集群的建立，中国将逐步实现产业基础高级化、产业结构高级化和产业链现代化，逐步建立起安全可控、畅通无阻的国内生产供应体系，增强对产业链供应链关键节点的控制能力，提升产业链供应链的生产能力与抗风险能力，实现高质量发展和高水平安全良性互促。这也有助于中国增强经济实力，实现向全球价值链中高端的攀升，在实现自身发展的

① 理查德·R.纳尔森：《经济增长的源泉》，汤光华译，中国经济出版社 2001 年版，第 179 页。

② 付毅飞、王春：《十年，“中国造”大飞机初长成——解密我国首架商用干线客机 C919》，《科技日报》2017 年 5 月 8 日第 1 版。

同时为世界经济发展注入新动能。

其三，新质生产力的发展使技术进步与产业发展实现良性互促，构建起“科技创新-产业发展”的新生态。长期以来，中国的科技创新与产业发展之间衔接程度不够，基础研究与商业化产品开发之间严重脱节，由于缺乏有效政策或支持资金产生了颠覆式创新中的“死亡之谷”现象[①]。加快发展新质生产力是党和国家作出的前瞻性与战略性的顶层设计，能够引起经济社会各界的共鸣与行动，促进资源要素的聚合，串联起从基础研究到成果转化的若干关键性中间环节。一方面，技术进步促进产业发展。企业出于发展与竞争的需要会向高等院校与科研机构寻求帮助，政府也会积极搭建平台增进高校、科研机构与产业界、金融界之间的交流与协作，使科技创新的供给与产业需求实现有效对接，促使科技成果更快地转化为现实生产力。另一方面，产业发展推动技术进步。在新质生产力发展的过程中，科研机构与企业之间将构筑起强有力的技术交换信息网络与资金支持网络。企业购买技术与产品为科研机构从事研发提供重要资金支持，企业所面临的实际问题将为科研机构从事研发指明具体方向。此外，随着一项新技术的工业化应用与扩散，潜在的技术使用者、产品开发设计者及竞争对手对于技术都有相应的反馈[②]，这会促进技术与产品的改进与更迭，最终实现累积递进的重大突破，促使生产力实现飞跃。

（四）发展方式绿色转型：发展绿色生产力彰显高质量发展的底色

事物的发展总是一体两面，在率先以机器大工业开启社

---

① 乔纳森·格鲁伯、西蒙·约翰逊：《美国创新简史：科技如何助推经济增长》，穆凤良译，中信出版社 2021 年版，第 106 页。

② 理查德·R.纳尔森：《经济增长的源泉》，汤光华译，中国经济出版社 2001 年版，第 44 页。

会化大生产的西方资本主义国家中，工业革命在带来社会生产力飞速发展与社会财富快速积累的同时，也造成了无产阶级的贫困化与日益严重的生态环境问题。①

生态环境的危机，一方面与自然物质的固有属性以及人改造自然的能力有限有关，另一方面与资本主义生产方式的“逆生态性”本质密切相关。就前一方面而言，煤炭、石油等传统矿物燃料的开采与燃烧不可避免地会产生空气与水源污染，而很长一段时间内，人类社会的科技水平不足以支持太阳能、风能、潮汐能等清洁能源的开发与大范围使用。就后一方面而言，马克思指出，“生产剩余价值或赚钱，是这个生产方式的绝对规律”②。资本主义生产是具有盲目性质的扩大再生产，为了尽可能多地榨取剩余价值，加速资本集中，西方资本主义国家过度开采自然资源以扩大生产规模，使用成本更低但会排放大量污染物的生产工艺，在生产过剩后大量销毁产品。这种生产方式过度消耗或浪费自然资源，使自然生态系统严重受损退化。更有甚者，部分发达国家通过技术性、空间性的转嫁与掠夺将产业转移至欠发达国家，使全球尤其是边缘地区承受资源环境的破坏性风险。③

与资本主义经济增长方式不同，党的十八大以来，中国积极探索人与自然和谐共生的现代化发展方式，在生态环境质量改善、生态保护修复、绿色低碳转型等方面取得显著成效，经济社会发展迈入加快绿色化、低碳化的高质量发展阶段。④

---

① 张涛：《马克思恩格斯政治经济学批判的生态文明内蕴及启示——以〈资本论〉及其手稿为核心的考察》，《湖北社会科学》2022年第3期。

② 中共中央马克思恩格斯列宁斯大林著作编译局编译：《马克思恩格斯选集》第二卷，人民出版社2012年版，第276页。

③ 戴雪红：《中国式现代化视域下生态文明新形态构建的三重逻辑》，《广西社会科学》2024年第1期。

④ 胡鞍钢、黄鑫：《中国式现代化与绿色发展》，《北京工业大学学报（社会科学版）》2024年第3期。

习近平总书记指出，新质生产力本身就是绿色生产力。① 发展新质生产力有助于彰显绿色发展这一高质量发展的底色。

其一，发展新质生产力有助于提升能源资源利用效率，推动产业结构优化升级，不断打造新的经济增长点，实现绿色、集约、可持续发展。在新能源方面，中国积极推动“电力脱碳”，构建新型电力系统，促进多种能源互联互济、融合发展。数据显示，2023 年，中国水电、核电、风电、太阳能发电等清洁能源发电量为 31906 亿千瓦时，比上年增长 7.8%②，约占全社会用电量的 1/3③。2023 年年内，中国可再生能源总装机连续突破 13 亿、14 亿大关，达到 14.5 亿千瓦，占全国发电总装机比重超过 50%，历史性超过火电装机④，可再生能源已成为保障电力供应的新力量。在推动产业转型升级方面，截至 2023 年底，中国累计在国家层面创建了绿色工厂 5095 家，产值占制造业总产值的比重超过 17%⑤，制造业绿色化水平显著提升。在发展战略性新兴产业方面，中国光伏组件产量连续 16 年位居全球首位，多晶硅、硅片、电池片、组件等产量产能的全球占比均达 80%以上。⑥ 2023 年，中国电动载人汽车、锂离子蓄电池和太阳能电池“新三样”产品合计出口 1.06 万亿元，首

---

① 习近平：《发展新质生产力是推动高质量发展的内在要求和重要着力点》，《求是》2024 年 11 期。

② 国家统计局：《中华人民共和国 2023 年国民经济和社会发展统计公报》，《中国统计》2024 年第 3 期。

③ 廖睿灵：《可再生能源发电总装机占比超 50%》，《人民日报海外版》2023 年 12 月 23 日第 3 版。

④ 丁怡婷：《我国可再生能源装机占比过半》，《人民日报》2023 年 12 月 22 日第 7 版。

⑤ 刘温馨：《工业绿色低碳转型扎实推进（新视点）》，《人民日报》2024 年 2 月 21 日第 18 版。

⑥ 刘志强、王政、丁怡婷等：《“老三样”焕发新生机 “新三样”展现新优势》，《人民日报》2023 年 12 月 11 日第 10 版。

次突破万亿元大关，增长了29.9%①，成为拉动外贸增长的新引擎。随着新质生产力的发展壮大，中国的绿色低碳循环经济体系将逐步完善，高质量发展的绿色动能将更加充足。

其二，发展新质生产力使中国与世界各国共建绿色经济，共享绿色高质量发展成果。以推进共建"一带一路"绿色发展为契机，中国与"一带一路"共建国家加强交流协作。

在新能源技术和产品出口方面，数据显示，新能源成为2022年中国电力行业对外投资项目数量最多的领域，占比约58%；中国以光伏和风电为主的海外项目开发与投资已初具规模，遍布东南亚、欧洲、大洋洲和拉丁美洲等。②

在推进绿色低碳发展信息共享和能力建设方面，中国积极推进实施"一带一路"应对气候变化南南合作计划和绿色丝路使者计划，与共建国家共建低碳示范区，向发展中国家援助气象卫星、光伏发电系统和照明设备、新能源汽车、环境监测设备等应对气候变化相关物资，帮助世界各国培训环境与气候专业人才③，带动相关国家加快绿色低碳转型并从绿色发展中受益。

不仅如此，中国先后发布《关于推进绿色"一带一路"建设的指导意见》《关于推进共建"一带一路"绿色发展的意见》等，积极参与全球生态治理，不仅彰显中国作为负责任大国的担当，更以新质生产力为全球低碳可持续发展注入强劲动力。

---

① 杜海涛：《"新三样"产品出口突破万亿元》，《人民日报》2024年1月13日第2版。

② 廖睿灵：《新能源成电企对外投资项目最多领域》，《人民日报海外版》2023年7月18日第3版。

③ 龚鸣、禹丽敏：《推进共建"一带一路"绿色发展》，《人民日报》2024年1月22日第15版。

三、新质生产力赋能高质量发展的实践路径

(一)以科技创新为核心,实现高水平科技自立自强

习近平总书记指出,科技创新是发展新质生产力的核心要素。[①] 在过去的经济发展起步阶段,中国曾依靠“以市场换技术”的方式学习与模仿他国先进技术,促进技术进步、产业发展和经济增长。但是,随着中国与世界技术前沿差距的缩小,从模仿中轻松受益的机会也将会消失。[②] 现阶段,发达国家日益严格的尖端技术出口管控也限制了知识与技术的传播和扩散。中国若想实现高水平科技自立自强,必须从以下方面进行重点突破:一是加强原创性、颠覆性科技创新能力的培养,打好关键核心技术攻坚战,培育若干自主研发、世界领先的尖端技术,拥有一批达到世界先进水平的前沿技术,全面提升国家科技竞争力。二是形成系统协调的科技创新生态体系,为原创性、颠覆性科技成果的加速产生与产业化应用提供广阔平台与坚实保障。

实现上述目标的主要着力点有以下几个:

其一,夯实研发基础,扎实推进基础研究与奠基性应用研究高质量发展。基础研究是整个科学体系的源头。[③] 必须密切关注世界科技前沿与技术进步趋势,加快实现更多“从0到1”的前瞻性基础研究、引领性原创成果突破,为应用研究提供知识储备与学理支撑。应用研究服务于现实问题,应用研究的突破为重大科技项目的推进奠定重要基础。必须加大应用研究力度,针对工业母机、高端芯片、基础软硬件、基础元器

---

① 习近平:《发展新质生产力是推动高质量发展的内在要求和重要着力点》,《求是》2024年11期。

② 劳伦·勃兰特、托马斯·罗斯基编:《伟大的中国经济转型》,方颖、赵扬等译,格致出版社、上海人民出版社2009年版,第285页。

③ 习近平:《论把握新发展阶段、贯彻新发展理念、构建新发展格局》,中央文献出版社2021年版,第272页。

件、基础材料等方面的技术瓶颈进行重点突破,突破关键核心技术"卡脖子"困境。必须打通基础研究、应用研究与科技成果产业化之间的堵点,促进产业链与创新链精准对接、一体化发展,使中国构筑起支撑高端引领的先发优势,成为全球重要科技领域的领跑者与新兴前沿交叉领域的开拓者。

其二,健全科技人才培养机制,为发展新质生产力、推动高质量发展培养急需人才。创新的根本在于人才,创新型担当型人才是发展新质生产力最可贵、最具决定性的人力资源。[①] 必须面向国家重大需求,推进教育、科技、人才一体化发展,加强高校、企业与科研机构的深入合作,持续推进科教融合、产教融合,完善科技创新人才培养体系。一方面,要鼓励研究型大学、应用型大学、各类科研院所、产业创新研究中心等不同类型的高校与科研机构明确自身角色定位,发挥优势与特长培育不同类型的高素质人才,健全中国人才梯次培育体系;另一方面,要以产业发展需求为导向,优化高校学科设置,以解决重大问题和实现应用实效作为人才培养评价标准[②],培养一批高素质应用型人才,选拔出高技能领军人才,建设与国家重大战略项目相适应的高水平科技人才队伍,使之成为推动高质量发展的重要支撑。在完善人才培养机制的同时,必须着力推动创新链、产业链、人才链、资金链深度融合,优化科技人才的配置机制、评价机制和激励机制,持续激发人才创新活力。

其三,完善新型举国体制。新型举国体制是服务于战略性创新的重大任务的责任体制[③],能够有效集中与调动国家有

① 金碚:《论新质生产力研究的经济学思维》,《西部论坛》2024 年第 2 期。

② 乔黎黎、任志鹏:《推动教育、科技、人才一体化布局》,《宏观经济管理》2024 年第 3 期。

③ 陈劲、阳镇、朱子钦:《新型举国体制的理论逻辑、落地模式与应用场景》,《改革》2021 年第 5 期。

限的经济社会资源进行原创性引领性科技攻关，有助于强化国家战略科技力量，加快发展。必须加强党对科技工作的统一领导，强化对重大科技攻关任务的顶层设计，统筹协调跨地区、跨行业、跨部门的力量，集中既有技术、人才与资源攻克难关；必须明确政府与市场各自的权责范围，消除阻碍资金、人才、技术、数据等要素自由流动的障碍，以资源的有效配置赋能技术进步与经济发展；必须强化企业的科技创新主体地位，使国有企业与民营企业充分发挥各自优势协同发展，打造活跃的创新网络和本土创新共同体；必须“构建龙头企业牵头、高校院所支撑、各创新主体相互协同的创新联合体，发展高效强大的共性技术供给体系”[①]，打通从基础研究到科技成果产业化应用的全过程各节点，以科技进步推动产业变革、经济发展与社会进步。

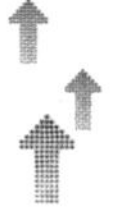

（二）以新型工业化为路径，完善现代化产业体系

经济社会发展的实质是产业结构高度的历史提升[②]，而新的产业革命与产业结构质态演进通常始于科学与技术上的重大突破。因此，可以将新质生产力赋能高质量发展的过程理解为“科技创新—产业变革—经济发展与社会进步”的过程。在这一过程中，能否及时将科技创新成果应用到具体产业和产业链上，关系到新质生产力能否从潜在生产力转化为现实生产力。为使新质生产力充分发挥对高质量发展的牵引与支撑作用，必须从以下方面进行重点突破：一是完善现代化产业体系，促进科技创新与产业变革有机衔接，为新质生产力的形成与发展提供重要载体。二是以新型工业化为推进路径，以数字化、绿色化赋能产业结构深层次变革，推动新旧动能转换，提升全要素生产率，推动经济发展实现质的飞跃。

---

① 习近平：《加快建设科技强国　实现高水平科技自立自强》，《求是》2022年第9期。

② 刘伟：《科学认识与切实发展新质生产力》，《经济研究》2024年第3期。

实现上述目标的主要着力点在于：

其一，构造更为先进、完整、安全的现代化产业体系。一方面，必须着力推动传统产业转型升级。传统产业是过去中国经济高速增长的重要支柱，是制造业的主体和现代化产业体系的基底，不仅能够孕育出战略性新兴产业和未来产业，其自身经过转型升级之后也能成为先进产业，赋能新质生产力发展。另一方面，要加快发展战略性新兴产业及未来产业，催生原创性、颠覆性技术创新，抢占未来技术进步与产业发展的制高点。因此，要把握全球科技创新与产业发展趋势，加强前瞻谋划部署。对于传统产业，要以前沿技术赋能其高端化、绿色化、智能化转型升级，支持传统产业深耕细分领域，加强新技术、新产品创新迭代，不断塑造新的竞争优势；要深入实施产业基础再造工程，使企业聚焦基础零部件、基础元器件、基础软件、基础工艺等薄弱领域，加快攻关突破，为现代化产业体系提供坚实有力的制造业基础支撑体系。对于战略性新兴产业与未来产业，要加强对前沿科技与产业发展现状的分析与预测，瞄准未来制造、未来信息、未来材料等重点方向进行重点推进，利用先进智能技术精准识别、加速培育高潜能未来产业；要打造富有世界影响力的标志性产品，在智能终端、超大规模新型智算中心、人形机器人、量子计算机、超高速列车等重大技术装备方面超前布局、重点突破，构筑产业竞争新优势；要开拓新型工业化场景、多元化未来制造场景、跨界融合场景等丰富多元的应用场景，以场景创新优化生产环节、引领技术迭代突破、带动制造业转型升级，使中国成为世界与未来产业的重要策源地。同时，要着力打造自主可控、安全可靠、竞争力强的产业链、供应链，推动国内生产供应体系完整化、现代化，增强中国对产业链、供应链关键节点的控制能力，克服对国外先进材料与技术的高度依赖，提升战略性资源供应与保障水平，以产业链、供应链韧性与安全水平的提升确保经

济发展的稳定与安全。

其二，以数字化、绿色化赋能新型工业化发展。一方面，数字经济是在新一轮科技革命与产业变革中出现的先进生产力形态，是发展新质生产力和推动高质量发展的重要力量。数字经济与实体经济深度融合是未来各行业各产业发展的主要趋势，在新型工业化的过程中，必须着力推动产业数字化转型和数字产业化发展。要加快数字技术赋能，开展“人工智能+”行动，使人工智能、大数据、云计算、5G、物联网等前沿技术与农业、工业及服务业深度融合，催生“智慧农业”“智能制造”等新经济形态，通过设计、生产、管理、服务模式的智能化发展，实现高效率、高质量、低能耗生产。要加快形成数字产业集聚，充分发挥数字产业集聚所具有的实时交互、泛在连接、相互依存、共同演化特性①，促进资源在线化、产能柔性化和产业链协同化，打造创新主导、数据驱动、资源共享、链网协同的数字产业新生态，更好地支撑高质量发展。另一方面，绿色是高质量发展的底色，新质生产力也是绿色生产力。要强化绿色低碳发展，在工业领域和有色金属、建材等重点行业实施碳达峰行动，推进节能降碳技术改造，在减少污染、推动资源高效循环利用的同时改善安全生产条件。要加快绿色科技创新和先进绿色技术推广应用，发展节能节水、先进环保、资源综合利用、再制造等绿色环保装备，推动绿色制造、绿色服务、绿色能源等产业发展壮大，打造高效生态绿色产业集群，催生新质生产力，形成新的经济增长点，实现高质量且可持续的发展。

---

① 周文、叶蕾：《新质生产力与数字经济》，《浙江工商大学学报》2024年第2期。

（三）以新型生产关系为保障，全面深化改革与扩大高水平对外开放

新质生产力的发展要求实现生产关系的深刻变革，必须从以下方面进行重点突破：一是全面深化改革，完善基本经济制度，健全宏观经济治理体系，充分激发各类生产要素活力，为发展新质生产力、推动高质量发展提供重要保障。二是着力扩大高水平对外开放，通过深化国际合作促进资源互通、技术交流与平台共创，为发展新质生产力提供良好的外部环境，为推进高质量发展提供更为广阔的国际市场。

实现上述目标的主要着力点在于：

其一，建设高标准市场体系。统一开放、竞争有序、制度完备、治理完善的高标准市场体系能为科技创新主体提供激励，为科研成果转化提供平台，为企业开展研发与生产经营提供良好的外部环境，为新经济、新产业、新业态的发展提供重要保障。为加快建设高标准市场体系，必须全面完善产权保护制度，特别是强化知识产权保护，加大产权保护执法力度、优化执法手段，保障创新主体的合法权益，激发社会创新潜能；必须加快建设全国统一大市场，打通资金、人才、技术等各类要素资源流动的堵点，通过创新要素配置方式，使新质生产力发展所需的各类先进优质要素充分涌流、高效聚集；必须加快发展知识、技术与数据要素市场，创新促进科技成果转化机制，推进知识产权和科技成果交易服务发展，加快先进技术产业化应用；必须建立与完善多层次资本市场体系，促进资本市场健康发展，为科技创新及成果孵化提供资金支持，降低实体经济融资成本，缓解中小企业的融资压力。

其二，使有效市场和有为政府有机结合。以新质生产力赋能高质量发展必须正确处理好政府与市场关系。一方面，要使市场在资源配置中起决定作用，促进各类创新资源顺畅流动，使各类企业在市场竞争中优胜劣汰，推动技术创新加速

迭代与产业深度转型升级。另一方面，新质生产力的形成与发展必须依靠政府引领、开展有组织的研发攻关。[①] 政府要加强顶层设计和统筹协调，引导企业的科技创新与产业发展方向，对需要优先发展的重点领域给予政策、资源和资金的支持；要健全与完善生产要素参与分配机制，调动各类生产要素参与生产的积极性、主动性、创造性；要深化金融体制改革，进一步健全金融组织与金融市场，完善金融调控和监管体系，增强金融服务实体经济和防范风险的能力，以金融高质量发展赋能新质生产力发展，支持经济高质量发展；要引导地方结合产业基础和资源禀赋，合理规划、精准培育、因地制宜、错位发展，推动区域间形成技术创新与产业发展合作新趋势，形成发展新质生产力的强大合力。

其三，实现更高水平经济对外开放，积极稳步扩大制度型开放。新质生产力的发展为世界各国增进合作提供重要的契机，也带来了许多全球治理新议题。面对机遇与挑战，一方面，中国必须实现更高水平的经济开放：要鼓励国内国际高水平大学、知名研究机构、科技企业广泛开展交流与合作，使世界各国在交流与合作中持续推动技术进步与产业发展，增进中国自身的技术与产业发展水平；要积极向世界各国提供“一带一路”等国际公共产品和国际合作平台，形成商品、资金、技术、人才、数据合作与交流相互渗透、协调发展的大开放格局，为中国对外贸易发展和新质生产力的发展提供更加广阔的空间。另一方面，中国要积极稳步扩大制度型开放：要着力推动国内既有标准、规则等与国际高标准经贸规则接轨，以高标准制度为国内技术升级、产品质量提升指明发展方向；要超前布局先进技术与未来产业，以技术进步、产业发展推动制度变

① 周文、何雨晴：《新质生产力：中国式现代化的新动能与新路径》，《财经问题研究》2024年第4期。

迁，抢占世界新技术、新产业相关标准与规则制定的制高点；要积极参与全球经济治理，与世界各国一起就数据跨境流动问题、各类新型通信协议的标准制定问题、全球气候行动计划的协商与制定问题等进行协商，加快各类标准与规则的制定，为世界各国创造更加开放、公平、稳定的国际发展环境。

第四章
新质生产力与新型生产关系

生产力是社会历史发展的物质基础，是推动社会进步的根本动力。生产关系一定要适应生产力的发展，这是不以人的意志为转移的客观规律。当生产关系符合生产力发展的客观要求时，它对生产力发展起推动作用；当生产关系滞后于生产力，成为其发展的制约时，生产关系的变革就成为必然。每一次社会形态的更迭，都是生产力与生产关系矛盾运动的结果。正确理解和处理生产力与生产关系之间的辩证关系，对于推动社会经济持续健康发展具有重要意义。

生产力发展是一个动态过程，随着新一轮科技革命与产业变革的深入发展，以量子信息、生物技术、人工智能、新能源等为代表的新兴领域的出现，深刻改变了生产力的内涵和外延，传统生产力逐渐被新质生产力所取代。新质生产力是以科技创新为核心，实现关键性颠覆性技术突破而产生的先进生产力质态。发展新质生产力，必须进一步全面深化改革，形成与之相适应的新型生产关系。这不仅是一个重大理论问题，更是一个重大实践问题。党的二十届三中全会通过的《中共中央关于进一步全面深化改革　推进中国式现代化的决定》提出要“健全因地制宜发展新质生产力体制机制”，“健全相关规则和政策，加快形成同新质生产力更相适应的生产关系，促进各类先进生产要素向发展新质生产力集聚，大幅提升全要素生产率”①，对形成与新质生产力相适应的生产关系作出了战略部署，展现出进一步全面深化改革，形成与新质生产力相适应的新型生产关系的决心。新型生产关系作为社会主义生产关系的最新样态，对新质生产力起着能动的反作用。只有进一步深化体制机制改革，着力打通束缚新质生产力发展的堵点卡点，创新生产要素配置方式，才能更好地让各类先进优质生产要素向发展新质生产力顺畅流动，加快形成新质生产力。

一、生产力的跃迁：从传统生产力到新质生产力

（一）生产力始终是人类文明演进的决定性因素

生产活动是人类最基本的实践活动，贯穿整个人类社会的发展过程。人类社会发展史首先是生产发展的历史，人类要生存发展必须首先进行物质资料的生产。在马克思看来，物质资料的生产方式是人类社会存在和发展的首要条件，“人们为了能够‘创造历史’，必须能够生活。但是为了生活，首先就需要吃喝住穿以及其他一些东西。因此第一个历史活动就是生产满足这些需要的资料，即生产物质生活本身”②。随着满足人类物质文化需要的生产力的发展，与之对应的生产关系、社会制度、意识形态等其他方面也发生改变，进而塑造整个社会的面貌与发展方向。可见，“人们所达到的生产力的总和决定着社会状况”③。

从要素构成来看，生产力是由诸多要素构成的复杂系统，各要素之间的相互作用共同推动了社会发展。马克思认为，

---

① 《中共中央关于进一步全面深化改革　推进中国式现代化的决定》，《人民日报》2024 年 7 月 22 日第 1 版。

② 中共中央马克思恩格斯列宁斯大林著作编译局编译：《马克思恩格斯文集》第一卷，人民出版社 2009 年版，第 531 页。

③ 中共中央马克思恩格斯列宁斯大林著作编译局编译：《马克思恩格斯选集》第一卷，人民出版社 2012 年版，第 160 页。

在生产力的诸要素中，生产工具对生产力发展起着关键作用。作为人类与自然进行物质变换的基本手段，生产工具是生产力发展水平的客观尺度，是划分各种经济时代的物质标志。马克思提出，劳动资料是“人类劳动力发展的测量器”，“各种经济时代的区别，不在于生产什么，而在于怎样生产，用什么劳动资料生产”①。人类改变劳动对象的能力大小，主要取决于生产工具的质量，而其先进与否，又主要取决于科技水平的高低。每一次科学技术的重大突破，往往首先推动生产工具的变革，进而加速原有生产力体系的瓦解和新生产力体系的形成，实现科学技术向物质生产力的转化。因此，马克思强调，“生产力中也包括科学”②，“劳动生产力是随着科学和技术的不断进步而不断发展的”③。

在农业经济时代，生产工具简单，技术水平落后，社会生产主要依赖人的体力劳动和简单的手工工具，土地成为生活资料与社会财富的主要来源，社会经济活动以农业为中心，受自然条件制约严重。不可否认，农业经济的发展主要取决于劳动力资源的占有和使用④，生产力发展缓慢。但与采集狩猎时代相比，在农业经济时代，手工工具实现了从新石器、青铜器到铁器的发展，提高了生产工具的使用效率和农业生产效率。手工工具的日益完善，不仅为大规模机器生产奠定了技术基础，同时也为近代科学技术体系的形成准备了条件。

18 世纪后期，随着蒸汽机的改良和广泛运用，传统的手工工场和手工劳动逐渐被大工厂和机器所取代，生产效率大幅提高，工业化生产进入了一个全新的阶段，人类由此开启蒸汽

---

① 中共中央马克思恩格斯列宁斯大林著作编译局编译：《马克思恩格斯文集》第五卷，人民出版社 2009 年版，第 210 页。

② 中共中央马克思恩格斯列宁斯大林著作编译局编译：《马克思恩格斯选集》第二卷，人民出版社 2012 年版，第 777 页。

③ 中共中央马克思恩格斯列宁斯大林著作编译局编译：《马克思恩格斯选集》第二卷，人民出版社 2012 年版，第 271 页。

④ 于良春主编：《政治经济学》，经济科学出版社 2003 年版，第 21 页。

时代。“蒸汽和新的工具机把工场手工业变成了现代的大工业，从而使资产阶级社会的整个基础发生了革命”①;“随着大工业的发展,现实财富的创造较少地取决于劳动时间和已耗费的劳动量,较多地取决于在劳动时间内所运用的作用物的力量,而这种作用物……而是取决于科学的一般水平和技术进步,或者说取决于这种科学在生产上的应用”②。工业生产的革命性变革,极大地推动了生产力发展,推动了社会结构、经济模式和文化形态的深刻转变,标志着人类社会正式迈向工业化、现代化,为后续科技革命和社会发展奠定了坚实基础。

19 世纪 70 年代,电力和电气技术的引入使得生产工具与设备的动力来源发生了革命性变化,自动化和规模化生产使得生产过程更加灵活高效,极大提升了社会生产力。此时,“在劳动资料本身中,机械性的劳动资料(其总和可称为生产的骨骼系统和肌肉系统)远比只是充当劳动对象的容器的劳动资料(如管、桶、篮、罐等,其总和一般可称为生产的脉管系统)更能显示一个社会生产时代的具有决定意义的特征”③。马克思深刻指出,19 世纪的科技革命,“产生了以往人类历史上任何一个时代都不能想象的工业和科学的力量”④,“资产阶级在它的不到一百年的阶级统治中所创造的生产力,比过去一切世代创造的全部生产力还要多,还要大”⑤。

继蒸汽技术革命和电力技术革命后,以原子能、电子计算

---

① 中共中央马克思恩格斯列宁斯大林著作编译局编译:《马克思恩格斯文集》第三卷,人民出版社 2009 年版,第 533 页。

② 中共中央马克思恩格斯列宁斯大林著作编译局编译:《马克思恩格斯文集》第八卷,人民出版社 2009 年版,第 195—196 页。

③ 中共中央马克思恩格斯列宁斯大林著作编译局编译:《马克思恩格斯选集》第二卷,人民出版社 2012 年版,第 172 页。

④ 中共中央马克思恩格斯列宁斯大林著作编译局编译:《马克思恩格斯文集》第二卷,人民出版社 2009 年版,第 579 页。

⑤ 中共中央马克思恩格斯列宁斯大林著作编译局编译:《马克思恩格斯文集》第二卷,人民出版社 2009 年版,第 36 页。

机、空间技术和生物工程的发明和应用为主要标志的第三次科技革命到来。这一时期，科学技术在推动生产力发展方面起着越来越重要的作用，科学技术转化为直接生产力的速度不断加快，标志着人类社会进入了一个科技与经济并驾齐驱的新时代，深刻改变了人类的生产方式和生活方式。正如马克思和恩格斯强调的，“科学是一种在历史上起推动作用的、革命的力量”①，是推动社会变革和经济发展的重要引擎。

从人类文明演进过程来看，每一次科学技术的重大突破都伴随着生产力的质的跃升，而生产力由低级到高级的发展，又推动了整个人类社会从低级向高级的迈进。

（二）新质生产力是先进生产力的具体表现形式

生产力是一个历史范畴，生产力的发展过程就是由低级到高级、由量变到质变、由落后生产力到先进生产力的动态的过程。与传统生产力相比，新质生产力是由技术革命性突破、生产要素创新性配置、产业深度转型升级催生的先进生产力。它以科技创新为主导，以劳动者、劳动资料、劳动对象及其优化组合的跃升为基本内涵，以全要素生产率大幅提升为核心标志，具有高科技、高效能、高质量的特征，其本质是一种适应科技革命和产业变革要求，代表生产力发展新趋势和新方向的先进生产力质态。从传统生产力到新质生产力，标志着生产力的跃迁和迭代升级。

具体来说，新质生产力是在特定历史背景和科技条件下形成的新型生产力，是以科技创新为核心，以战略性新兴产业和未来产业为载体，实现原创性、颠覆性技术突破而产生的生产力。它强调把创新驱动作为生产力的关键要素，将科技创新成果融入生产过程始终，以不断催生新产业、新模式、新动能。从本质来讲，新质生产力的出现是生产力发展的一个阶

---

① 中共中央马克思恩格斯列宁斯大林著作编译局编译：《马克思恩格斯选集》第三卷，人民出版社2012年版，第1003页。

段性产物，而先进的科学技术是新质生产力发展的根本动力，没有颠覆性的科技创新，就没有新质生产力的诞生和发展。因此，生产力发展并不等同于新质生产力的形成，只有当科学技术实现革命性突破，生产力完成从量变到质变的转化，才会形成新质生产力。

从时代背景来看，新质生产力是在第三次和第四次科技革命与产业革命的基础上形成和发展的。以人工智能、大数据、云计算、物联网、生物技术等为代表的新一代数字技术的深入发展，极大地解放和发展了生产力，催生了与新质生产力相匹配的新型劳动者、劳动资料和劳动对象。马克思曾指出："生产力，即生产能力及其要素的发展"[①]。从生产力到新质生产力，生产力系统的构成要素并没有发生根本的变化，发生变化的不过是要素的具体内涵。[②] 就劳动者而言，新型劳动者主要指适应信息化和数字化发展趋势的知识型、技能型、创新型劳动者，这类劳动者通常具备更高的创新素养和劳动能力，能够更熟练地运用现代化技术和智能设备提高生产效率。就劳动资料而言，科学技术的进步推动了新一代信息技术与制造技术的融合发展，孕育了一大批更智能、更高效的新型生产工具，增强了劳动资料的数字化、智能化属性，拓展了劳动资料的内涵。就劳动对象而言，新型劳动对象既包括原材料、零部件等物质形态的劳动对象，也包括数据、知识、信息、服务等非物质形态的劳动对象。相较于传统生产力，新质生产力发展更加突出技术、信息、数据等新型生产要素在推动社会生产力发展中的核心作用[③]，为传统产业升级转型以及战略性新兴

---

① 中共中央马克思恩格斯列宁斯大林著作编译局编译：《马克思恩格斯文集》第七卷，人民出版社2009年版，第1000页。

② 王朝科：《从生产力到新质生产力——基于经济思想史的考察》，《上海经济研究》2024年第3期。

③ 周文、何雨晴：《新质生产力：中国式现代化的新动能与新路径》，《财经问题研究》2024年第4期。

产业和未来产业的发展创造了有利条件，推动了经济的稳健增长和可持续发展。

要形成现实的生产力，就必须在一定劳动组织中对生产要素进行整合。新质生产力不仅体现为各种要素的创新发展，更体现为生产要素结合方式的创新发展。它摆脱了传统经济增长方式、生产力发展路径，通过推动知识、技术、管理、数据等生产要素的便捷流动、网络共享与系统整合，使生产要素从低效率领域流动到高效率领域，优化了各要素之间的比例与结构，产生了“1+1>2”的协同效应，有效降低了交易成本，提高了生产要素的配置效率和全要素生产率。

与此同时，新质生产力还促进了科研机构与产业界、金融界的交流合作，为创新要素集成和科技成果转化提供了更广阔的平台和应用场景。通过采用先进的生产技术和生产工具，实现生产过程的智能化、自动化和精细化，加速了新技术、新材料、新产品的研发，有效缩短了原始创新到产业转化的时间周期，降低了生产成本，进一步适应了技术进步和市场需求变化，提高了科技成果的转化效率和社会生产效率。

由此可见，新质生产力并不是传统生产力的局部优化或者简单迭代，而是以高科技为本质属性、高效能为核心标志、高质量为发展方向的符合新发展理念的先进生产力质态。

二、生产关系的变革：新质生产力催生新型生产关系

（一）生产关系一定要适应生产力发展的规律

生产力和生产关系是社会生产不可分割的两个方面，二者的有机结合构成了社会的生产方式。在两者的辩证关系中，生产力是居支配地位、起决定作用的方面，生产关系在顺应生产力发展的同时也反作用于生产力。

从生产力对生产关系的决定性作用来看，一方面，生产力状况决定生产关系的性质。历史上的各种生产关系都是适应

特定生产力发展的需要而产生的，有什么样的生产力，就会产生什么样的生产关系。“手推磨产生的是封建主的社会，蒸汽磨产生的是工业资本家的社会”[①]，生产关系的形成必须以生产力发展为物质基础和客观前提。另一方面，生产力的发展决定生产关系的变化。“人们在自己生活的社会生产中发生一定的、必然的、不以他们的意志为转移的”，“同他们的物质生产力的一定发展阶段相适合”[②]的关系，即社会生产关系，“是随着物质生产资料、生产力的变化和发展而变化和改变的”[③]。作为生产力发展需要的产物，生产关系只有适应生产力水平，为生产力提供足够的发展空间时才能够存在。

当适应生产力状况的生产关系由新变旧，成为生产力发展制约的时候，“为了不致丧失已经取得的成果，为了不致失掉文明的果实，人们在他们的交往[commerce]方式不再适合于既得的生产力时，就不得不改变他们继承下来的一切社会形式”[④]。由此可见，历史上每个时代的生产关系都是在适应生产力发展的要求时被建立的，又都是在成为生产力进一步发展的桎梏时被变革的。正如马克思指出的：“已成为桎梏的旧交往形式被适应于比较发达的生产力，因而也适应于进步的个人自主活动方式的新交往形式所代替；新的交往形式又会成为桎梏，然后又为另一种交往形式所代替。”[⑤]当生产关系不能适应生产力发展的要求时，人们就会变革旧的生产关系，建立新的生产关系，进而推动生产力的发展。

---

① 中共中央马克思恩格斯列宁斯大林著作编译局编译：《马克思恩格斯选集》第一卷，人民出版社 2012 年版，第 222 页。

② 中共中央马克思恩格斯列宁斯大林著作编译局编译：《马克思恩格斯文集》第二卷，人民出版社 2009 年版，第 591 页。

③ 中共中央马克思恩格斯列宁斯大林著作编译局编译：《马克思恩格斯选集》第一卷，人民出版社 2012 年版，第 340 页。

④ 中共中央马克思恩格斯列宁斯大林著作编译局编译：《马克思恩格斯选集》第四卷，人民出版社 2012 年版，第 409 页。

⑤ 中共中央马克思恩格斯列宁斯大林著作编译局编译：《马克思恩格斯选集》第一卷，人民出版社 2012 年版，第 204 页。

生产关系对生产力的能动作用，主要分为两种情况：一是生产关系在适应生产力发展的客观要求时，对生产力发展起推动作用；二是生产关系在不适应生产力发展的客观要求时，就会成为生产力发展的桎梏。事实上，生产关系对生产力的反作用是十分复杂的，并不能简单视作完全适应或者完全不适应，而是新的生产关系在基本适应生产力发展的同时也存在某些环节的不适应，旧的生产关系在基本不适应生产力发展的同时也留有局部的能够促进生产力发展的环节。

因此，在一个社会或经济体系中，会出现旧的生产关系、生产方式与新的生产关系、生产方式并存的情况，并且这种情况通常出现在经济发展或社会转型的过程中。资本主义时代，科学技术的进步不仅推动了生产力的迅速发展，同时也催生了资本主义生产关系。一方面，资本主义生产关系是工场手工业向机器大工业发展的必然产物。随着生产力水平的提高，企业生产规模不断扩大，商品交换市场不断拓展，劳动分工不断深化，为资本主义私有制的诞生和市场经济的发展创造了有利条件。与封建社会的经济制度相比，资本主义私有制与市场经济更大程度地促进了资源的自由流动，有效提高了资源的配置效率。另一方面，资本主义生产关系建立在资本原始积累与小商品生产者两极分化的基础上。生产者与生产资料的分离加速了货币资本集中于少数资本家手中的历史过程，同时也将生产者直接转化为雇佣工人，社会两极分化进一步加剧。马克思指出，“资本同[资本主义前的]统治关系的区别恰恰在于：工人是作为消费者和交换价值实现者与资本相对立”①。可见，资产阶级虽然创造了巨大的生产力，但在生产关系方面“只是用新的阶级、新的压迫条件、新的斗争形

① 中共中央马克思恩格斯列宁斯大林著作编译局编译：《马克思恩格斯全集》第三十卷，人民出版社1995年版，第404页。

式代替了旧的"①,并没有改变阶级对立的本质属性。

随着生产力的加速发展,生产社会化程度进一步加深,资本主义生产关系已无法为生产力提供足够的发展空间,无法适应高速发展的生产力,原本适应资本主义社会生产力发展的生产关系也逐渐走向自己的对立面。马克思指出,在资本主义社会,"一切固定的僵化的关系以及与之相适应的素被尊崇的观念和见解都被消除了,一切新形成的关系等不到固定下来就陈旧了"②。"资产阶级的生产关系和交换关系,资产阶级的所有制关系,这个曾经仿佛用法术创造了如此庞大的生产资料和交换手段的现代资产阶级社会,现在像一个魔法师一样不能再支配自己用法术呼唤出来的魔鬼了"③。随着生产力发展,资本主义生产关系最终会被新的更高的生产关系所取代。一言以蔽之,生产关系是否符合生产力发展的唯一标准,就是看其能否促进生产力的发展。生产关系一定要适合生产力发展的规律,这是贯穿人类社会始终的最基本的经济规律。

(二)新中国成立以来对生产关系的不断调整

新中国成立 70 多年以来,生产力水平大幅提升,与此相适应的社会生产关系和经济关系也发生了深刻变化,经济社会发展取得了历史性成就。生产力是经济关系中最具决定性的范畴,生产关系对生产力的释放和发展起着至关重要的作用。通过对生产关系的调整和完善,中国创造了世所罕见的经济快速发展和社会长期稳定两大奇迹,实现了经济由高速增长阶段向高质量发展阶段的转变。

---

① 中共中央马克思恩格斯列宁斯大林著作编译局编译:《马克思恩格斯选集》第一卷,人民出版社 2012 年版,第 401 页。

② 中共中央马克思恩格斯列宁斯大林著作编译局编译:《马克思恩格斯文集》第二卷,人民出版社 2009 年版,第 34 页。

③ 中共中央马克思恩格斯列宁斯大林著作编译局编译:《马克思恩格斯选集》第一卷,人民出版社 2012 年版,第 405—406 页。

在不同发展阶段，生产力三要素对生产关系整体的要求是有区别的[1]，因而这必然伴随着生产关系调整的重点发生转移。新中国成立之初，我国刚经历深重的民族危机，经济基础薄弱，工业凋敝，百废待兴，迅速恢复和发展国民经济成为当务之急。毛泽东指出："认清中国的国情，乃是认清一切革命问题的基本的根据。"[2]面对新中国刚成立时的一穷二白，只有集中一切可以集中的人力、物力、财力为经济建设服务，才有可能改变我国生产力水平落后的状况。因此，高度集中的计划经济体制正好符合当时中国经济发展的现实需要。

在计划经济思想的指导下，中国通过没收官僚资本建立了国营经济，通过对农业、手工业和资本主义工商业的社会主义改造，逐步消除了生产资料的私人占有，建立起了社会主义经济制度。这一过程中，国家主导资源配置，使公有制在国民经济中占据主导地位，形成了以国家指令性计划来配置资源的经济形式。不可否认，计划经济体制下，国家可以更加有效地引导和调整资源配置，推动国民经济快速发展。它使我们"在'一穷二白'的基础上建立了独立的、比较完整的工业体系和国民经济体系"[3]，为社会主义现代化建设奠定了必不可少的物质基础。但是，随着生产力发展水平的逐步提高，其弊端也逐渐显露出来——经济管理体制僵化、经济计划与发展实际脱离、市场主体活力不足、职工收入增长缓慢、资源和环境压力过大——原有的生产关系已不再适应新的生产力发展的需要。

党的十一届三中全会后，党和国家领导人基于现实国情对经济体制进行了重新评估和判断，意识到传统的计划经济

① 金世和：《对我国社会主义生产关系调整重点的再认识》，《社会科学战线》1987年第3期。

② 毛泽东：《毛泽东选集》第二卷，人民出版社1991年版，第633页。

③ 中共中央党史研究室：《中国共产党的九十年：社会主义革命和建设时期》，中共党史出版社、党建读物出版社2016年版，第637页。

体制已经无法适应复杂多变的市场需求和全球化竞争的挑战,因此必须转变经济发展方式和理念,积极探索新的经济体制和发展模式,以适应时代需求和国家发展需要。1979 年,邓小平在与吉布尼等人的谈话中首次提出:“社会主义也可以搞市场经济。”①1985 年,在会见美国高级企业家代表团团长格隆瓦尔德时,邓小平再次强调,“把计划经济和市场经济结合起来,就更能解放生产力,加速经济发展”②。在 1992 年的南方谈话中,他进一步指出:“计划多一点还是市场多一点,不是社会主义与资本主义的本质区别。计划经济不等于社会主义,资本主义也有计划;市场经济不等于资本主义,社会主义也有市场。计划和市场都是经济手段。”③这一系列的科学论断,很大程度上纠正了将市场经济等同于资本主义、将计划经济等同于社会主义的传统观念,为社会主义市场经济体制的建立指明了方向。1992 年 10 月,党的十四大明确提出,“我国经济体制改革的目标是建立社会主义市场经济体制”,“要使市场在社会主义国家宏观调控下对资源配置起基础性作用”④。这一重大理论突破,标志着我国经济体制改革进入制度创新的崭新阶段。

此后,我们党紧紧围绕建立社会主义市场经济体制的目标,坚持全面深化改革,不断完善社会主义市场经济体制,使我国实现了从高度集中的计划经济体制到充满活力的社会主义市场经济体制、从封闭半封闭到全方位开放的伟大历史转折,极大解放和发展了生产力。进入新时代,根据改革发展的新形势和新要求,我国重新定位了市场的地位和作用。党的十八届三中全会提出,“使市场在资源配置中起决定性作用和

① 邓小平:《邓小平文选》第二卷,人民出版社 1994 年版,第 236 页。

② 邓小平:《邓小平文选》第三卷,人民出版社 1993 年版,第 148-149 页。

③ 邓小平:《邓小平文选》第三卷,人民出版社 1993 年版,第 373 页。

④ 中共中央文献研究室编:《十四大以来重要文献选编》上,中央文献出版社 2011 年版,第 16 页。

更好发挥政府作用”[①]，实现了市场与政府关系认识上的一次重大理论突破，明确了未来全面深化改革的重点和方向。党的十九届五中全会提出，要“坚持和完善社会主义基本经济制度，充分发挥市场在资源配置中的决定性作用，更好发挥政府作用，推动有效市场和有为政府更好结合”[②]。党的二十大再次强调，要“坚持和完善社会主义基本经济制度，毫不动摇巩固和发展公有制经济，毫不动摇鼓励、支持、引导非公有制经济发展，充分发挥市场在资源配置中的决定性作用，更好发挥政府作用”[③]，党的二十届三中全会强调要“聚焦构建高水平社会主义市场经济体制，充分发挥市场在资源配置中的决定性作用，更好发挥政府作用，坚持和完善社会主义基本经济制度”[④]。为进一步完善社会主义市场经济体制指明了方向。

社会主义市场经济体制创造性地将社会主义制度和市场经济体制有机结合，有效发挥了政府与市场两方面的优势，提升了资源配置效率，实现了生产力的质的提升。实践证明，“我们改革经济体制，是在坚持社会主义制度的前提下，改革生产关系和上层建筑中不适应生产力发展的一系列相互联系的环节和方面。这种改革，是在党和政府的领导下有计划、有步骤、有秩序地进行的，是社会主义制度的自我完善和发展”[⑤]。

---

① 中共中央文献研究室编：《十八大以来重要文献选编》上，中央文献出版社2014年版，第802页。

② 《中华人民共和国国民经济和社会发展第十四个五年规划和2035年远景目标纲要》，人民出版社2021年版，第56页。

③ 习近平：《高举中国特色社会主义伟大旗帜　为全面建设社会主义现代化国家而团结奋斗——在中国共产党第二十次全国代表大会上的报告》，人民出版社2022年版，第29页。

④ 《中共中央关于进一步全面深化改革　推进中国式现代化的决定》，《人民日报》2024年7月22日第1版。

⑤ 中共中央文献研究室编：《十二大以来重要文献选编》中，中央文献出版社2011年版，第51页。

（三）新质生产力发展的现实要求

从人类社会发展的一般规律来看，生产力决定生产关系，生产力发生变化“必然引起他们的生产关系的变化”[①]，并且“这些关系的形式必然随着这些生产力的改变和发展而改变”[②]。纵观历次科技革命与产业变革，每一次生产力的提升都伴随着生产组织形式、资源配置方式以及社会分工等方面的深刻变化，影响着社会生产、流通、交换和消费各个环节，推动着社会交往方式和互动模式发生重大转变。新质生产力是实现关键性颠覆性技术突破而产生的先进生产力，同时也是社会生产力发展到一定阶段的必然结果。它以全要素生产率大幅提升为核心标志，特点是创新，关键在质优，其发展必然推动生产关系的重大调整与变革。加快形成与新质生产力相适应的新型生产关系，是遵循生产力与生产关系矛盾运动规律的客观要求，也是新时代新征程解放和发展生产力、推进中国式现代化与中华民族伟大复兴的必然选择。这是形势的必然，亦是时代的必然。

生产关系一定要适应生产力的发展，这是不以人的意志为转移的客观规律。当生产关系符合生产力发展的客观要求时，它对生产力发展起推动作用；当生产关系滞后于生产力、成为其发展的制约时，生产关系的变革就成为必然。如今，以人工智能、大数据、区块链、云计算和物联网等为代表的新兴技术蓬勃兴起，战略性新兴产业与未来产业不断发展壮大，新产品、新市场和新组织方式不断拓展，劳动分工不断细化，生产效率不断提高。在新兴技术推动下，传统的垂直型、集中型生产组织形式逐渐向扁平化、网络化转变，传统的生产方式和

① 中共中央马克思恩格斯列宁斯大林著作编译局编译：《马克思恩格斯文集》第一卷，人民出版社2009年版，第613页。

② 中共中央马克思恩格斯列宁斯大林著作编译局编译：《马克思恩格斯选集》第四卷，人民出版社2012年版，第413页。

管理模式也朝着更加灵活、开放的方向发展。

必须看到，尽管我国在科技创新方面取得了一定成就，但在一些关键领域和核心技术方面仍存在“卡脖子”问题，科技创新体系和现代化产业体系尚未完善，科技创新资源配置仍旧分散、重复、低效，科技成果转化效率不高，人才队伍的整体素质和创新能力也有待提升。正是在这个意义上，原有的生产关系无法完全满足新质生产力发展的需要。因此，改革旧有的生产关系，建立新型生产关系，是推动新质生产力发展的关键。要根据新质生产力发展的规律和特性，进一步完善新型生产关系，为新质生产力发展提供新的动力。

新质生产力是新型生产关系产生的前提，但这并不意味着有了新质生产力就会自然形成新型生产关系。在生产力发展的过程中，总要通过主动改革才能促进新的符合生产力发展要求的生产关系的形成，而改革的过程就是生产关系不断调整以适应生产力的过程。从历史经验来看，生产力与生产关系的矛盾运动规律是中国改革的基本逻辑。改革开放以来中国所创造的世所罕见的经济快速发展奇迹与社会长期稳定奇迹，本质上就是自觉调整生产关系中与生产力不相适应的部分，以解放和发展生产力，增强内生动力所取得的历史性成果。因此，作为先进生产力的代表，新质生产力的形成不仅是一个发展的命题，更是一个改革的命题。

习近平总书记在中共中央政治局第十一次集体学习时强调：“生产关系必须与生产力发展要求相适应。发展新质生产力，必须进一步全面深化改革，形成与之相适应的新型生产关系。”①这种新型生产关系，就是能够促进技术发生关键性、颠覆性突破以及促进关键性、颠覆性技术转化为现实生产力的

① 习近平：《发展新质生产力是推动高质量发展的内在要求和重要着力点》，《求是》2024年11期。

一系列制度和体制。[1] 这是一个系统工程,必须从破和立两个方面出发,通过全面深化改革建立与之相适应的各类管理体制和运行机制,打通束缚新质生产力发展的堵点卡点,创新生产要素配置方式,提升生产要素配置效率,让各类先进优质要素向新质生产力顺畅流动,释放新质生产力动能。

总之,适配的新型生产关系是新质生产力发展的助推器和稳定器,能够有效促进新质生产力的发展壮大。"我们要勇于全面深化改革,自觉通过调整生产关系激发社会生产力发展活力,自觉通过完善上层建筑适应经济基础发展要求,让中国特色社会主义更加符合规律地向前发展。"[2]

三、全面深化改革:建立与新质生产力相适应的新型生产关系

(一)激发各类市场主体活力:落实"两个毫不动摇"

企业是创新的主体,是生产力发展的重要推动力量。强化企业创新主体地位,激发企业创新活力,是深化科技体制改革、推动实现高水平科技自立自强的关键举措。党的二十大报告强调,要"坚持和完善社会主义基本经济制度,毫不动摇巩固和发展公有制经济,毫不动摇鼓励、支持、引导非公有制经济发展"[3],充分发挥国有企业与民营企业在关键核心技术突破、科技创新体系构建和国家科技创新力量重塑等方面的重要作用,锻造国家战略科技力量,加快形成新质生产力。

国有企业作为国民经济发展的中坚力量,在国家重大科

① 周文、许凌云:《论新质生产力:内涵特征与重要着力点》,《改革》2023 年第 10 期。

② 习近平:《在纪念马克思诞辰 200 周年大会上的讲话》,《人民日报》2018 年 5 月 5 日第 2 版。

③ 习近平:《高举中国特色社会主义伟大旗帜 为全面建设社会主义现代化国家而团结奋斗——在中国共产党第二十次全国代表大会上的报告》,人民出版社 2022 年版,第 29 页。

技项目和关键领域研究中发挥着主导作用，其创新活动与国家战略需求紧密相连。相较民营企业，国有企业更具战略控制优势、组织整合优势和财务承诺优势。[①] 它们不仅能够承担高风险、高投入的研发项目，实现“从 0 到 1”的技术突破，还能够依靠丰富的资源和经验，推动产业链创新链深度融合，提高科技成果转化效率，引领产业升级。面对经济全球化深入发展、科技革命加速演进、国际竞争不断加剧的现状，必须更好发挥国有企业“顶梁柱”和“压舱石”的作用，提升国有企业在原创技术与关键核心技术方面的综合能力，为新质生产力发展提供持久动力和支撑。

要鼓励国有企业勇于承担创新重任，围绕关乎国家安全、产业核心竞争力、民生改善等重大战略任务，推动实现更多关键性、颠覆性技术突破，引领高新技术产业和数字经济发展，支撑国家重大战略需求。“推动国有资本向关系国家安全、国民经济命脉的重要行业和关键领域集中，向关系国计民生的公共服务、应急能力、公益性领域等集中，向前瞻性战略性新兴产业集中。”[②]与此同时，要“健全国有企业推进原始创新制度安排”[③]，推动国有企业加快转向创新驱动的内涵式增长，鼓励国有企业通过技术创新、管理创新和模式创新提高生产效率，避免企业盲目扩张和重复建设，切实提高企业自主创新能力，增强发展新动能。进一步地，推动国有企业深度融入国家创新体系，参与国家重大科技项目，共同推动基础研究和应用研究，促进科研成果转化和应用。深化创新体制机制改革，推动创新资源向优质企业集中，提升创新资源配置效率，激励国

---

① 贾根良、李家瑞：《国有企业的创新优势——基于演化经济学的分析》，《山东大学学报（哲学社会科学版）》2018 年第 4 期。

② 《中共中央关于进一步全面深化改革 推进中国式现代化的决定》，《人民日报》2024 年 7 月 22 日第 1 版。

③ 《中共中央关于进一步全面深化改革 推进中国式现代化的决定》，《人民日报》2024 年 7 月 22 日第 1 版。

有企业在创新驱动的发展道路上取得更大进步，为国家生产力水平的提高和经济的可持续发展作出更大贡献。

民营企业是科技创新的重要力量，也是培育发展新动能、加快形成新质生产力的生力军。其一，追求超额垄断利润是技术创新的出发点，而企业追求利润最大化的原始动机正是技术创新的最基本动力。[①] 作为市场经济活动的直接参与者和推动者，民营企业具有创新发展的天然意识[②]，面对激烈的市场竞争，为确保竞争优势和超额利润，民营企业十分注重技术创新、商业模式创新和管理创新。其二，民营企业具备打造新业态新模式的天然优势。凭借敏锐的市场洞察力和灵活高效的经营机制，民营企业能够在瞬息万变的市场环境中迅速捕捉并响应市场需求，精准把握科技创新的时代脉搏，及时调整经营方向、产业结构和技术路线，加快科技创新成果转化，为新业态、新模式发展提供强大动力。其三，企业家才能和企业家精神是生产力发展的不竭动力，民营企业家所具备的创新意识、冒险精神和前瞻性思维，为加快形成新质生产力奠定了坚实基础。

正如美国经济学家威廉·鲍莫尔所指出的，新创意的扩散速度并不是被随意决定的，而是深深地受到市场力量的作用，而这些市场力量正是通过企业家来发挥作用的。[③] 民营企业家通过辨别市场方向、整合市场资源和科学决策，推动了新技术、新产品、新模式和新服务的诞生，为培育新质生产力提供了必要支撑。因此，一要加强政策引导和财政支持，鼓励民营企业开展核心技术攻关，积极承担国家重大科技项目，激发

① 王竞天、李正友、冯雪飞等编著：《中小企业创新与融资》，上海财经大学出版社 2001 年版，第 38 页。

② 周文、李雪艳：《民营经济高质量发展与新质生产力：关联机理与互动路径》，《河北经贸大学学报》2024 年第 2 期。

③ 威廉·鲍莫尔：《企业家精神》，孙智君等译，武汉大学出版社 2010 年版，第 2 页。

民营企业的经济活力和创新能力；二要优化营商环境，为民营企业提供更加灵活的融资渠道、更加优惠的税收政策、更加完善的知识产权保护体系等保障，降低企业运营成本和风险，助力其在关键性颠覆性技术上取得突破；三要鼓励民营企业依托自身优势和产业基础，改造提升传统产业，助力战略性新兴产业和未来产业，更好地适应和引领生产力发展的新趋势。党的二十届三中全会提出要“坚持致力于为非公有制经济发展营造良好环境和提供更多机会的方针政策”①，对进一步激活民营经济创新发展活力作出了部署，具有重要的战略意义。

总之，加快培育新质生产力，要充分发挥“两个毫不动摇”的制度优势和“国民共进”的协同优势，运用国有企业与民营企业各自的禀赋，实现资源共享、优势互补，共同推动科技创新与产业升级，加快形成新质生产力。

（二）构建协同创新长效机制：推动有效市场和有为政府更好结合

创新就是生产函数的变动，创新的过程就是“不断地从内部使这个经济结构革命化，不断地破坏旧结构，不断地创造新结构”，即“创造性破坏的过程”②。它既有公共属性，也有市场属性；既需要尊重科研规律，也需要尊重市场规律。从中国发展实践来看，创新离不开政府与市场的动态平衡，统筹好市场这只“看不见的手”与政府这只“看得见的手”，是我国科技创新取得历史性成就的一个关键因素。加快培育新质生产力，必须“推动有效市场和有为政府更好结合，充分发挥市场在资源配置中的决定性作用，通过市场需求引导创新资源有效配置，形成推进科技创新的强大合力”③。“必须更好发挥

① 《中共中央关于进一步全面深化改革　推进中国式现代化的决定》，《人民日报》2024 年 7 月 22 日第 1 版。

② 约瑟夫·熊彼特：《资本主义、社会主义与民主》，吴良健译，商务印书馆 2017 年版，第 147 页。

③ 习近平：《习近平著作选读》第二卷，人民出版社 2023 年版，第 472 页。

市场机制作用，创造更加公平、更有活力的市场环境，实现资源配置效率最优化和效益最大化，既‘放得活’又‘管得住’，更好维护市场秩序、弥补市场失灵，畅通国民经济循环，激发全社会内生动力和创新活力。”①

市场是创新的动力源与风向标，有效市场是突破关键性颠覆性技术创新的关键。② 市场依靠价格机制、供求机制与竞争机制，在优化资源配置、提高生产效率、激发主体活力等方面形成了显著优势。充分发挥市场在科技资源配置中的决定性作用，既有利于推动创新资源向最富活力、最具竞争力的领域流动，实现对劳动力、资本、技术、数据等生产要素的高效配置，也有利于充分调动市场主体在关键核心技术攻关中的积极性、主动性和创造性，形成关键核心技术攻关的强大合力，提高科技成果转化体系整体效能。事实证明，自由竞争市场的缺乏似乎确实削弱甚至不利于后来创新的发展。③ 因此，科技创新，政府不能越俎代庖，要从有效市场出发，坚持让市场在科技资源配置中起决定性作用，运用“无形的手”进一步优化配置创新资源，促进创新链、产业链双链融通，激发创新发展的内生动力，强化国家战略科技力量。

与此同时，必须看到市场调节的自发性、盲目性和滞后性。市场经济条件下，资源配置是由市场供求关系和价格机制决定的，市场主体具有强烈的利益导向性。

企业在市场竞争中为了追求经济收益，往往对社会和环境问题视而不见，可能陷入次优的、路径依赖的技术方向并自

---

① 《中共中央关于进一步全面深化改革 推进中国式现代化的决定》，《人民日报》2024 年 7 月 22 日第 1 版。

② 周文、李吉良：《新质生产力与中国式现代化》，《社会科学辑刊》2024 年第 2 期。

③ 威廉·鲍莫尔：《创新：经济增长的奇迹》，郭梅军、唐宇、彭敬等译，中信出版社 2016 年版，第 247 页。

我强化。[1] 尤其在投资巨大、回报周期长、风险高的关键核心领域，社会和环境问题更容易被市场主体选择性回避。因此，市场机制有其自身无法克服的局限，仅靠市场机制既不可能自发达到帕累托最优状态，也不可能自动实现关键核心技术的重大突破。此时，便需要更好发挥政府作用，弥补市场不足，以确保关键核心技术攻关有条不紊地推进。

政府作为国家科技创新的组织者和服务者，要坚持在战略性引领方面积极主动有为，自觉强化前瞻预测、规划引导和宏观调控的职能，根据市场发展的变化与创新主体的需求调整方针政策，以最有效的方式发挥创新机制的作用，激发创新主体潜能，提升国家自主创新能力。首先，政府要以国家战略目标为导向，加强战略谋划和系统布局，将科技计划集中在事关我国经济发展与国家安全的基础研究和应用研究领域，明确主攻方向和核心技术突破口。其次，政府要引导社会资源流向创新型企业和高新技术产业，推动产业结构优化升级。提高资源利用效率。再次，政府要保持宏观政策的相对稳定，推动不同政策间形成合力，强化市场主体预期，形成一个更加稳定和可持续的科技创新支持体系。最后，一个国家良性的自主创新活动应该是在和谐的创新生态下有秩序的群体活动，而不是少数几个企业、科研机构的无序活动。[2] 因此，政府要完善监管制度，加强知识产权保护，优化市场公平竞争环境，保障投资者合法权益，激发企业创新活力。

总之，只有坚持有效市场和有为政府更好结合，兼顾市场决定资源配置和更好发挥政府作用，才能进一步提高科技资源配置效率，激发创新主体活力，加快培育新质生产力，为我

---

① 眭纪刚：《新型举国体制中的政府与市场》，《人民论坛·学术前沿》2023年第1期。

② 谢庆奎、佟福玲主编：《政府创新的理论与实践》，黑龙江人民出版社2008年版，第70页。

国经济高质量发展提供强大动力。

(三)营造良好国际环境:坚持高水平对外开放

从历史经验来看,开放是创新的重要源泉,也是生产力发展的必要条件。一个国家科技创新能力如何,很大程度上取决于其整合全球创新资源的能力。国际科技发展交叉融合的态势表明,在新的科学研究范式之下,协同创新、合作创新、开放创新已成为一种不可逆转的趋势。要真正实现科技创新的跨越式发展,就必须树立全球视野,扩大国际科技交流合作,加强国际化科研环境建设,形成具有全球竞争力的开放创新生态。

新质生产力是以科技创新为核心,实现原创性颠覆性技术突破而产生的生产力,同时也是综合利用国内国外两种市场,不断实现内外联动的双向互促式发展的物质力量。[①] 其本质特征决定了只有积极融入全球科技创新网络,在更加开放的环境中深化国际科技交流合作,汇聚全球创新资源,吸收世界先进技术成果,才能在更高起点上推进自主创新,实现高水平科技自立自强。因此,要厚植开放创新沃土,持续深化商品、服务、资金、人才等要素流动型开放,稳步扩大规则、规制、管理、标准等制度型开放,建立科技创新开放合作体制机制,为新质生产力发展营造良好国际环境,创造有利外部条件,提供广阔发展空间。

第一,积极实施更大范围、更宽领域、更深层次对外开放,推动生产要素跨界流动,优化全球创新资源配置。首先,要加大国家科技对外开放力度,瞄准世界科技前沿,持续拓展高科技领域开放合作的广度和深度,鼓励国内国际科技企业和研发机构协同开展科技攻关,推动与国际先进产业链、创新链和价值链的深度融合,实现关键性颠覆性技术创新。其次,要进一步提升全球创新资源要素的整合能力,通过高质量的“引进

---

① 蒋永穆、乔张媛:《新质生产力:符合新发展理念的先进生产力质态》,《东南学术》2024年第2期。

来”和高水平的“走出去”，加强技术、人才培养、融资等领域国际合作，推动创新要素的跨境流动和优化配置，提升全要素生产率，推动新质生产力发展。最后，积极推动共建“一带一路”高质量发展，充分发挥各个国家的资源禀赋优势，探索建立高效畅通的国际科技合作新路径，在共商共建共享的原则上不断催生新产业、新业态、新模式，塑造发展新动能、新优势。

第二，稳步扩大规则、规制、管理、标准等制度型开放，加快打造更高层次的对外开放新高地，建设更高水平开放型经济新体制。首先，要积极对标国际高标准经贸规则，推动国内法律法规、政策体系的改革和完善，破除阻碍生产力发展的制度壁垒和藩篱，为市场主体提供更加开放自由、公平公正、公开透明的市场环境。其次，要抓住发展机遇，主动参与国际规则制定，加快我国从国际规则的被动接受者向主动制定者的转变进程，强化我国在数字贸易、绿色贸易等新兴领域规则制定的引导力和话语权。再次，要积极参与全球治理体系改革和建设，践行共商共建共享的全球治理观，推动建立更加开放、公正、合理的国际经济秩序和贸易投资环境，维护全球产业链供应链的安全稳定。最后，要加快构建高标准自由贸易区网络，打造开放层次更高、营商环境更优、辐射作用更强的对外开放新高地，更好发挥自由贸易区、自由贸易港的试验田作用，强化与“一带一路”共建国家的经济技术合作，培育数字经济新业态，加快新质生产力发展。

总之，高水平对外开放是新质生产力发展必要的外部条件，要积极推进和完善全方位、多层次、立体化的外交布局，“最大限度用好全球创新资源，全面提升我国在全球创新格局中的位势，提高我国在全球科技治理中的影响力和规则制定能力”[①]，为新质生产力发展营造良好国际环境。

---

① 习近平：《论把握新发展阶段、贯彻新发展理念、构建新发展格局》，中央文献出版社 2021 年版，第 277 页。

第五章
新质生产力与新型举国体制

2023年12月召开的中央经济工作会议部署重点经济工作时强调要“以科技创新引领现代化产业体系建设”，其中，发展新质生产力和完善新型举国体制是围绕高质量发展、以科技创新推动产业创新的重要举措。[①] 2024年1月，中共中央政治局就扎实推进高质量发展进行第十一次集体学习时，习近平总书记强调：“发展新质生产力，必须进一步全面深化改革，形成与之相适应的新型生产关系。”[②]新质生产力作为新质态的生产力，本质上是先进生产力；新型举国体制既要发挥社会主义制度集中力量办大事的显著优势，强化党和国家对重大科技创新的领导，又要充分发挥市场机制作用，围绕国家战略需求优化配置创新资源，彰显集中力量办大事的制度优势，是中国特色社会主义市场经济下资源配置的创新形式，是新型生产关系的体现。新质生产力和新型举国体制协同作用，对助推高质量发展和中国式现代化的生产方式创新变革具有重要意义。

当前学界关于新质生产力和新型举国体制的讨论主要集中于三个方面：一是聚焦阐释二者各自范畴本身的内涵特征、生成逻辑、实践进路等方面；二是将二者各自范畴同传统概念

---

① 《中央经济工作会议在北京举行》，《人民日报》2023年12月13日第1版。

② 习近平：《发展新质生产力是推动高质量发展的内在要求和重要着力点》，《求是》2024年11期。

范畴做比较研究，尤其集中于将新质生产力同传统生产力、新型举国体制同传统举国体制做比较；三是将二者同数字经济、中国式现代化、科技创新等时代命题做关联性研究。

总体来看，新质生产力和新型举国体制作为“新”概念范畴，关于其本身的理论研究已初具规模，但深度和广度仍需进一步拓展，特别是作为两个重大时代命题，二者的耦合关系与协同作用的相关研究仍有所欠缺。因此，有必要对二者的关系进行专题研究，阐释更好地发挥二者协同创新作用的机制与路径。

一、新质生产力与新型举国体制的耦合性阐释

任何一个经济范畴都来自一定的历史实践，并随着历史的上升运动而不断变化发展。[①] 新质生产力和新型举国体制作为新时代的经济范畴创新，适应于正经历百年未有之大变局的复杂国际形势与中国式现代化的宏伟蓝图，着眼于实现高水平科技自立自强，是推动社会生产方式变革与创新的重要抓手。从内涵特征来看，新质生产力是创新起主导作用，摆脱传统经济增长方式、生产力发展路径，具有高科技、高效能、高质量特征，符合新发展理念的先进生产力质态；而新型举国体制在新时代背景下被赋予了关键核心技术攻关的核心任务，是聚焦关涉国家发展与安全的“急”“难”“重”领域并发挥政府与市场等多元主体协同作用的制度创新[②]。

从新型举国体制的本质和表现来看，其与新质生产力的耦合关系包括两方面：一方面，新型举国体制本质上是特殊的协作形式。马克思将协作（包括简单协作和分工协作）视作生

① 周文、宁殿霞：《中国特色社会主义政治经济学：渊源、发展契机与构建路径》，《经济研究》2018 年第 12 期。

② 周文、李吉良：《新型举国体制与中国式现代化》，《经济问题探索》2023 年第 6 期。

产力的要素，他在《资本论》中指出："结合工作日的特殊生产力都是社会的劳动生产力或社会劳动的生产力。这种生产力是由协作本身产生的。"①而新质生产力本质上是一种生产力，新型举国体制依靠分工协作能够创造极大的社会生产力，促进新质生产力发展。另一方面，新型举国体制作为当代体制创新，是适应于新质生产力发展的新型生产关系体现，二者共同锚定以科技创新助推关键核心技术突破这一中心任务，实现生产力的跃迁与生产关系的调整。可见，新质生产力与新型举国体制呈现出高度耦合关系，只有从理论和实践上把握好新质生产力与新型举国体制的一致性，才能更好发挥二者的协同作用。

（一）生产力与协作：新型举国体制发挥协作作用加快生产力的跃迁

要从理论上阐释新型举国体制对新质生产力的发展有何种积极效应，必须回归二者的本质，即作为特殊协作形式的新型举国体制如何推动作为先进生产力的新质生产力发展。从马克思主义政治经济学视角出发，生产活动作为社会性劳动，生产力是人们共同活动方式的社会合力，"孤立的一个人在社会之外进行生产——这是罕见的事"②，因此，基于协作的集体生产活动是社会财富生产的重要来源，对生产力范畴的理解不能忽视协作这一重要生产力要素的作用。

生产力的发展离不开协作，协作能够创造和发展生产力。从经济思想史源流来看，协作往往是同分工相联系的。亚当·斯密早在18世纪便提出了"劳动分工论"，重点阐释了分工协作对提高生产率和促进经济增长的积极效应，他指出，

① 中共中央马克思恩格斯列宁斯大林著作编译局编译：《马克思恩格斯文集》第五卷，人民出版社2009年版，第382页。

② 中共中央马克思恩格斯列宁斯大林著作编译局编译：《马克思恩格斯文集》第八卷，人民出版社2009年版，第6页。

“劳动生产力上最大的增进，以及运用劳动时所表现的更大的熟练、技巧和判断力，似乎都是分工的结果”[①]。李斯特在亚当·斯密的分工理论基础上，进一步强调协作的重要性，他在《政治经济学的国民体系》中指出：“这类活动之所以具有生产性，不单单是由于‘划分’，主要还是由于‘联合’。”[②]马克思在批判性吸收前人分工协作理论后，对资本主义生产方式下的协作进行了深刻分析和阐释，认为协作不是单个人的简单加总，他指出：“许多人在同一生产过程中，或在不同的但互相联系的生产过程中，有计划地一起协同劳动，这种劳动形式叫做协作。”[③]

协作是资本主义生产方式的内在要求，马克思在《资本论》中根据生产方式的演进将其区分为简单协作、分工基础上的协作、机器大工业下的协作，并从九个方面指出协作在创造社会生产力过程中的重要积极作用：“是由于提高劳动的机械力，是由于扩大这种力量在空间上的作用范围，是由于与生产规模相比相对地在空间上缩小生产场所，是由于在紧急时期短时间内动用大量劳动，是由于激发个人的竞争心和振奋他们的精力，是由于使许多人的同种作业具有连续性和多面性，是由于同时进行不同的操作，是由于共同使用生产资料而达到节约，是由于使个人劳动具有社会平均劳动的性质……”[④]可见，协作通过集约生产资料、深化分工的精细化与专业化、

① 亚当·斯密：《国民财富的性质和原因的研究》上册，郭大力、王亚南译，商务印书馆1979年版，第5页。

② 弗里德里希·李斯特：《政治经济学的国民体系》，陈万煦译，商务印书馆2012年版，第149页。

③ 中共中央马克思恩格斯列宁斯大林著作编译局编译：《马克思恩格斯文集》第五卷，人民出版社2009年版，第378页。

④ 中共中央马克思恩格斯列宁斯大林著作编译局编译：《马克思恩格斯文集》第五卷，人民出版社2009年版，第382页。

推动技术进步与生产方式变革等方式释放“劳动的社会生产力”①,即“通过协作提高了个人生产力,而且是创造了一种生产力,这种生产力本身必然是集体力”②,进而推动社会生产力不断跃迁。

从现实条件来看,新型举国体制作为特殊的协作形式有助于实现生产力的跃迁。协作同生产力的发展相互促进、共同演化,生产力的跃迁离不开协作形式的创新与发展。新质生产力聚焦战略性新兴产业与未来产业,相较于传统生产力,其所需要的劳动者素质更高、劳动资料更精细化、劳动对象更复杂。面对其呈现的新要素、新特征,需要新的协作形式以配合新质生产力发展的庞大工程,而新型举国体制作为特殊的协作形式,是适应于新质生产力发展的资源配置体制机制。因此,从马克思的协作理论出发,新型举国体制能够有效发挥我国国家治理效能与超大规模市场优势,发挥协作在时空压缩、资料集约、分工深化与技术创新等方面优势,大幅提升全要素生产率,从而加快发展新质生产力。

(二)生产力与生产关系:新型举国体制是突破关键核心技术的体制保障

党的二十大报告强调:“没有坚实的物质技术基础,就不可能全面建成社会主义现代化强国。”③当前世界正进入加速演变期,在新一轮科技革命和产业革命下,科技创新已经成为大国竞争的重要抓手。其中,将关键核心技术掌握在自己手中,是实现科技高水平自立自强、掌握创新发展主动权的重要

---

① 中共中央马克思恩格斯列宁斯大林著作编译局编译:《马克思恩格斯文集》第五卷,人民出版社2009年版,第387页。

② 中共中央马克思恩格斯列宁斯大林著作编译局编译:《马克思恩格斯文集》第五卷,人民出版社2009年版,第378页。

③ 习近平:《高举中国特色社会主义伟大旗帜 为全面建设社会主义现代化国家而团结奋斗——在中国共产党第二十次全国代表大会上的报告》,人民出版社2022年版,第28页。

路径。面对新时代下的创新难题与机遇，新质生产力与新型举国体制将科技创新突破关键核心技术作为共同任务，以生产力和生产关系推动生产方式革新对当前如何以科技创新推动经济高质量发展这一问题予以现实回应。

发展新质生产力的关键在于以科技创新突破关键核心技术。科技作为生产力的组成要素之一，是生产力跃迁的重要助推力。马克思曾鲜明指出“生产力中也包括科学”①，强调科学技术对生产力发展的重要作用。邓小平强调“科学技术是生产力，这是马克思主义历来的观点”②，更是前瞻性地提出“科学技术是第一生产力”③的论断，将发展科技摆在了发展生产力的高度。进入新时代以来，我国经济发展逐渐由高速增长阶段转变为高质量发展阶段，在发展模式上也从要素驱动的粗放型经济增长转变为创新驱动的集约型增长，进一步要求解放和发展社会生产力。

从创新的技术体系来看，可分为一般性技术与关键核心技术。其中，关键核心技术具有关键性与颠覆性的特点，在国家创新体系和现代化产业体系中处于关键性、决定性的重要位置，具有链接创新链和产业链的关键作用，是发展战略性新兴产业和未来产业不可或缺的技术。面对日趋激烈的国际竞争与我国经济发展的“三期叠加”“三重压力”，一般性技术创新对生产力的推进作用是渐进性的，而关键核心技术的突破能够带来生产力的爆发式增长。新质生产力强调社会生产力发展从量的增长向质的飞跃转变，把握了通过科技创新加速关键核心技术攻关所带来的生产力重要增长点，以生产力跃迁解决国内经济发展困境、赢得国际竞争主动权。

---

① 中共中央马克思恩格斯列宁斯大林著作编译局编译：《马克思恩格斯选集》第二卷，人民出版社 2012 年版，第 777 页。

② 邓小平：《邓小平文选》第二卷，人民出版社 1994 年版，第 87 页。

③ 邓小平：《邓小平文选》第三卷，人民出版社 1993 年版，第 274 页。

新型举国体制以关键核心技术攻关为核心目标任务，是与新质生产力相适应的经济体制。生产力与生产关系间相互作用，生产关系总是“随着物质生产资料、生产力的变化和发展而变化和改变的”①。新质生产力的提出带来了新的发展与改革机遇，对生产关系也提出了新的时代要求。从发展路径来看，新质生产力的发展往往发生在关键核心技术攻关的关键性颠覆性科技创新之后，因此，与新质生产力相适应的生产关系应当是能加速关键核心技术攻关与促进技术转化为现实生产力的经济制度与经济体制。

新型举国体制锚定我国产业、经济和国家安全的若干重点领域与重大任务，是以举国之力重点突破具有先发优势的关键技术和引领未来发展的基础前沿技术的重要体制机制，是与新质生产力同频共振的经济体制。一方面，新型举国体制将党对科技工作的集中统一领导的政治优势切实转化为制度优势，以强大的创新要素内聚力彰显了社会主义制度优越性，符合新质生产力作为先进生产力的发展要求。另一方面，新型举国体制强调科技创新与经济发展的共进互促，以关键性、颠覆性科技创新促进现实生产力的跨越式发展，以生产关系调整加速生产方式的重组变革，助推新质生产力的生成。

二、新质生产力的体制保障

新质生产力的发展是复杂程度高、目标任务重、影响范围广、要素投入多、协作难度大的庞大系统工程。新型举国体制作为社会主义市场经济条件下的整合式创新模式，从资源配置、创新主体与支撑载体上促进关键性、颠覆性科技创新和创新成果转化，加快新质生产力发展。

① 中共中央马克思恩格斯列宁斯大林著作编译局编译：《马克思恩格斯文集》第一卷，人民出版社 2009 年版，第 724 页。

(一)资源配置:政府有为与市场有效有机结合

如何正确处理政府和市场在资源配置上的关系,是一个世界性难题。西方主流经济学中始终存在政府与市场的二元对立论,事实上,自然产生、自我调节的自由市场经济是西方经济学的乌托邦幻想,国家和政府在资源配置中不应仅限于做公共领域的"守夜人"。从历史经验来看,尽管各国的产业革命与技术创新路径不尽相同,但并未出现如其宣扬的"完全市场化"道路,国家和政府始终在创新活动中发挥着重要积极作用,也并未出现如萨伊所说政府干涉生产导致的"弊政层出不穷,灾祸紧随着原则而产生"①。要以科技创新推动新质生产力的发展,离不开有为"强政府"和有效"强市场"的协同作用。②

新质生产力的发展作为更为复杂的科技创新活动,必须更好发挥政府与市场两种力量在资源配置中的协同作用,其必要性体现在:

一是从关键任务来看,新质生产力是区别于一般科技生产力的更高阶段生产力,难点在于实现关键核心技术攻关,而关键核心技术攻关与一般科技创新活动相比,其技术难度和组织复杂性远超单个创新主体的创新能力,在主体上需要政府、市场与社会多元参与协作,在资源配置上需要发挥市场决定、政府统筹作用来调配和协调全国创新要素资源。

二是从长期发展来看,新质生产力效力的长期释放需要以科技创新推动产业创新。新质生产力所锚定的是战略性新兴产业与未来产业。战略性新兴产业立足于当前我国国家重大发展战略、科学技术基础与市场现实需求,其发展过程离不开国家对科技和经济工作的顶层设计与市场在资源配置中的

---

① 萨伊:《政治经济学概论:财富的生产、分配和消费》,陈福生、陈振骅译,商务印书馆1982年版,第154页。

② 周文:《赶超:产业政策与强国之路》,天津人民出版社2018年版,第310页。

决定性作用。前瞻性布局未来产业是抢占面向未来社会重大需求、已初步形成相关领域重大技术突破但尚未成熟的前沿领域发展先机，但由于未来产业尚未发展成熟且未来技术突破的创新研发投入大、周期长、风险高与不确定性强，部分领域市场自主创新力量薄弱，因此在资源配置中必须更好发挥政府作用以弥补市场创新力量的不足。

基于发展新质生产力的资源配置要求，新型举国体制正是以有效市场和有为政府的有机结合实现资源高效配置的创新模式。新型举国体制在创新资源配置上不同于完全由市场机制所决定的纯市场化创新，也不同于传统举国体制强调政府的单一力量。其中，“新型”的突出特点就在于创新资源的配置不再完全依赖于计划，而是在社会主义市场经济体制下，发挥国家顶层设计与市场自发创新的协同创新作用。一方面，新型举国体制下市场在创新资源配置中起决定性作用，能够实现有限创新资源的最大化利用并充分调动各类市场主体的创新活力，实现各类创新要素的集聚与高效配置，加快新质生产力发展所需的关键核心技术攻关合力。另一方面，新型举国体制下能更好发挥政府在创新资源配置中的统筹协调作用，统筹好国家利益与各类市场主体利益，引导关键核心技术攻关合力方向朝着加快发展新质生产力迈进。由此，在党对科技工作统一领导下，新型举国体制能更好发挥制度优势与市场优势，以政府与市场有机结合的双轮驱动模式，最大限度地高效配置资源，助推生产力跃迁，大幅提升科技攻关体系化能力，发展新质生产力。

（二）创新主体：推进国有企业与民营企业高质量发展

企业是创新的主体，是推动创新创造的生力军。新质生产力的发展离不开推动企业成为技术创新决策、研发投入、科研组织和成果转化的主体，进而塑造更多发展新优势新动能。要确保企业的创新主体地位，必须坚持社会主义基本经济制度，坚持以公有制为主体、多种所有制经济共同发展。因此，加快发展新质生产力离不开推动国有企业与民营企业高质量发展，发挥国有企业的创新示范作用，激发民营企业的自主创新活力，为新质生产力的发展奠定良好的经济基础。

第一，新质生产力的发展要以国有企业高质量发展为核心抓手，切实发挥国有企业在新型举国体制中的核心作用。其一，从目标上看，国有企业在新型举国体制中具有牵头关键核心技术突破和赶超的天然禀赋。国有企业承载着发展国家战略发展目标的责任与义务，是新型举国体制发挥治理效能的主要实施依托。利用国有企业高效响应政策与掌握市场信息等特点，发挥其创新示范和协同公共部门与民营企业的优势，能够有效降低整合式创新的协调成本。其二，从能力上看，国有企业发挥新型举国体制优势能够催发新质生产力的原始创新。国有企业在关系国家安全和国民经济命脉的主要行业和关键领域占据支配地位，相较于民营企业在创新规模、资金、资源上具有显著优势，且在风险承受、研发投入、宏观保障上更能承担关键核心技术的原始创新重任。其三，从价值上看，国有企业能够保障新质生产力的技术创新以国家和人民利益为先。国有企业的生产资料归全体人民共同所有，具有承担社会公共职能的重要作用，能够更好发挥举国体制优势，优先保障国家和人民利益，降低新质生产力形成与发展的公共代价。

第二，新质生产力的发展要以民营企业高质量发展为重要动力，鼓励和引导民营企业在新型举国体制中释放活力。其一，民营企业高质量发展有助于推动科技创新，在新型举国体制下推动生产力从量到质的突破。民营企业近年来在技术研发与人才培育等方面不断增大投入，新专利、新技术、新产品产出不断，在为新质生产力的发展充分注入创新动力的同时，也倒逼国有企业创新。二者在新型举国体制下相互协同、优势互补,加快形成企业创新的竞争与合作网络,以整体创新推进关键核心技术攻关并提升生产力发展质量。其二,新质生产力的形成与发展要依靠民营经济高质量发展,将科技成果转化为现实生产力。从研发过程来看,关键核心技术突破离不开民营企业参与和民营资本投入。在新型举国体制下,民营企业发挥企业家精神主动参与和承担关键核心技术科技创新的研发任务,能够进一步提升整合式创新效率。从投产过程来看,新质生产力最后还是要落实到转化为具体产业和产业链上,民营企业具有较强的市场创新能力,能够在短时间内实现关键核心技术攻关后新质生产力的商品化和产业化,持续保障新质生产力的发展。

习近平总书记指出:“创新作为企业发展和市场制胜的关键,核心技术不是别人赐予的,不能只是跟着别人走,而必须自强奋斗、敢于突破。”[①]新质生产力的发展在创新主体上要发挥好新型举国体制优势,以“国民共进”推动生产力的跨越式发展,为新质生产力的发展与产业化进程提供良好经济基础。

(三)支撑载体:建设现代化产业体系

新质生产力是实现关键性、颠覆性科技创新所推动形成的生产力的质变,若不能将科技创新转化为产业的现实生产力,创新便成了无源之水、无本之木。当前我国面临着复杂的产业发展形势,加快关键核心技术攻关、实现技术创新成为构建现代化产业体系的必由之路。新型举国体制作为新型生产关系,能够促成科技创新与产业发展的良性循环,为现代化产业体系的构建提供重要保障,从而加速新质生产力的发展。

在技术攻关方面,利用新型举国体制产学研协同创新优势,可以加快解决现代化产业体系建设中的技术难题。长期以来,我国产业体系存在建设制造业劳动生产率与创新效率

① 《把关键核心技术掌握在自己手中》,《人民日报》2022 年 8 月 20 日第 1 版。

偏低、绿色产业水平不高等方面问题[①]，最为突出的制约因素就是原始创新不足，导致关键核心技术受制于人，因此必须发挥新型举国体制的协同作用解决创新难题。

从微观要素来看，现代化产业体系以高新技术为主导，其中，生产力各要素向高素质的劳动者、新介质的劳动资料和新料质的劳动对象的转型升级起到了关键性作用。新型举国体制作为新型生产关系，既能举全国之力为发展重点产业注入数据、算力等高端要素资源，也能促进创新要素的集聚、流通与高效配置，为产业实现技术自主可控提供支撑。

从中观主体来看，现代化产业体系的建设离不开产学研合作机制加速技术的革命性突破，而创新联合体的形成需要发挥新型举国体制的纽带和方向作用，以产学研整合式创新加速技术研发效率。

从宏观结构来看，现代化产业体系的建设着力点在于发展实体经济。在与新型工业化战略的互动下，新型举国体制能够为高新产业的技术攻关、传统产业的技术更新提供良好的创新生态环境，促进以实体经济为基础的产业体系向高端化、绿色化、智能化的转型升级迈进。

在产业分工和布局上，新质生产力的发展要及时将科技创新成果应用到具体产业和产业链上。美国经济学家迈克尔·波特认为："一个国家的成功并非来自某一项产业的成功，而是来自纵横交织的产业集群。"[②]当前，我国战略性新兴产业与未来产业发展相对薄弱，发挥新型举国体制的科技治理效能形成新兴产业集群是巩固和提升新兴产业整体竞争力的关键。一方面，从集群内部而言，新型举国体制能有效促进

① 许召元、许振凌、刘凡等：《现代化产业体系建设的主要方向与重点任务》，《改革》2023 年第 8 期。

② 迈克尔·波特：《国家竞争优势》上，李明轩、邱如美译，中信出版社 2012 年版，第 67 页。

区域、城乡和企业间的创新要素资源流通，提升产业集群内部企业创新效率，并降低内部创新风险与成本。另一方面，新型举国体制能有效发挥国家治理效能，从国家重大战略出发，因地制宜地推动创新技术投产，从而加快形成合理化的产业分工和布局，实现传统产业集群与新兴产业集群的协同发展与融合发展，最终形成互促共进的现代化产业体系。

三、发挥新型举国体制优势助推新质生产力发展

新型举国体制与新质生产力二者呈现出高度的统一性与共同性。新质生产力作为目标任务，要以新型举国体制作为重要实现手段。新型举国体制作为适应于新质生产力的新型生产关系，是实现关键性、颠覆性科技创新的重要体制机制。因此，要健全和发挥新型举国体制优势，从组织创新、研发创新、产业创新出发，以生产要素创新性配置、技术革命性突破、产业深度转型升级助推新质生产力的发展。

（一）组织创新：发挥国家力量创新要素资源配置

国富国穷的关键在于国家能力，新质生产力的发展离不开国家生产力的跃迁。习近平总书记指出，“要健全社会主义市场经济条件下新型举国体制，充分发挥国家作为重大科技创新组织者的作用”①。新型举国体制的构建和完善就是要形成与关键核心技术攻关、新质生产力发展相适应的重大组织创新。因此，要进一步健全新型举国体制，从组织创新角度加强国家治理能力，强化国家战略科技力量，发挥国家在新质生产力发展中的重要作用。

第一，坚持和加强党的集中统一领导。历史经验已充分证明，任何伟大事业在中国要取得成功，必须始终坚持党的领导。因此，要坚持和加强党的集中统一领导，发挥好党总揽全

---

① 习近平：《习近平著作选读》第二卷，人民出版社2023年版，第472页。

局、协调各方的领导核心作用。一是切实保障党的集中统一领导在国家治理中的核心地位，在关涉国家经济发展与安全的关键领域，要发挥好党在领导和组织大规模协作中凝聚共识、形成合力的关键作用，调动各方积极性，共同促成新质生产力的发展。二是发挥党民主决策、科学决策和依法决策的重要优势，从党和国家的整体性、全局性、战略性利益出发，在科技创新中面向国家发展重大需求统一领导、统一决策、统一指挥，保障举国体制优势与新质生产力成果始终由人民共享。三是加强党的组织建设，充分调动各级党组织和各级政府的能动性与积极性，因地制宜发挥新型举国体制纵向协同的有效性，提升国家创新体系的整体协调性。

第二，正确处理好科技创新中市场和政府的关系，在新质生产力发展过程中加强有效市场和有为政府的有机结合。一方面，要切实推动市场有效，推动立足本土、以“我”为主的市场创新与成果转化。要加快建设全国统一大市场，发挥超大规模市场对创新要素的“虹吸效应”，保障创新要素的流动畅通；要优化市场营商环境与创新环境，完善市场基础制度，为企业的平等竞争与创新提供机会；要加强市场规则的国际化对标，为企业创新的国际化交流与合作奠定制度基础。另一方面，要进一步加强政府有为，发挥其重大创新的统筹性作用。正如英国经济学家玛丽安娜·马祖卡托所说，政府不仅资助基础研究领域和应用研究领域中风险最高的研究项目，通常还直接推进突破性、开拓性最强的创新①。政府在重大技术攻关上要加大资金投入、政策支持、人才培养与风险承担力度，为关键性、颠覆性科技创新提供指引与制度保障。同时，要确保政府在新型举国体制中的“不缺位”与“不越位”，提升

① 玛丽安娜·马祖卡托：《创新型政府：构建公共与私人部门共生共赢关系》，李磊、束东新、程单剑译，中信出版社2019年版，第75页。

创新资源配置效率。在市场与政府的良性互动下,新型举国体制在关键核心技术攻关中才能达到效率最大化,同时加快科技成果向现实生产力转化,加快促成新质生产力的发展。

(二)研发创新:统筹基础研究与关键核心技术攻关

习近平总书记指出,“基础研究搞不好,应用技术就是无源之水、无本之木”①。基础研究是重大科技领域攻关的基础,是新质生产力发展的基本保障;关键核心技术突破是重大科技领域攻关的应用,是新质生产力发展的关键难点。从技术攻关来看,技术创新第一层首先来自生产要素组合创新所催生的一般性应用创新。正如美国经济学家布莱恩·阿瑟所说:“新技术是由已经存在的技术构建而成,或者说组合而成的,而且新技术自身反过来又会作为构件,用于创造更进一步的新技术。”②然而要实现更深层、更复杂的技术创新,还要推动基础研究的创新和发展,从科学知识源头推动关键性、颠覆性科技创新。因此,要在基础研究与关键核心技术应用研究上实现革命性突破,还需要进一步发挥新型举国体制在统筹基础研究和关键核心技术应用研究的优势。

发挥基础研究在新质生产力研发创新中的基础性作用,加强基础研究和原始创新。基础研究的长期稳定开展离不开利用新型举国体制更好发挥政府作用,要进一步协同各大创新主体创造更多基础研究创新成果。在研究主体上,有力推进政府、企业、院校及其他科研机构的独立研究和联合攻关能力,加快建立国家重点实验室、国家科学中心、创新中心等创新平台,发挥举国体制优势打通基础研究创新壁垒,推动基础研究相关创新体系的形成和完善。在研究体系上,优化基础

---

① 中共中央党史和文献研究院编:《习近平关于网络强国论述摘编》,中央文献出版社2021年版,第118页。

② 布莱恩·阿瑟:《复杂经济学:经济思想的新框架》,贾拥民译,浙江人民出版社2018年版,第189页。

学科布局，遵循学科共性、特性与应用的不同特点优化学科体系，支持重点学科、新兴学科、冷门学科和薄弱学科发展，推动学科交叉融合和跨学科研究，构筑全面均衡发展的高质量学科体系。在研究环境上，要为基础研究创新提供良好的政策支持、人才支撑和资金投入，建立健全基础研究创新的制度保障。在研究应用上，重点支持关键性、颠覆性科技领域，强化战略性、前瞻性、颠覆性的基础研究、应用研究，同时进一步疏通基础研究和产业化连接的快车道，加快科技成果转化。

打好关键核心技术攻坚战，坚持以问题为导向，加快发展新质生产力的科技攻关。当前，"我国关键核心技术受制于人的局面尚未根本改变"[①]。加强关键核心技术攻关的应用研究创新是打好关键核心技术攻坚战的关键路径，要着力推动前瞻性、原创性创新研究成果对新质生产力发展的引领和带动。一是强化关键核心技术相关应用研究的顶层设计，坚持"四个面向"，立足国家发展需要和长远需求推动技术创新，增强"四个自信"，敢于挑战前沿领域、关键领域的技术难题，把创新主动权、发展主动权牢牢掌握在自己手中。二是锚定关键共性技术、前沿引领技术、现代工程技术、颠覆性技术创新为重要创新突破口，实现产业链、创新链的延长和完善。三是强化市场自发技术创新作用，鼓励企业参与和牵头实施重大科技项目，发挥新型举国体制的纽带作用，联合高校院所、政府部门等创新主体，加快形成以企业为主体、市场为导向，产学研用深度融合的技术创新体系。四是统筹基础研究与应用研究，围绕产业链发展的重要环节和关键环节，发挥二者的相互促进的作用，加快科技创新转化为现实生产力。

（三）产业创新：着力分类推进产业深度转型升级

产业深度转型升级是催生新质生产力的关键之一，加快

① 习近平：《习近平著作选读》第一卷，人民出版社2023年版，第428页。

形成新产业新业态是新质生产力发展的重要路径。新质生产力的提出，体现了以科技创新推动产业创新，以产业升级构筑新竞争优势、赢得发展主动权的信心和决心。因此，新质生产力的发展要进一步加强科技创新和产业创新对接，发挥新型举国体制在创新活动中的统筹与协调作用，促进以企业为主导的产学研深度融合，提高科技成果转化率和产业化水平，着力分类推进产业链补链、延链、强链，不断以新技术培育新产业，引领产业转型升级。

一是加快改造提升传统产业。新质生产力的发展有赖于以制造业为代表的传统产业的绿色化、智能化转型升级，使其成为新质生产力的重要支撑。在智能化上，要发挥以数字技术为代表的智能技术赋能作用，推动互联网、大数据、人工智能同产业深度融合，加速数字产业化和产业数字化，加强企业自主研发创新与创新协同，利用数字技术对传统产业进行全方位、全链条的改造。在绿色化上，新质生产力本身就是绿色生产力，要推动传统产业向绿色产业转型，发挥产学研优势着力推动绿色技术、清洁能源的革新和利用，发挥产业集群效应推动全产业链工艺和设备的绿色转型升级，从而改变高能耗高污染的传统经济增长路径。

二是积极培育壮大新兴产业。着眼于战略性新兴产业发展，要切实发挥科技创新的新动能，推动产业创新塑造发展新引擎。首先，要推动战略性新兴产业融合集群发展，加快打造经济增长新引擎。其次，要推动互联网、大数据、人工智能等新技术同战略性新兴产业深度融合，释放叠加倍增效应。最后，要加强战略性新兴产业集群发展的顶层设计，优化新兴产业发展环境与分工布局，使其最大限度释放新型举国体制效能，进一步降低创新和交易成本，促进生产要素合理流动和优化配置。

三是着力布局建设未来产业。当前未来产业发展尚属起步，应当立足当前、着眼长远、统筹谋划，利用新型举国体制加快未来技术突破，抢占未来产业新赛道。一方面，要加强未来技术创新攻关，要精准识别和预测未来产业前沿技术发展趋势，加大未来产业科技创新研发资金、人才、政策供给，加快布局一批国家未来产业技术研究院，发挥新型举国体制在加强前沿技术多路径探索、交叉融合和颠覆性技术供给等方面的优势。另一方面，要加强未来产业宏观布局，发挥国家在未来创新的重要作用，制定前瞻性产业战略规划，力求抢占科技制高点，实施产业跨界融合示范工程，打造未来技术应用场景，加速形成若干未来产业。

第六章
新质生产力与国家竞争优势

生产力发展决定着国家兴衰，而创新是生产力发展的最强推动力。迈克尔·波特在《国家竞争优势》一书中强调从国家的层面来考虑竞争力，认为“竞争力”的唯一意义就是国家生产力①。当今世界，新一轮科技革命和产业变革深入发展，全球已进入一个创新密集时代。新质生产力作为由科技创新发挥主导作用的先进生产力，哪个国家能率先在关键性颠覆性技术方面取得突破、形成新质生产力，哪个国家就能够塑造未来发展新优势，赢得全球新一轮发展的战略主动权。历史的教训、现实的趋势都启示我们，在强国建设、民族复兴的新征程中，必须坚定不移推动高质量发展，加快形成新质生产力，提高自主创新能力，唯有如此才能在激烈的国际竞争中真正掌握发展主动权。因此，加快形成新质生产力是塑造国家竞争优势的必然抉择。

在当前大国科技竞争白热化的背景下，有关新质生产力的理论研究必须将新质生产力与国家竞争优势联系起来，厘清新质生产力与国家竞争优势的逻辑关系，明确产业竞争成为现代国家竞争的新模式、做强实体经济是加快形成新质生产力的重要支撑，探索以新质生产力塑造国家竞争优势的关键突破口，为使我国在重要科技领域成为全球领跑者、在前沿

---

① 迈克尔·波特：《国家竞争优势》上，李明轩、邱如美译，中信出版社 2012 年版，第 1 页。

交叉领域成为开拓者作出理论贡献。

一、生产力的进步是确立国家竞争优势的决定因素

生产力发展的不同形式，即存量扩张与增量重构，是确立国家竞争优势中的两个重要方向。存量扩张主要关注于现有生产要素的优化和提升；而增量重构则侧重于新产业、新技术的引入和应用，以原创性、颠覆性科技创新形成新的增长点，不仅仅注重数量上的增加，更重要的是关注质量和效能的跃升。随着生产力的进步，国家通过持续的市场开拓、生产规模的扩大以及分工的深化，不仅可以加强其在产业中的领导地位，还可以在全球价值链中占据更有利的位置，从而提升国家的整体竞争力。

（一）存量的扩张：传统生产力变迁与渐进式创新

正如第一次工业革命时期的英国，生产和运输的规模经济催生了“维多利亚时代的生活”。生产规模的扩大带动了相关产业和服务业的发展，如物流、仓储和零售等，进一步增强国家的综合经济实力。历史上资产阶级生产扩大的需要也正是从这个时候开始。在当时的欧洲，生产力的发展要求迫使人们走出单一的国家和地域，去开拓更多更大的世界市场，把生产和市场推向全世界已是资产阶级的迫切需要。因此，资产阶级带着先进的生产工具到世界各地寻找新的商机，目的是把全世界都变成资本蔓延的市场，给他们创造更多的财富。[①] 而随着生产规模的扩大，生产过程中分工得到进一步深化和专业化，这不仅提高了生产效率，也促进了技术和技能的发展。

1776 年，亚当·斯密在《国民财富的性质和原因的研究》中提到：“一个国家的产业与劳动生产力的增进程度如果是极

---

① 郝立新：《马克思主义发展史》第一卷，人民出版社 2018 年版，第 503 页。

高的，则各种行业的分工一般也都达到极高的程度。"①分工的深化促进了国际合作和全球价值链的整合，国家可以通过参与国际生产网络，分享全球创新和增长的红利。在专业化分工中，国家不仅积累了特定领域的技术和经验，也培养了相应的技术人才和专业工人，为国家的长期发展积累了宝贵的人力资源。在没有分工的社会里，人们在自然面前相当"渺小"，单个人的力量几乎可以忽略不计，然而所有这一切都在"受分工制约的不同个人的共同活动"中得到彻底改变，因为这样的活动会产生一种社会力量——"成倍增长的生产力"②。

在资本主义时代，当分工形式与社会经济发展相契合、与生产力发展相适应的时候，资产阶级私有制极大地解放了生产力，资本家在追求剩余价值的过程中，用资本开辟市场，资本的足迹开始遍布全世界，世界各地都纷纷卷入了资本所开发的世界市场，人类历史不再是各个独立分散、封闭的民族国家历史和地区部落史，而是"整个世界"的人类历史。

英国科普作家马特·里德利在《创新的起源：一部科学技术进步史》一书中认为，传统生产力提高更多的是依靠渐进式的创新，"这是一种演化，而非一系列革命。在前进的过程中，每一个关键的发明都是建立于前一个发明之上的，并且让下一个发明成为可能"③。也就是说，技术发展并非总是线性或革命性的。很多时候，技术的进步是通过对现有技术的改进和逐步创新来实现的。这种回旋式的进步意味着技术发展往往是渐进的，而不是突然的跳跃。技术变迁并不一定会引发创新，或者说传统的技术变迁带来的是渐进式创新，而不是颠

---

① 亚当·斯密：《国民财富的性质和原因的研究》，郭大力、王亚南译，商务印书馆1979年版，第7页。

② 中共中央马克思恩格斯列宁斯大林著作编译局编译：《马克思恩格斯文集》第一卷，人民出版社2009年版，第538页。

③ 马特·里德利：《创新的起源：一部科学技术进步史》，王大鹏、张智慧译，机械工业出版社2021年版，第117页。

覆式创新。渐进式创新强调的是小步改进和持续的技术优化。这种渐进式创新通常发生在已有的技术和生产方式上，通过微小的改变逐渐提高效率和产出。在船运、采矿、建筑业中，尤其是农业中，这种平淡无奇的、积累式的、难以觉察的渐进式创新带来了生产力的提高。

渐进式创新通常更加稳定、风险较低，并且更容易被市场接受。颠覆式创新虽然可能带来巨大的市场颠覆和经济效益，但它的不确定性和风险也相对更大。然而，在全球数字技术竞争背景下，发达国家企图进一步固化发展中国家在全球分工中的位置，使发展中国家在制造业的中下游环节陷入“逐底竞争”的恶性循环。发达国家为了保障自身的优势不被超越，在专利和技术领域实行严格的保护，限制了发展中国家通过与发达国家之间的合作实现可持续发展的空间，迫使发展中国家自主创新实现技术赶超，这样又进一步增加了国家之间的技术竞争。在这样的大背景下，发展中国家唯有通过颠覆式创新才能在白热化的国际竞争中占有一席之地。

（二）增量的重构：新质生产力与颠覆式创新

新质生产力的关键内涵不是普通的科技进步，也不是生产力边际上的改进，而是要实现原创性、颠覆性技术的突破和创新。颠覆性创新是具有基于科学原理重大突破和技术的交叉融合，即通过技术的根本性改变带来新的产业和市场的创新，是“从 0 到 1”、从无到有、对世界有新理解的重大发现。颠覆式创新是推动社会发展最活跃最革命的因素，在经济学家约瑟夫·熊彼特看来是一种“生产要素的重新组合”，即创新活动应该是经济实体内部的一种“自我革新”。

颠覆式创新带来的是国际产业分工格局的重构。15 世纪后，葡萄牙和西班牙正是依靠航海技术的颠覆式创新成为新大陆的发现者和当时世界经济的引领者。被罗斯托和费尔普斯分别称为“经济起飞”与“大繁荣”的第一次工业革命之所以出现在英国并使英国成为引领世界经济长达百年的大国，正是因为英国最早实现了蒸汽动力上的颠覆式创新。蒸汽机的发明是手工劳动进入机器时代的分水岭，蒸汽机本身只是一个产品，但是以蒸汽机为代表和基础的工业和产业系统形成后，人类社会的生产力与生产关系发生了本质性变化。正如马克思在《共产党宣言》中的那段经典论述所言："资产阶级，由于一切生产工具的迅速改进，由于交通的极其便利，把一切民族甚至最野蛮的民族都卷入文明中来了。"[①]而后，美国替代英国成为世界经济领导者，是因为美国在以电气化为代表的第二次工业革命中实现了颠覆式创新。数字化革命对传统工业生产的变革同样也是颠覆式创新，数字化革命以计算机和互联网技术为核心，彻底改变了信息处理、存储和传播的方式。数字技术的应用催生了新的商业模式（如电子商务、数字媒体）和市场结构（如平台经济），对传统的商业和经济活动构成了颠覆。

分工作为一种社会经济关系，必会为生产力所决定。作为社会历史范畴的分工，在人类历史的不同阶段有着不同的形式与特点。马克思和恩格斯指出："一个民族的生产力发展的水平，最明显地表现于该民族分工的发展程度。任何新的生产力，只要它不是迄今已知的生产力单纯的量的扩大（例如，开垦土地），都会引起分工的进一步发展。"[②]从科技发展史的角度来看，人类历史上的三次国际产业大分工便是由生产力的进阶而生发的，国际分工演进史也深刻表明每一次分工深化背后都离不开技术创新这一最重要的推动因素。[③] 从

① 中共中央马克思恩格斯列宁斯大林著作编译局编译：《马克思恩格斯文集》第二卷，人民出版社2009年版，第35页。

② 中共中央马克思恩格斯列宁斯大林著作编译局编译：《马克思恩格斯文集》第一卷，人民出版社2009年版，第520页。

③ 裴长洪、刘洪愧：《中国外贸高质量发展：基于习近平百年大变局重要论断的思考》，《经济研究》2020年第5期。

国际分工演进史来看，国际产业分工的总体式样和变化可以概括为“中心—边缘”的高度等级分化和“东升西降”的格局走势，体系边缘国家存在被进一步边缘化的趋势。[①] 由于资本始终通过发展生产力来替代对特定自然资源和生产要素的依赖，在这个意义上，发展中国家的经济随时有可能衰退，因为“要素禀赋”可以被创造，也可以被剥夺。在财富积累上，那些奉行传统国际经济学理论的发展中国家与发达国家会产生越来越大的差距。

数字时代为发展中国家塑造国家竞争优势带来了新的可能。在数字时代，知识、人力资本、信息这些再生性生产要素不是先天性资源，而是各国后天培养起来的。正如瑞士经济学家理查德·鲍德温在《大合流：信息技术和新全球化》一书中所指出的，信息通信技术的进步降低了交流成本，促使技术要素与低成本劳动力要素结合，推动了后发国家的快速工业化，由此出现了“大合流”。[②] 瑞典的弗雷德里克·埃里克森和比约恩·韦格尔在《增长陷阱：欧美经济衰落和创新的假象》一书中也驳斥了所谓西方国家正迎来一场崭新的创新革命的观点，认为西方世界的经济状况不容乐观，许多决定创新的因素在过去几十年不断削弱，其中一个主要的经济问题在于：颠覆性创新不是太多，而是太少，曾经追求异想天开、鼓励推陈出新的资本主义体系如今更多是平庸无奇的产出。[③] 这些新的时代特点为发展中国家追赶发达国家，进而突破长期以来形成的带有剥削性质的国际产业分工模式创造了条件。

---

① 庞珣、何晴倩：《全球价值链中的结构性权力与国际格局演变》，《中国社会科学》2021 年第 9 期。

② 理查德·鲍德温：《大合流：信息技术和新全球化》，李志远、刘晓捷、罗长远译，格致出版社、上海人民出版社 2020 年版，第 5 页。

③ 弗雷德里克·埃里克森、比约恩·韦格尔：《增长陷阱：欧美经济衰落和创新的假象》，张旭、罗晓晴、龚雪娟等译，中国友谊出版公司 2021 年版，第 2 页。

二、加快形成新质生产力是塑造国家竞争优势的必然选择

生产力的发展是一个系统性的螺旋上升的过程。习近平总书记深刻指出："纵观世界文明史，人类先后经历了农业革命、工业革命、信息革命。每一次产业技术革命，都给人类生产生活带来巨大而深刻的影响。"[①]对于中国而言，一方面，传统工业化不可持续性的发展模式加剧了自然资本和生态系统恢复力的枯竭；另一方面，传统工业支撑中国经济增长的劳动、资本等要素在新型全球化时期已不具备比较优势。[②] 在这个意义上，新质生产力是对传统生产力的全面超越，是摆脱传统粗放型增长路径、符合高质量发展要求的先进生产力，也是以科技创新为主导、实现关键性、颠覆性技术突破的生产力。

当今世界正在进入以信息产业为主导的经济发展时期。历史上产业发展与经济增长主要依靠劳动力、资本、能源等要素，但是未来的生产力发展模式中，数据要素的介入让生产函数发生了新的变化，规模经济、范围经济、学习效应将产生新的交叉组合和融合裂变。随着数据成为基础性、战略性资源，各国对数据资源的争夺日趋激烈。新科技革命带来的技术轨道变化，为我国科技创新提供了难得的赶超先进国家技术的"机会窗口"。正是在这一大背景下，党的二十大报告指出，要"推动战略性新兴产业融合集群发展，构建新一代信息技术、人工智能、生物技术、新能源、新材料、高端装备、绿色环保等一批新的增长引擎"[③]。

---

① 中共中央党史和文献研究院编：《习近平关于网络强国论述摘编》，中央文献出版社 2021 年版，第 35 页。

② 柳学信、曹成梓、孔晓旭：《大国竞争背景下新质生产力形成的理论逻辑与实现路径》，《重庆大学学报（社会科学版）》2024 年第 1 期。

③ 习近平：《高举中国特色社会主义伟大旗帜　为全面建设社会主义现代化国家而团结奋斗——在中国共产党第二十次全国代表大会上的报告》，人民出版社 2022 年版，第 30 页。

2023年9月27日，世界知识产权组织发布《2023年全球创新指数报告》，中国创新指数从2010年的第43位升至2023年的第12位，也首次成为科技集群数量最多的国家。近年来，我国高技术产业增长势头强劲。2022年，我国高新技术企业数量已达到40万家，较2012年的4.9万家有明显增长。其中，有683家企业进入了2021年全球企业研发投入2500强。①

随着创新能力的不断提升，我国在部分科技领域已经具备了国际领先优势。例如，在通信领域，我国5G的商用发展已经实现了规模、标准数量和应用创新的多方面领先。在空间量子通信领域，我国已处于领跑地位：2016年，我国成功发射全球首颗量子科学实验卫星“墨子号”；2017年，建成世界首条量子保密通信干线“京沪干线”；2021年，我国实现跨越4600公里的星地量子密钥分发，这意味着我国已成功构建出天地一体化广域量子通信网络。在新能源领域，2021年，我国新能源汽车累计销量占全球的50%以上；2022年，我国风电、光伏发电量达到1.19万亿千瓦时，较2021年增加2073亿千瓦时，同比增长21%，也处于全球领先地位。在制造领域，数据作为生产要素，渗透到实体经济的生产和流通全过程中，为实体经济提供所需信息和知识，从而实现资源的优化和重组。工厂可以利用5G通信来为物联网解决方案加码，打造智能工厂，从而提高生产力和投资回报率。② 据《2022年全国工业互联网平台应用水平评价报告》和《工业互联网创新发展报告（2023年）》，我国基本形成综合型、特色型、专业型的多层次工业互联网平台体系，各地建设数字化车间和智能工厂近8000个，智能制造涌现出虚拟验证、共享制造等新场景、新方

① 《全国科技工作会议在京召开》，《科技日报》2022年12月31日第3版。

② 周文、叶蕾：《数字经济与中国式现代化：理论逻辑和实践路径》，《消费经济》2023年第5期。

案、新模式。据2023年12月发布的《〈中华人民共和国国民经济和社会发展第十四个五年规划和2035年远景目标纲要〉实施中期评估报告》(以下简称《评估报告》),我国产业数字化取得明显进展,制造业重点领域关键工序数控化率、数字化研发设计工具普及率分别增长至60.1%和78.3%。数字产业化加快发展,移动操作系统快速发展,开源生态建设加快推进。数字政府建设成效明显,电子政务“在线服务”指数排名保持全球领先水平。

党的二十大提出,要加快建设农业强国。以大数据、5G通信、人工智能为代表的数字技术已深度嵌入农业生产全流程,为我国农业带来全新发展机遇。[①] 数据要素与农业生产经营全流程有机结合,促使农业生产经营主体可以更加精准地掌握农业生产、经营和销售情况。这不仅能够推动农业精细化管理,实现产供销一体化发展,亦可扩大农业生产规模,充分发挥规模经济效应。高效的农业机械设备、优质的种子品种以及科学合理的种植技术,显著提高了农产品的单产水平和质量,使农业生产更具竞争力。农民可以通过智能传感器监测土壤水分、作物生长情况,更科学地调整灌溉和施肥,实现精准施策,减少资源浪费;还可以利用数字平台对极端天气进行预警,有效降低极端天气对农业造成的不利影响。

三、产业竞争成为现代国家竞争的新模式

习近平总书记指出:“历史经验表明,那些抓住科技革命机遇走向现代化的国家,都是科学基础雄厚的国家;那些抓住科技革命机遇成为世界强国的国家,都是在重要科技领域处于领先行列的国家。”[②]当前世界正经历百年未有之大变局,竞

① 杨军鸽、王琴梅:《数字技术与农业高质量发展——基于数字生产力的视角》,《山西财经大学学报》2023年第4期。

② 习近平:《论把握新发展阶段、贯彻新发展理念、构建新发展格局》,中央文献出版社2021年版,第113页。

争和创新是经济全球化新趋势的主题，以科技创新助推生产力跃迁是大国竞争的角力点。

（一）抢占科技制高点是现代国家竞争的核心表征

幅员、人口和自然资源曾经是大国争夺的主要目标。二战后，在全球化背景下，国家之间的竞争已经不再局限于传统的军事、政治和地缘战略层面，而是越来越多地表现为经济实力和技术能力的竞争，其本质则是产业的竞争。回顾历史，具备强大的高技术制造业是大国迈向强国的必要条件，也是评估一个国家整体经济实力、国家工业化程度和现代化建设水平的关键指标。

习近平总书记指出，“进入 21 世纪以来，全球科技创新进入空前密集活跃的时期，新一轮科技革命和产业变革正在重构全球创新版图、重塑全球经济结构”，“科学技术从来没有像今天这样深刻影响着国家前途命运”①。富国与穷国的分野的重要原因之一在于富国的技术更好，即富国为了生产性目的，控制和利用大自然和人员的能力更为高超。② 世界经济论坛创始人兼执行主席克劳斯·施瓦布也指出，在第四次工业革命期间，技术以指数级扩展，形成实体产品，正在改变社会并重塑我们的未来。③

为了加强自身的竞争优势，世界上主要经济体都出台了未来 5 到 10 年的战略规划。习近平总书记在 2023 年中央经济工作会议上强调：“以科技创新推动产业创新，特别是以颠覆性技术和前沿技术催生新产业、新模式、新动能。”④

从 1991—2021 年世界主要经济体的研发费用支出来看

---

① 习近平：《努力成为世界主要科学中心和创新高地》，《求是》2021 年第 6 期。

② 乔尔·莫基尔：《富裕的杠杆：技术革新与经济进步》，陈小白译，华夏出版社 2008 年版，序。

③ 克劳斯·施瓦布、尼古拉斯·戴维斯：《第四次工业革命——行动路线图：打造创新型社会》，世界经济论坛北京代表处译，中信出版社 2018 年版。

④ 《中央经济会议在北京举行》，《人民日报》2023 年 12 月 13 日第 1 版。

(图1),发达国家在研发项目上的总支出虽然仍在上升,但幅度不大。按购买力平价计算,2010—2020年,美国占全球研发投入的份额由28%降至26%,后又企稳回升至28%;欧洲占全球研发投入的份额不断下滑,由26%降至22%;中国占全球研发投入的份额则由15%升至23%,成为全球研发投入增长的主要驱动力量。[①] 中国的研发支出增长率居世界第一。根据国家统计局发布的《2022年国民经济和社会发展统计公报》,2022年我国研发经费支出达30870亿元,占国内生产总值的比重为2.55%,已超过英国、法国、日本、欧盟以及经合组织(OECD)国家平均水平。2022年全球创新指数显示,我国共有21个科技集群进入全球百强,较2017年增加了14个,数量首次与美国持平,居于全球首位。

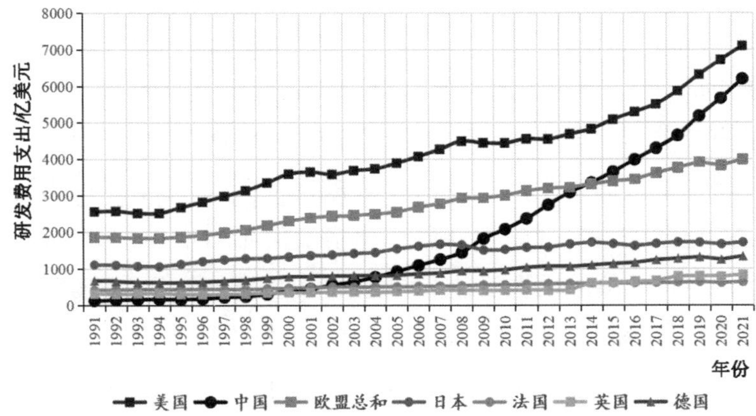

图1　1991—2021年世界主要经济体研发费用支出情况

资料来源:经济合作与发展组织(OECD)数据库。

信息时代的到来使得创新资源的跨国流动更为便捷,哪个国家能获取更多的知识技术、人才等创新资源,哪个国家就能在全球竞争中获得优势地位。在这个机遇期,世界各国均有可能成为新产业革命的引领者,成为世界经济振兴的先行

---

① 姜桂兴:《2010—2020年全球研发投入及对我国的启示》,《中国科技资源导刊》2023年第3期。

者。《二十国集团（G20）国家创新竞争力发展报告（2019—2020）》的数据显示，发达国家的整体创新竞争力水平远高于发展中国家。2018 年，前者的国家创新竞争力平均得分是后者的 2.05 倍。第一方阵的 5 个国家全部都是发达国家，第二方阵除了位列第 7 位的中国外，其余 4 个也全部是发达国家。[①] 发达国家之所以能在国际经济中具有较高的话语权，正是因为其掌握了全球绝大部分的创新资源，创新竞争力领先于发展中国家。发达国家正是凭借这种创新竞争力上的优势掌握了国际规则的制定权，从而使国际规则有利于自身，并借助这些规则形成在科技创新领域的垄断，获取超额利润。

（二）做强实体经济是加快形成新质生产力的重要支撑

党的二十大报告指出要"坚持把发展经济的着力点放在实体经济上，推进新型工业化"[②]。实体经济是国民经济的关键组成部分，是各类生产要素得以优化配置并有效发挥作用的重要载体。据 2023 年 12 月发布的《评估报告》，我国制造业增加值占国内生产总值的比重提升至 27.8%，全球占比稳定在 30%左右。战略性新兴产业增加值年均增长 15.8%，占国内生产总值的比重超过 13%，新能源汽车产销量、新能源发电装机量、船舶与海洋工程装备国际市场份额等稳居全球第一。实体经济是我国发展的本钱，也是构筑未来发展战略优势的重要支撑。[③] 从当前世界高科技企业分布来看，美国几乎主导了前 3 轮的互联网大科技周期，并培育了一批千亿甚至万亿美元市值级别的巨头公司，这些公司大多位于价值链顶

---

① 李建平、李闽榕、赵新力主编：《二十国集团（G20）国家创新竞争力发展报告（2019~2020）》，社会科学文献出版社 2021 年版，第 49 页。

② 习近平：《高举中国特色社会主义伟大旗帜　为全面建设社会主义现代化国家而团结奋斗——在中国共产党第二十次全国代表大会上的报告》，人民出版社 2022 年版，第 30 页。

③ 中共中央宣传部、国家发展和改革委员会编：《习近平经济思想学习纲要》，人民出版社、学习出版社 2022 年版，第 115 页。

端，享受较高的利润率。也就是说，如果没有大量的生产劳动投入实体经济中，再生产各部门之间就会比例失调，就会一直在产业链条的低端中打拼，在“微笑曲线”的底端摸爬，停留在附加值最低的制造环节而占领不了附加值高的研发和销售这两端。

19 世纪中叶是蒸汽、煤、铁和铁路的时代，英国号称“世界工厂”，世界上的出口产品绝大部分由英国生产。1880 年，英国制造的产品占到世界总量的 23%，而法国、德国和比利时一共才占到 18%。[①] 制造业是英国成为当时工业强国的基础。发展实体经济除了优化实体经济结构、加大技术改造创新、优化劳动组织等措施外，更重要的一点就是要通过外力赋能、产业融合创造出新的增长点。第四次工业革命的浪潮下，西方国家为了重现经济繁荣之态，纷纷采用再工业化和制造业回归战略，力求通过新能源、物联网等技术加快对传统制造业的改造转型升级。对于我国而言，当前必须大力发展先进制造业为代表的现代化产业体系，使得产品可以在市场上顺利完成“惊险的一跃”，从而打通扩大再生产的整个环节，进而畅通国民经济循环，形成全球竞争新优势。[②]

制造业是国民经济的主体，也是数字时代科技创新的主战场。产业数字化能够带动国内价值链主体积极参与运行机制革新活动，提高横纵两向流通、制造业之间的融合协同度，降低生产成本，扩大相关产业生产规模并增进产业间分工联系，在深层次上增加国内价值链分工的紧密度和复杂度。[③] 发达国家纷纷制定了数字技术推动制造业转型升级计划，如德国的“工业 4.0”战略、美国的“国家机器人计划 2.0”、日本的

① 罗伯特·C.艾伦：《全球经济史》，陆赟译，译林出版社 2023 年版，第 47 页。

② 周文、冯文韬：《经济全球化新趋势与传统国际贸易理论的局限性——基于比较优势到竞争优势的政治经济学分析》，《经济学动态》2021 年第 4 期。

③ 洪银兴、任保平：《数字经济与实体经济深度融合的内涵和途径》，《中国工业经济》2023 年第 2 期。

《日本制造业白皮书(2018)》以及韩国的“智能机器人基本计划”等,都将人工智能特别是工业机器人作为未来制造业转型升级的重点领域。可以说,数字时代,中国面临着弯道超车的重大机遇,也面临着与发达国家科技差距不断拉大的风险,同时自身还存在一些体制性、结构性的瓶颈,中国必须大力促进数字经济与实体经济的深度融合,提高实体经济的现代化水平。

绿色化发展是制造业进一步发展的目标和方向。党的二十大报告强调要“推动制造业高端化、智能化、绿色化发展”①。全球电子可持续发展倡议组织发布的报告显示,ICT(information and communication technology,信息与通信技术)将通过赋能其他行业,帮助减少全球20%的碳排放,有助于建立起包括绿色产品设计、产品全生命周期管理、绿色工厂、绿色供应链在内的绿色制造体系,将从源头推动“零碳”发展,最大程度地实现节能降碳。从服务业的角度上来看,数字经济与实体经济融合减少了服务商品生产、交易和消费过程中的资源消耗,共享经济、分享经济等新商业模式充分调用了闲置资源、存量资源和公共资源,从而构筑起平台企业、厂商和消费者三方共赢的绿色消费模式。

(三)好的产业政策有利于加快形成新质生产力

美国经济学家威廉·伊斯特利在《经济增长的迷雾:经济学家的发展政策为何失败》一书中指出:“要抓住技术跨越的这一机会,需要有一定的技术水平、基础设施、以前的技术经验和良好的政府政策。”②一个国家实现工业化的成功需要靠政府和市场参与者的集体行动来解决在市场创造和公共产品

① 习近平:《高举中国特色社会主义伟大旗帜　为全面建设社会主义现代化国家而团结奋斗——在中国共产党第二十次全国代表大会上的报告》,人民出版社2022年版,第30页。

② 威廉·伊斯特利:《经济增长的迷雾:经济学家的发展政策为何失败》,姜世明译,中信出版社2016年版,第161页。

提供方面所面临的巨大社会成本问题，否则就会出现“市场缺失”、“市场协作失灵”和不同发展阶段的“发展陷阱”。[①] 克里斯托夫·弗里曼提出的国家创新系统理论中同样支持了这一观点，他认为，“国家创新系统”可以被描述为这样一种由公共和私人部门共同构建的网络，一切新技术的发起、引起、改良和传播都通过这个网络中各个组成部分的活动和互动得到实现。[②]

形成新质生产力需要一个稳定、开放、公平、有序的市场环境，以确保资源的高效配置和产业的健康发展。但是，统一大市场从来不是免费提供的，更不是天然就存在的。市场这一昂贵的公共品的建立和运行需要消耗大量的资源和资金，包括市场监管机构的建设和维护、信息公开和透明度的保障、交易规则的制定和执行等。[③] 安格斯·迪顿也指出，富裕国家和贫困国家都有着技术与知识，但是“要想让生产像富裕国家那样运转起来，穷国也必须拥有富裕国家那样的基础设施，比如公路、铁路、电信、工厂、机械等”[④]。这些公共基础设施往往只能通过政府以国家财政的方式投资建设。

西方产业发展史同样证明了这一点，发达国家一直在利用国家政权力量为战略性产业和未来产业发展营造有利的外部环境。在西方国家的工业化起步阶段，同样是依靠关税保护、出口退税、政策补贴、政府投资等政府干预方式扶持幼稚产业。比如在 1688 年光荣革命之后，英国的工业革命才走上正轨。1894 年和 1911 年，日本恢复本国关税的自主权后立即

---

① 文一：《伟大的中国工业革命：发展政治经济学一般原理批判纲要》，清华大学出版社 2016 年版，第 138 页。

② 克里斯托夫·弗里曼：《技术政策与经济绩效：日本国家创新系统的经验》，张宇轩译，东南大学出版社 2008 年版，引言与提要。

③ 周文、李亚男：《建设全国统一大市场的政治经济学分析》，《改革与战略》2022 年第 6 期。

④ 安格斯·迪顿：《逃离不平等——健康、财富及不平等的起源》，崔传刚译，中信出版社 2014 年版，第 194 页。

提高税率以保护本国工业。到 20 世纪 20 年代，日本的银行体系完全成熟，足以为工业发展提供资金；此外，日本还保留了针对性的工业政策。事实证明，各种政策工具的综合使用对于促进日本重工业的发展非常有效。①

美国政府在支持产业科技研发和竞争力提升方面同样起着举足轻重的作用。从 20 世纪中叶开始，《科学——无止境的前沿》《大学和小企业专利程序法》《科学与国家利益》以及《美国国家创新战略》等科技领域政策相继发布，成为不同时期引导美国基础研究与科技创新协同效应提升与价值创造的标志性举措。1994 年，在克林顿政府发布的《科学与国家利益》中，美国首次就科学政策发表了总统宣言，明确了美国科学发展的五大目标，并首次强调了政府在科学技术发展中所起到的作用。2022 年 8 月，美国公布的《芯片与科学法案》更是给予芯片行业高达 527 亿美元的补贴，还包括向美国投资半导体工厂的企业提供 25%的税收抵免优惠，相关政策涉及的总金额达 867 亿美元，以期通过科技创新驱动经济增长，为未来的经济繁荣和生产力发展奠定坚实基础。

四、新质生产力塑造国家竞争优势的几个理论误区

当前关于新质生产力的研究中对新质生产力与国家竞争优势之间的关系认识还不够充分，还存在理解误区，例如否认政府推动科技创新形成新质生产力的重要作用、忽视实体经济发展、固守静态比较优势理论等。因此，需要进一步对相关理论误区进行剖析，以期厘清争议，促进新质生产力的形成和发展。

（一）完全市场化

在制度学派的学者看来，国家仅是控制暴力和提供社会

① 罗伯特·C.艾伦：《全球经济史》，陆赟译，译林出版社 2023 年版，第 133 页。

秩序的工具。德隆·阿西莫格鲁和詹姆斯·A.罗宾逊在合著的《国家为什么会失败》一书中特别强调,包容性的经济制度通过保护产权,创造公平竞争的环境,鼓励投资于新技术和新技能。但是除此之外,他们认为国家的角色仅限于创建和维护包容性的经济制度,并为市场机制“提供便利”。很明显,他们不相信政府能够成功地实施发展战略。到目前为止,绝大多数制度经济学家对于积极的、干预主义的政府政策对经济活动可能产生的“有利”影响缺乏明晰的、系统的认识,认为政府政策只关注“把价格搞对”就可以了。[①] 但实际上,政府政策除上述作用外,还应该是发展中国家消除或克服市场失灵、解决市场缺失和市场创造者缺失的有效工具和强大社会力量。

20 世纪中叶,由于科技的进步,拉美地区曾经历快速发展的辉煌。但是由于深受西方现代化理论影响,拉美地区随后陷入“发展陷阱”。外国投资更多地流入了那些最不需要外国投资的相对发达的国家,因为这些国家的市场机会和必要技术优势明显。而且,外国投资者并非总是创建国内企业家无法建立的企业,更常见的是接管现有企业。那些被接管的企业一般不是弱小或管理不当的企业,而是有可能成为龙头企业且最有活力的国有企业。[②]

在科技创新活动中,一方面,企业研发存在溢出效应、专属性、发展滞后性等局限;另一方面,基础研究路径选择和市场范式形成往往也存在巨大的不确定性。因此,新技术在产业化的过程中往往无法跨越这些鸿沟,夭折于创新的“死亡之

① 皮尔·弗里斯:《国家、经济与大分流:17 世纪 80 年代到 19 世纪 50 年代的英国和中国》,郭金兴译,中信出版社 2018 年版,第 13 页。

② 约翰·希恩:《拉丁美洲的发展模式:贫穷、压制与经济策略》,杨洁译,中国社会科学出版社 2019 年版,第 144 页。

谷”①。投资人只有对未来增长领域充满信心时才会去投资。政府的责任，就是通过合适的手段刺激新兴经济活动领域吸引投资和企业家创业，特别是那些有可能形成比较优势的领域。此时政府采取信贷、税收、政府补贴和市场竞争机制等手段，可以为企业提供一定的风险保障和风险补偿。因此，在科技创新活动中要充分发挥政府产业投资基金的引导作用，形成对社会资本加大投入的带动力；同时积极鼓励金融机构和资本市场加大对实体经济、民营企业的支持力度，形成有效的外部助力。

可以预见，中国的科技强国建设不但面临以欧、美、日、韩为主的创新型国家第一集团的激烈竞争，而且极可能需要同时应对来自以印度为代表的新兴经济体的快速追赶和直接竞争。② 因此，加快形成和发展新质生产力需要“充分发挥市场在资源配置中的决定性作用，更好发挥政府作用”。如果说只要依靠市场规律的自发运转就可以发挥资源要素禀赋的比较优势从而实现增长，相较之下，构建起具有竞争优势的新质生产力则更需要政府主动参与其中更好发挥作用。正如费尔普斯在《大繁荣》一书中所认为的：“创造力和远见这样的资源存在于所有人类经济体中，但在历史上，某些国家并不能或不愿动员这些资源，还有些国家在动员了一段时间之后没能继续下去。”③

（二）产业空心化和过度金融化

马克思和恩格斯指出，虚拟资本“在 50 年代先是导致了

---

① 乔纳森·格鲁伯、西蒙·约翰逊：《美国创新简史：科技如何助推经济增长》，穆凤良译，中信出版社 2021 年版，第 106 页。

② 陈劲：《加快推进科技自立自强》，《群言》2021 年第 1 期。

③ 埃德蒙·费尔普斯：《大繁荣：大众创新如何带来国家繁荣》，余江译，中信出版社 2018 年版，第 38 页。

前所未有的工业繁荣，然后又引起了1857年的崩溃”①。伴随资本主义经济长期停滞，资本最大程度攫取剩余价值的内在本性决定了产业资本将会转移至金融等高盈利行业，或者驱使产业转移至其他高利润国家（地区）。② 产业空心化最为直接的表现就是第二产业从业人员的比重在不断地下降。世界银行数据显示，主要发达国家的第二产业从业人数比重自1990年以来不断下降，但是金融业发展却呈现出过热趋势，国内信贷占国内生产总值比重居高不下，大量资金流入金融等虚拟产业，实体经济发展受限。美国等发达国家还积极推动产业资本向海外转移，即生产全球化进程，以此缓解生产过剩导致的经济停滞危机等。同时，信息技术有助于增加产业资本的流动性与灵活性，为产业资本的“离本土化”等提供重要的技术基础与物质支撑。发达国家产业空心化与滞胀危机大致同时出现，这不是历史的巧合，而是历史的必然。

西方经典产业结构理论存在强调服务业比重越大、现代化程度越高的错误认识，单纯将诸如发达的金融证券业以及房地产业等虚拟经济作为现代化经济的标志，认为虚拟经济越发达，经济现代化程度就越高。然而，脱离实体经济支撑的虚拟经济无法创造物质财富，过度发展虚拟经济并不能推动社会生产力的提高进而实现现代化，反而会加剧经济的泡沫化。发展中国家如果盲目按照根据西方现代化发展经验归纳的现代产业结构理论，刻意降低制造业产业比重，不顾自身实际大力发展服务业和虚拟经济，不仅无法有效解决其面临的发展动能激发、国内消费提振、产业转型升级等问题，而且会导致经济不断“脱实向虚”。“资本流遍全球，利润流回西方”

① 中共中央马克思恩格斯列宁斯大林著作编译局编译：《马克思恩格斯文集》第七卷，人民出版社2009年版，第460页。

② 朱东波、常卉颉：《产业空心化的马克思主义经济学研究》，《当代经济研究》2020年第11期。

描述的正是发展中国家远离制造业和技术创新，陷入更深层次“发展陷阱”的境况。

习近平总书记指出：“金融和实体经济是共生共荣的关系。实体经济是金融的根基，金融是实体经济的血脉，为实体经济服务是金融的天职。”[①]马克思在《资本论》中指出，“信用制度加速了生产力的物质上的发展和世界市场的形成”[②]。在马克思看来，扩大再生产的实现形式是剩余价值的资本化，即资本积累。而信贷资本通过参与资本积累总过程和利润率的平均化从剩余价值中分割利息收入。若要使金融和信贷资本产生促进经济发展和生产力进步的积极作用，必须推进资本积累服务于物质再生产。如果形成金融寡头垄断了金融信贷，脱离了物质资料再生产，则金融资本就会损害实体经济，破坏社会生产力的发展。社会生产力是一个有机的系统，从生产力构成要素到要素相互作用再到产生新的产品，社会生产力在自己的系统中循环不已、呈螺旋上升式地向前发展。只有社会生产的两大部类——生产资料和消费资料的生产保持平衡发展，社会再生产的条件得以实现，社会产品才能最终转化为新的生产力，才能成为生产力进一步发展的源泉。

（三）静态比较优势理论

比较优势原理诞生后一直存在争议：一方面，贸易自由主义者将其奉为圭臬；另一方面，贸易保护主义者诟病其为万恶之源。大卫·李嘉图从静态视角出发，认为根据比较优势实行专业化分工并开展自由贸易是国家的最优选择。赫克歇尔和俄林在李嘉图比较优势理论的基础上进一步加入了资本要素，对贸易利益来源进行了更细致的刻画：根据不同的要素禀赋结构与要素相对价格，相同技术水平下的技术结构差异使

① 习近平：《习近平著作选读》第一卷，人民出版社2023年版，第614页。

② 中共中央马克思恩格斯列宁斯大林著作编译局编译：《马克思恩格斯选集》第二卷，人民出版社2012年版，第572页。

两国形成了各自比较优势，此时按照“出口丰裕要素密集型产品、进口稀缺要素密集型产品”的准则进行贸易，可以使两国都获得比较利益。其实质是强调，各国在资源禀赋上存在差异，应生产具有资源禀赋优势的产品。但是在现实中，许多发展中国家之所以无法进入发达国家的行列，恰恰是因为遵循了比较优势理论这种贸易原则，没有建立自己的制造业体系。① 正如斯蒂格利茨指出的：“关税结构旨在鼓励非洲国家生产原材料，而不是生产附加值更高的产品，而这些被设定为发达国家分内的工作。”②

历史证明，没有任何一个国家能够只依靠一种产业实现民富国强，多产业共同协作构成的制造业体系才是立国之本。许多发展中国家在试图进行工业化改造时，面临的不仅仅是关税、投资的劣势，还有技术积累薄弱的局面。发达国家除了以往的贸易关税、金融垄断手段外，还利用技术垄断来遏制发展中国家的技术升级，阻断正常的技术转移。随着跨国互联网垄断巨头崛起，产品内分工网络化发展迅猛，技术垄断成为新的垄断形式。③ 当前，无论是芯片还是整个半导体产业，以美国为首的西方国家对中国高科技企业的打压范围涵盖了从开发设计、软件平台、硬件到市场销售等全过程，同时还对其他国家与企业施压，要求联合放弃中国科技企业的产品与服务。从2019年特朗普政府签署的“美国人工智能倡议”到2022年拜登政府发布的《国家安全战略》，对半导体的限制从最初的关税措施扩大到现今的出口管制、投资审查、芯片联盟等长臂管辖，美国不断限制外国企业对华出口，全方位阻挠中

① 周文、包炜杰：《经济全球化辨析与中国道路的世界意义》，《复旦学报（社会科学版）》2019年第3期。

② 约瑟夫·斯蒂格利茨：《全球化逆潮》，李杨、唐克、章添香等译，机械工业出版社2019年版，前言。

③ 周文、杨正源：《中国式现代化与西方现代化：基于比较视角的政治经济学考察》，《学习与探索》2023年第11期。

国半导体产业发展①。

在全球产业链分工中，我国一度以比较优势理论推进以市场换技术，没有自主掌握制造业关键环节中的一些核心技术，加工贸易处于全球产业链和价值链的低端环节，国内市场主体的研发能力不高，产业的配套能力较弱。随着发达国家“高端回流”、发展中国家“中低端分流”的双重挤压，“世界工厂”加速从我国往其他发展中国家转移，制造企业尤其是贸易加工型企业面临巨大的转型升级压力。也就是说，通过要素禀赋获取比较优势并攀升价值链的空间越来越小，创新在重塑比较优势中的作用越来越大。当前我国在芯片等关键技术产业上受制于人的“硬伤”，恰恰是由于我国这些产业长期遵循比较优势，大力发展组装等价值链中下游环节，核心技术一直无法突破。

五、以新质生产力塑造国家竞争优势的关键突破口

形成新质生产力是塑造国家竞争优势的内在要求和必然选择，当前中国必须继续写好创新这篇大文章，推动新质生产力加快形成。具体而言，要加快构建新型举国体制，强化形成新质生产力的制度保障；促进数字经济与实体经济深度融合，激发形成新质生产力的创新动能；构建完善的现代化产业体系，筑牢形成新质生产力的产业根基；打造世界一流企业，激发形成新质生产力的各类市场主体活力。

（一）加快构建新型举国体制

关于新质生产力与新型举国体制之间的关系前文已有专题论述，这里进一步分析新型举国体制的保障作用。对于中国而言，庞大的市场规模、完备的产业体系、多样化的消费需

① 杨超、李伟、贺俊：《美对华半导体管制的趋势、实施要点与中国因应》，《产业经济评论》2024 年第 2 期。

求与互联网时代创新效率的提升相结合，为新质生产力的形成提供了广阔空间，而形成新质生产力需要有效市场和有为政府相协同的新型举国体制给予保障。[①] 在有效市场的一面，要发挥市场在塑造产业、配置资源过程中的决定性作用。研发项目的技术和产品创新交给企业主体来定方向和落实，创新投融资由市场主体自主决策和承担风险，创新的扩散采纳最终取决于广大消费者。在有为政府的一面，需要继承传统举国体制由政府集中力量办大事的核心特点——聚焦于特定产业、目标明确且由政府专设统筹协调机构、多方调度大量资源，进行产业的创新和追赶。

科技史证明，谁拥有了一流创新人才、拥有了一流科学家，谁就能在科技创新中占据优势。新质生产力所孕育的战略性新兴产业和未来产业都是知识密集型行业，对于各类知识型人才和高端人才的需求量很大。在有效市场的一面，要坚持市场主导，尊重市场规律和人才成长规律，充分发挥市场在人才配置中的作用，让人才顺畅有序流动、合理配置，形成人尽其才、才尽其用的良好局面，让各类人才的创造活力竞相迸发、聪明才智充分涌流。在有为政府的一面要培养造就更多科技领军人才和创新团队，培养具有国际竞争力的青年科技人才后备军。实施科技创新的激励制度，让优秀科技创新人才得到合理回报，释放各类人才创新活力；实施科研时间的保障制度，让科研工作者能够“轻装上阵，潜心聚力”。

形成新质生产力必须强调高水平科技自立自强。对于国家而言，在重大科技创新领域，如航天系统、高铁技术、量子通信、人工智能和工业互联网等领域，不仅仅需要单纯的技术创新，更需要从国家中长期发展战略入手，实现科技战略、教育战略、产业战略与金融战略、人才战略、外交战略的有机整合，

① 周文、李吉良：《新型举国体制与中国式现代化》，《经济问题探索》2023年第6期。

通过战略视野驱动各要素的横向整合和纵向提升，为科技创新提供源源不竭的动力。

因此，发挥新型举国体制优势，提高科技创新能力，必须在明确政府与市场分工的基础上加强二者的协同配合。要打通科研院所、工厂生产线和资本市场之间的阻隔，形成“科技—产业—金融”的良性互动，最大限度地释放产业创新活力，激发生产力增长潜力，从而塑造坚实的国家竞争优势。

(二)促进数字经济和实体经济深度融合

19世纪末期以后的第二次工业革命使得日本、韩国等少数后发国家实现了对西方国家的追赶与趋同。对后发国家来说，工业制造是科技进步的基础，世界上没有哪个技术创新大国不是制造业大国。当前，信息技术和产业发展深度融合，数字产业化和产业数字化进程加快，新产业、新业态、新模式不断涌现，数字经济已经成为各国抢占发展制高点、打造国际竞争新优势的重要抓手。这一形势也为我国产业发展提供了难得机遇，加快促进数字经济和实体经济的深度融合对于我国构建现代化产业体系、形成新质生产力意义深远。

加快促进数字经济和实体经济的深度融合必须大力推进数字产业化和产业数字化。数据要素是数字经济发展的核心“软件”支撑，数字基础设施则是数字经济发展的“硬件”支撑①。因此，在推进数字产业化和产业数字化时，要强化高质量数据要素供给、加快数据要素市场化流通、创新数据要素开发利用机制，不断加快信息网络基础设施建设，推进云网协同和算网融合发展。为产业发展提供信息技术平台，加速生产要素、产品研发、技术创新及市场方面合作共享与交互融合，不仅能提高经济活动中各环节信息资源利用率，还能进一步优化资源配置，降低各部门的运营成本。这样可以推动产业

① 周文、叶蕾：《数字经济与中国式现代化：理论逻辑和实践路径》，《消费经济》2023年第5期。

链上下游企业数字化转型，促使各类产业融合发展，进而驱动新质生产力形成。

在数字经济和实体经济的深度融合中，数字金融发挥了重要作用。在以间接融资为主的传统金融体系下，中小企业“融资难、融资贵”的现象较为普遍。数字金融可以通过线上化、智能化的方式，缩短融资周期，降低实体企业融资成本，进而扩大再生产。数字化的经营模式也使金融服务突破地理限制，降低金融门槛，实现更广阔的金融覆盖和更高的服务效率，从而促进实体企业技术创新的数量增长和效率提升。政府应科学引导金融机构，为数字金融支持实体经济的健康发展提供良好的制度环境，让企业有更多的信息去识别有价值的项目，提高创新活动转化为收入的可能性，降低融资成本，从而提升企业技术创新的数量和质量。

数字经济发展所衍生出的电商消费新形式，可有效提高市场供需匹配效率，优化就业结构，完善收入分配制度，进而推动实体经济转型升级。

在数字平台发展方面，应解决好生产、经营、流通、服务等各环节的衔接问题，提高生产与服务效率，重塑产业分工协作新格局。在鼓励平台企业做大做强的同时，厘清平台企业权益与责任的边界，建立全周期的监管体系，形成规范而周密的负面清单管理制度。[①] 落实反垄断法，及时纠正和制止网络平台滥用市场地位的行为；提高金融、公共服务、安全类互联网平台公司的准入门槛并强化监管，防范和化解平台经济领域社会风险。

（三）建设现代化产业体系

伴随新一轮科技革命与产业革命推进，全球产业链受到严重冲击。为应对复杂的内外部环境，我国需把握产业转移

① 周文、韩文龙：《平台经济发展再审视：垄断与数字税新挑战》，《中国社会科学》2021 年第 3 期。

规律，主动参与全球产业布局调整。深入推进科技创新可以补齐产业链短板，增强产业链供应链自主可控能力，有效应对外部遏制打压和不确定性风险，为提升产业链韧性和安全水平、构建现代化产业体系、形成新质生产力夯实基础。高技术产业是国之重器，是引领整个产业体系创新发展的核心驱动力，可赋能国家经济实现跨越式增长，塑造新的国家竞争优势。根据海关总署公布的2023年我国进出口数据，电动载人汽车、锂离子蓄电池和太阳能电池“新三样”产品合计出口1.06万亿元，首次突破万亿元大关，增长了29.9%①。“新三样”的出口动能展现出我国新的竞争优势。

新质生产力的重要载体是现代化产业体系。如今我国虽已成为“世界工厂”，但产业升级要求的任务非常紧迫。2023年5月5日，习近平总书记在二十届中央财经委员会第一次会议上的讲话中指出，要“高效集聚全球创新要素，推进产业智能化、绿色化、融合化，建设具有完整性、先进性、安全性的现代化产业体系”，要“坚持推动传统产业转型升级，不能当成‘低端产业’简单退出”②。在建设现代化产业体系进程中，要积极打造生物制造、商业航天、低空经济等若干战略性新兴产业，开辟量子、生命科学等未来产业新赛道，广泛应用数智技术、绿色技术，加快传统产业转型升级。

为破解经济效益增长不快、环境污染严重、资源能源消耗高等难题，我国必须以提高自主创新能力为核心，加速构建新型工业、现代农业、现代服务业协调发展的现代产业体系，从而带动区域形成良好的创新氛围与市场竞争环境，优化生产要素配置，并吸引更多资源要素集聚发展，形成产业集群。同时应促进创新资源的双向开放和多向流动，提高我国对创新

① 《国务院新闻办就2023年全年进出口情况举行发布会》，中国政府网2024年1月12日。

② 《加快建设以实体经济为支撑的现代化产业体系　以人口高质量发展支撑中国式现代化》，《人民日报》2023年5月6日第1版。

资源的全球配置能力，最大限度整合利用好全球创新资源。还应支持企业建立全球创新网络，通过主动共同应对粮食安全、能源安全、环境污染、气候变化以及公共卫生安全等全球性挑战等途径，积极参与和主导国际大科学计划和大科学工程，加大国家科技计划对外开放力度，力争成为若干重要领域、重要规则、重要标准的参与者、制定者和引领者。

当前，我国外源性风险和内源性挑战相互交织，因此在攀升全球价值链中上游的过程中，还必须以维护国家安全为核心使命。不仅仅要确保制造业安全，还要充分保障粮食、能源资源、重点产业链供应链的自主可控与安全可靠，在关系国家安全、国民经济命脉的重点产业领域充分布局，不断增强我国在全球分工体系中的主动布局能力和对全球产业链供应链的整合控制能力。

（四）打造世界一流企业

企业是创新的主体，是推动创新的生力军。正如恩格斯所说："社会一旦有技术上的需要，这种需要就会比十所大学更能把科学推向前进。"①企业是创新决策、研发投入、成果转化等环节的参与者和实践者。肯尼斯·阿罗则认为创造性活动需要生产高风险和高成本的科技知识。健全的知识产权保护政策能够保障研发创新主体的合法权益，提高技术创新效率，为生产经营管理提供全新技术支撑，促使相关产品及服务量质齐升。通过不断提升产出效率与经济效益，继而驱动产业规模化发展，助推现代化产业体系建设，最终加快形成和发展新质生产力。

加快形成新质生产力，需要增强国有企业活力，深化混合所有制改革，完善与市场规则相适应的现代企业制度，增强国有企业的竞争力和影响力，充分发挥其引领产业升级的作用。

---

① 中共中央马克思恩格斯列宁斯大林著作编译局编译：《马克思恩格斯选集》第四卷，人民出版社2012年版，第648页。

目前，我国国有企业在载人航天、特高压输电以及高速铁路等领域的核心技术创新已经达到了国际前沿水平。在形成新质生产力进程中，大型国有企业要勇挑重担、敢打头阵，勇当原创技术的“策源地”、现代产业链的“链长”。高难度的科技产业创新更多需要现代国有企业来承担。[①] 很多大型国有企业作为产业链的龙头，有推动上下游、产供销衔接运转的能力，可使整条产业链的技术供给更好地面向市场、面向国家重大战略需求，因此国有企业有能力也有责任发挥重大作用。

加快形成新质生产力，不仅要有大型的国有企业与龙头企业，还要从广大民营企业中挖掘与培育一大批专精特新的“小巨人”企业，打造行业“单项冠军”或“隐形冠军”。富有创新活力的民营企业一直是我国科技创新的重要生力军，能够与国有企业形成“强协同、松耦合”的研发联合体，通过强化专业合作配套能力，共同实现发展。要通过减税降费、健全融资支持制度等方面的政策措施，切实解决民营企业尤其是中小微企业面临的一系列发展难题，进一步营造激励创新投入的良好税制环境；同时也要积极营造尊重和鼓励企业家创新创业的社会环境，更好地激发、保护、弘扬企业家精神，为新质生产力积蓄持续发展的新动能。

① 贾根良：《国有企业的新使命：核心技术创新的先锋队》，《中国人民大学学报》2023 年第 2 期。

第七章
新质生产力与民营经济发展

科技创新是先进生产力的重要构成因素，作为推动产业转型升级和高质量发展的重要主体，民营经济在促进生产力发展进步方面具有突出作用。我国高度重视民营经济的作用，2023 年发布了《中共中央国务院关于促进民营经济发展壮大的意见》《国家发展改革委等部门关于实施促进民营经济发展近期若干举措的通知》等一系列文件，进一步提振民营企业发展信心、助力民营经济健康发展。在此背景下，探寻民营经济与新质生产力之间的互动关系，有利于更好发挥民营经济在发展新质生产力过程中的重要作用，同时也有利于以新质生产力推动民营经济发展质量和效益的提升。

一、我国民营经济助力生产力发展的历史进程

在我国，民营经济的发展始于改革开放战略的全面实施，改革开放的推进过程同民营经济的发展历程高度一致。改革开放以来，为满足在社会主义初级阶段解放和发展生产力的现实需要，我国民营经济逐渐发展壮大，并在新时代迈入高质量发展阶段，成为当前培育新质生产力的先行力量。

（一）恢复发展期（1978—1991 年）：解放生产力的有力抓手

改革开放前，我国经济体制以公有制经济为主体，国有企业在国民经济中占据主导地位，民营经济受到限制。1978 年，

关于真理标准问题的大讨论在全国范围内展开，由此拉开思想解放运动的序幕。随后召开的十一届三中全会便从当时的现实情况出发，作出将全党的工作重点转移到社会主义现代化建设上来的重要决定，更加注重促进社会生产力的发展进步。此后，党中央看到了民营经济在增强经济活力、促进生产发展方面的积极作用，在推进改革发展实践的过程中逐步廓清了民营经济的根本性质，明确提出“社员自留地、家庭副业和集市贸易是社会主义经济的必要补充部分”①，“一定范围的劳动者个体经济是公有制经济的必要补充”②。在明确民营经济根本性质的基础上，国家又出台政策鼓励和扶持个体经济适当发展，同时以法律形式明确提出“保护私营经济的合法的权利和利益”③，并在1991年召开的全国经济体制改革工作会议中强调要建立以社会主义公有制为主体、多种经济成分共同发展的所有制结构。这种鲜明的政策导向使我国民营经济逐渐得到恢复和发展。

改革开放前期，由于国家经济政策的调整，民营经济的合法性得到确认，成为我国调动经济活力、解放生产力的有力抓手。虽然民营经济发展过程中有些波动，但改革开放以来我国民营经济的整体发展态势是良好的。1978年至1991年间，国民生产总值总体保持较快增长，与改革开放以来民营经济的发展高度耦合。截至1991年年底，个体经济方面，全国登记注册的个体工商户为1416.8万户，从业人员达2258万人，注册资金为488.2亿元，个体商业、饮食业、服务业、修理业等行业的营业额为1798.2亿元；私营经济方面，全国登记注册私

① 中共中央文献研究室编：《三中全会以来重要文献选编》上，中央文献出版社2011年版，第7页。

② 中共中央文献研究室编：《三中全会以来重要文献选编》下，中央文献出版社2011年版，第169页。

③ 中共中央文献研究室编：《十三大以来重要文献选编》上，中央文献出版社2011年版，第183页。

营企业为 10.8 万户，从业人员达 183.9 万人，注册资金为 123.2 亿元，私营商业、饮食业、服务业、修理业等行业的营业额为 68 亿元。[①] 由此可见，这一时期，民营经济作为公有制经济的必要的、有益的补充，为我国创造了大量就业岗位，个体、私营工商业的初步崛起也推动着经济活力与生产力的不断释放。

（二）快速成长期（1992—2011 年）：推动生产力发展的重要基础

20 世纪 90 年代初，民营经济和其他非公有制经济的不断发展在全国范围内引发了重大争论。面对事关国家根本性质的理论分歧，以及国民经济发展面临的现实挑战，邓小平于 1992 年发表了著名的“南方谈话”。邓小平强调，“计划和市场都是经济手段……社会主义的本质，是解放生产力，发展生产力，消灭剥削，消除两极分化，最终达到共同富裕”[②]。由此，实行改革开放和利用市场经济手段解放和发展社会主义国家生产力的正当性得以确认。此后，党的十四大明确提出社会主义市场经济体制是我国经济体制改革的目标，强调“在所有制结构上，以公有制包括全民所有制和集体所有制经济为主体，个体经济、私营经济、外资经济为补充”[③]。在此基础上，党的十五大进一步将“公有制为主体、多种所有制经济共同发展”[④]上升为我国在社会主义初级阶段的基本经济制度，非公有制经济的合法地位得到进一步巩固。在以制度形式明确民营经济的定位后，党和国家又采取放宽市场准入、营造良好环境、落实财税支持、改善政府服务、推进国际合作等一系列政策措施鼓励、支持和引导其健康发展。在这种良好的政策与

① 王海兵、杨蕙馨：《中国民营经济改革与发展 40 年：回顾与展望》，《经济与管理研究》2018 年第 4 期。

② 邓小平：《邓小平文选》第三卷，人民出版社 1993 年版，第 373 页。

③ 江泽民：《江泽民文选》第一卷，人民出版社 2006 年版，第 227 页。

④ 江泽民：《江泽民文选》第二卷，人民出版社 2006 年版，第 117 页。

制度环境下，民营经济迎来了新的发展机遇，成为社会主义市场经济的重要组成部分。

“南方谈话”发表以后的20年间，我国民营经济的活力得到极大释放，推动我国生产力快速发展。截至2011年底，全国登记注册的私营企业和个体工商户分别为967.7万户和3756.5万户①，说明与改革开放初期相比，我国民营企业数量大幅增长。而且，随着民营经济的蓬勃发展，其财税贡献也相应增加，为国家提供了许多新的经济增长点。步入21世纪以后，民营经济的税收增速整体高于全国平均增长速度，占全国税收收入的比重也呈上升趋势。2011年，我国个体经济和私营企业的税收总收入高达13553.83亿元，占全国税收收入的14.2%②。由此可见，这一时期，在国家相关政策与制度的鼓励、支持和引导之下，民营经济把握机会实现迅猛增长，成为我国促进生产力进一步发展的关键着力点与开展经济社会建设的有力支撑。

（三）转型腾飞期（2012年至今）：促进生产力发展进步的重要主体

步入新时代，民营经济作为我国经济社会发展的重要基础，成为优化经济结构、提升发展质量的动力源泉。2012年，党的十八大报告提出“毫不动摇鼓励、支持、引导非公有制经济发展，保证各种所有制经济依法平等使用生产要素、公平参与市场竞争、同等受到法律保护”③，重申了民营经济在社会主义初级阶段的重要地位及国家的积极政策导向。2018年，习近平总书记又在民营企业座谈会上明确提出“民营经济是我

① 中华人民共和国国家统计局编：《中国统计年鉴2012》，中国统计出版社2012年版，第135—136页。

② 黄孟复主编：《中国民营经济发展报告No.9（2011～2012）》，社会科学文献出版社2012年版，第74页。

③ 胡锦涛：《胡锦涛文选》第三卷，人民出版社2016年版，第629页。

国经济制度的内在要素，民营企业和民营企业家是我们自己人”①的重要论断，为民营经济在新时代的转型与腾飞提供了良好发展环境。而且，在新发展理念的引领下，国家更加注重发挥民营经济在促进增长动能转换与产业转型升级方面的突出价值。2023年，《中共中央国务院关于促进民营经济发展壮大的意见》明确提出“支持提升科技创新能力”“加快推动数字化转型和技术改造”“鼓励提高国际竞争力”②等旨在推动民营经济实现高质量发展的意见措施。经过改革开放以来40多年的发展，我国日益壮大的民营经济具备了“五六七八九”的鲜明特征，即贡献了50%以上的税收，60%以上的国内生产总值，70%以上的技术创新成果，80%以上的城镇劳动就业，90%以上的企业数量。截至2023年9月底，全国登记在册的民营企业数量超过5200万户，在企业总量中的占比达到92.3%③，成为推动国家发展进步的重要力量。

总体而言，改革开放以来，民营经济由社会主义市场经济的“有益补充”转变为“重要组成部分”，在解放发展生产力、促进创新、增加就业、改善民生等方面发挥了不可替代的作用。步入新时代，党和国家聚焦民营经济的高质量发展，致力于使之在推进供给侧结构性改革、建设现代化经济体系等方面发挥出更大积极作用。在此背景下，作为市场竞争的重要主体、科技创新的驱动力量和产业转型升级的动力支持，民营企业将在发展新质生产力的过程中以微观载体的形式继续发挥积极作用，成为以新质生产力推动高质量发展的重要依托。

---

① 习近平：《在民营企业座谈会上的讲话》，《人民日报》2018年11月2日第2版。

② 《中共中央国务院关于促进民营经济发展壮大的意见》，《人民日报》2023年7月20日第1版。

③ 林丽鹂：《前三季度新设民营企业增长15.3%》，《人民日报》2023年11月15日第1版。

二、民营经济高质量发展是加快形成新质生产力的重要力量

改革开放以来，民营经济的蓬勃发展为增强我国发展活力、提升生产效率作出了历史性贡献。步入新时代，民营经济日趋由“扩张”迈向“深化”，更加重视自主创新及新产品、新业态的开拓。根据约瑟夫·熊彼特的界定，创新是企业家对原有生产要素进行重新组合的“创造性破坏的过程”。作为推动高质量发展的重要主体，民营企业因具备创新发展意识、产业创新优势、企业家精神才能等特殊优势而成为促进技术进步、产业转型升级和生产效率提升的重要引擎，发展民营经济对于加快形成新质生产力具有突出作用。

（一）民营企业具有创新发展的天然意识

科学技术是生产力中最活跃的因素，现代生产力的飞速发展主要得益于科技进步。科学技术突破是生产效率变革的重要驱动力，而提升生产效率是塑造市场竞争优势、获取超额利润的关键所在。因此，追求科技创新是民营企业的天然意识，是其在激烈的市场竞争中发展壮大的必然选择。作为社会主义市场经济的重要组成部分，民营经济在发展进程中锐意创新，为我国贡献了70%以上的技术创新成果。步入高质量发展阶段，具有内生创新特质的民营企业也将成为我国培育新质生产力的重要推动力量。

民营企业是市场竞争的重要主体，是充满创新活力的经济细胞。参与市场竞争使民营企业的创新发展具有必要性，善于将科研成果转化应用则使其创新发展具备可能性。

其一，民营企业是市场经济活动的直接参与者，市场竞争的压力倒逼民营企业推进技术创新。与许多在政府扶持下发展起来的国有企业不同，民营企业要在激烈的市场竞争中占据优势地位才能存续发展。为以新产品抢占市场份额、提升

经济效益,民营企业通常注重改进技术条件以提升产品质量、降低生产成本,这使其在客观上具备内生的创新优势与培育新质生产力的巨大潜力。此外,新型劳动者队伍是推动科技创新成果转化为现实新质生产力的主体力量,而民营企业通常注重招收和培养具备创新精神与实践能力的高素质人才,有助于熟练掌握新质生产资料、加快形成新质生产力。而且,民营企业产权清晰、经济利益关系明确,薪酬分配也通常与员工的能力和贡献高度相关,这使其能够凭借创新激励吸引更多优秀科技人才,从而满足培育新质生产力过程中对于新型劳动者的大量需求。

其二,相较于开展基础研究而言,民营企业更注重技术的应用价值,且对市场需求及技术应用场景的了解和把握通常较为充分,这无疑有利于其及时将最新科研成果进行转化应用。民营企业以技术创新驱动自身发展的目的在于降本、增效、提质,从而获取更大的市场份额与更高的经济收益。因此,民营企业在加大研发投入的基础上,还强调形成以市场需求为导向的科研组织模式,注重以技术创新推动产品与服务创新,进而满足市场的最新需求。在加快形成新质生产力的过程中,企业是科技创新的主体,因此培育新质生产力应当将经济因素和市场状况考虑在内,更加注重技术在生产活动中的应用价值。从这一角度来看,民营企业重视科研成果转化应用的特质使其能够依靠技术创新获取经济利益,从而保障自身拥有充足且稳定的研发经费。因此,民营企业具备持续推动创新发展的现实可能性,这使其在客观上拥有培育新质生产力的巨大潜力。

(二)民营企业具备开拓新产品新业态的特殊优势

新质生产力的核心是创新,载体是产业,新技术、新经济、新业态构成理解新质生产力的三重维度。[①] 在社会主义市场经济条件下，以中小企业为主的民营企业有通过产业集群寻求技术创新的内在驱动力，且因其具有经营管理灵活、专业化程度高等优势而成为开拓新产品新业态的关键力量，是培育新质生产力的重要市场主体。

由于市场竞争的外在压力和科研力量有限的自身特质，以中小企业为主的民营企业倾向于通过产业集群合力推动所在行业的共性科技创新[②]。早在改革开放初期，产业集群就成为我国民营企业谋求发展的重要方式。步入高质量发展阶段，产业集群的创新属性更为凸显。在打造创新型产业链的过程中，许多民营企业以原有产业集群为基础，力求在关键设备和关键链点上进行自主创新以实现补链、强链和延链，从而提升市场竞争力。基于单个民营企业创新能力有限的客观现实，相关行业的民营企业往往通过开展技术交流与合作等方式促进开放式创新[③]，这有利于充分发挥创新要素投入的规模经济效应，借助创新型产业集群推动新产品研发与新业态形成。除在产业集群内部就关键共性通用技术主动开展交流合作以外，民营企业之间还存在着激烈的竞争，促使其为抢占市场而不断在新兴技术路线上试错、改良，以开发新技术、新产品、新业态。但由于集群企业之间知识溢出效应的存在，技术相对落后的民营企业能够通过人员流动、设备转移等多种方式以低成本学习和效仿创新先行企业的知识与技术，从而使创新成果较容易地在集群内部逐渐扩散。可见，民营企业之间存在广泛的技术合作与竞争，这使其具备以新技术开拓新

---

① 周文、许凌云：《论新质生产力：内涵特征与重要着力点》，《改革》2023 年第 10 期。

② 钱平凡：《基于产业集群的我国科技创新战略研究》，《经济纵横》2004 年第 3 期。

③ 罗颖、王腾、易明：《开放式创新与产业集群创新绩效的关联机理研究》，《管理学报》2017 年第 2 期。

产品、新业态,并在此过程中形成新质生产力的特殊优势。

除便于借助产业集群促进科技创新以外,以中小企业为主的民营企业经营管理灵活、专业化程度高,具备发展成为专精特新企业的潜质,是支撑新兴产业和未来产业的微观基础。具体而言,一方面,市场发现和处理信息的效率极高,且能借助价格机制反映供需状况,而民营企业的市场化程度高、经营管理灵活,故能及时捕捉市场新动向与供需新情况并据此灵活调整生产和供应链,从而成为新产品、新业态的开拓者。另一方面,民营企业的规模相对较小,多专注于产业链上的某个特定环节。这种聚焦核心主业、精耕细作的专业化生产经营方式有利于民营企业提升创新能力以促进生产效率变革,逐步发展成为专精特新企业。据工业和信息化部统计,截至2023年9月,我国已累计培育专精特新中小企业9.8万家,其中民营企业占比95%左右。在高质量发展阶段,以民营企业为主的专精特新中小企业作为战略性新兴产业和未来产业的基础支撑,将成为培育新质生产力的重要主体。

(三)民营企业管理者具备企业家精神与才能

形成新质生产力的关键在于科技创新,而民营企业是科技创新的重要主体。作为民营企业的管理者,企业家自身的创新精神和经营管理企业的综合才能在培育新质生产力的过程中可作为无形生产要素发挥特殊作用。

企业家精神是企业核心竞争力的重要组成部分,也是激发企业创新活力、推动形成新质生产力的关键因素。精神文化因素对经济社会发展具有重要影响。在企业家精神、才能与生产经营活动的关系方面,马歇尔最早关注到企业家具有顽强的进取心和成功的强烈愿望。约瑟夫·熊彼特则更进一步将企业家视为创新的主体,认为企业家能够通过商业冒险行为重新组合生产要素以获取利润。对于我国民营企业家而言,实现从无到有的创新能力、追求高质量发展的工匠精神和培育全球竞争力的爱国情怀是其共性品质[1]。在激烈的全球化市场竞争中，面对创新活动的高度不确定性，我国民营企业家凭借敢闯敢干的冒险精神和探索进取的竞争意识不断寻求技术、管理、产品、模式等多方面的突破性创新，这有利于推动新质生产力的形成和发展，使我国以高质量发展构筑起国际竞争新优势。

除冒险进取的创新精神之外，民营企业家通常还具备较强的市场敏感度及对市场前景的分析判断能力，这使民营经济在培育新质生产力方面具有先发优势。民营经济的发展与政策条件及营商环境高度相关，在长期发展过程中，我国民营企业家培养了洞察和把握国家政策及商业机会的能力。在习近平总书记发出“加快形成新质生产力”的号召后，民营企业将及时把握机会，通过加大研发投入等方式推动科技创新，从而在培育新质生产力的过程中提升自身发展质量和市场竞争力。而且，与改革开放初期不同，我国的新一代民营企业家往往拥有较为丰富的专业知识与工作经验，加之其善于在推动企业创新发展的过程中不断积累“软知识”[2]，所以，出色的新一代民营企业家通常能够敏锐地捕捉市场机会和空白领域，以关键性、颠覆性技术突破打破约束条件，开发出新产品、新业态、新市场，同时以技术的转化应用反哺科技创新，助力新质生产力的培育。

三、民营经济高质量发展与新质生产力相得益彰的实现路径

改革开放40多年来，我国主要靠减税让利、资源支持、政策优惠等方式促进民营经济发展，并取得显著成效。步入高

---

① 葛宣冲、郑素兰：《新时代民营企业家精神：欠发达地区乡村生态资本化的“催化剂”》，《经济问题》2022年第3期。

② 张维迎：《重新理解企业家精神》，海南出版社2022年版，第30页。

质量发展阶段，“要素红利”逐渐让位于“创新红利”，“政策红利”逐渐让位于“制度红利”[①]。新时代为继续促进民营经济发展壮大，有必要通过科技、产业与制度创新助力民营企业加快发展新质生产力，并以新质生产力培育竞争新优势、蓄积发展新动能、抢占发展制高点，从而赋能民营经济高质量发展。

（一）支持民营企业参与关键核心技术攻关

科学技术在生产过程中的充分应用及对其他生产要素的渗透能够转化为实际生产能力，先进的科技水平由此成为培育新质生产力的核心动力。因此，加快发展新质生产力，并以之推动民营经济高质量发展的锁钥在于健全新型举国体制以有效整合科技创新资源。具体而言，应以坚持党中央对科技工作的统一领导为前提基础，支持鼓励民营企业广泛参与关键核心技术攻关，使民营经济真正成为培育新质生产力、推动高质量发展的主体力量。

经过长期发展，我国许多民营企业已经拥有一定的技术积累和创新基础，具备开展关键核心技术攻关的科技实力。而且，民营企业的参与既有利于集聚力量进行原创性、引领性科技攻关，助力新质生产力的发展，又有助于以新质生产力提升自身的劳动生产率与资本回报率，在市场竞争中获取优势。因此，有必要在以下方面为民营经济创造条件：其一，应进一步破除科技创新领域存在的准入壁垒，落实公平竞争政策，并支持具备创新实力的不同所有制、不同规模企业合作开展关键共性技术攻关，共同助力新质生产力的发展。其二，为规避新兴领域中普遍存在的市场不确定性和技术不确定性等突出问题，应当选取具有一定收益水平和条件相对成熟的科技攻关项目，引导创新能力强、研发水平高的民营企业按规定主动

① 童有好：《营造民营经济高质量发展环境的若干问题及对策》，《经济纵横》2019 年第 4 期。

参与关键核心技术攻关。其三，应大力发展科技金融，加大对民营企业科创融资的支持力度，以鼓励有条件的民营企业根据国家战略需要和行业发展趋势持续加大研发投入，加强应用基础研究，提高科技成果落地转化率，从而实现科技、产业与金融的良性循环。

此外，在为民营企业参与关键核心技术攻关创造良好条件的过程中，应当遴选出一批引领作用大、发展潜力好的民营企业，打造由大型科技领军民营企业和专精特新中小民营企业共同构成的创新型产业集群，并促进集群内企业、研发机构、服务机构等的深度分工协作[①]，使知识、人才、资金等各类创新要素合理流向民营企业，以激发民营经济合力培育新质生产力、共同谋求高质量发展的主动性和创造性。

（二）动员民营企业助推新型工业化与产业现代化

新质生产力的核心是创新，载体是产业。离开作为新质生产力载体的新产业，创新就成为无源之水、无本之木。新产业是生产力变革的具体表现形式，是新质生产力的“物化代表”[②]。广义上的新产业既包括由新技术的推广应用所催生的新兴产业，又包括借助新技术改造传统产业而形成的产业。因此，培育新质生产力要巩固战略性新兴产业、提前布局未来产业，同时也要着力改造提升传统产业，以科技创新引领现代化产业体系建设及战略性新兴产业发展，推进传统生产力向先进生产力的跃升。对于作为产业转型先行力量的民营企业而言，科学技术创新是改造传统产业、打造现代化产业体系的核心依托。因此，各级政府需牵头建立产学研用合作机制[③]，

---

① 李金华：《我国创新型产业集群的分布及其培育策略》，《改革》2020年第3期。

② 余东华、马路萌：《新质生产力与新型工业化：理论阐释和互动路径》，《天津社会科学》2023年第6期。

③ 剧锦文：《民营企业的技术创新：实现高质量发展与形成竞争新优势》，《天津社会科学》2021年第6期。

动员民营企业在助推新型工业化与产业现代化的进程中加快发展新质生产力,并以新质生产力提升自身竞争力,从而促进民营经济的高质量发展。

动员民营企业助推新型工业化与产业现代化的突出着力点在于引导其以关键核心技术赋能传统产业转型升级。因此,首先应综合运用规划引领、政策引导、财税支持等多种方式,适当给予民营企业以创新资金支持、技术改进补贴及税收优惠减免,引导其通过科技创新促进传统产业向高端化、高效能、高质量的集群化方向发展。鉴于民营企业在数字经济领域的突出表现,还应动员其通过推动产业数字化转型促进实体经济与数字经济的深度融合,逐步形成以先进技术为支撑、以民营企业为主体的现代化产业体系与创新型产业集群。其次,应当鼓励行业龙头民营企业联合科研院所及上下游企业共建产业创新平台,以打通科学研究、技术创新和产业转型升级有效对接的关口,提高科技成果的转化水平,使关键性、颠覆性技术突破更好地转化为新质生产力,进而以生产力的跃迁促进民营经济发展质量的提升。最后,要不断完善支持民营企业开展科技创新的服务体系,大力发展包括科技中介、科技咨询、科技评估与知识产权代理、创业与科技融资等在内的科技服务业。为此,除加大财政补贴、给予税收优惠等传统支持方式以外,还可以采用政府购买、服务外包等新型手段加强对科技服务业的政策支持①,从而为民营企业推动新型工业化与产业现代化提供专业化服务,同时实现科学技术与生产力的有效对接,以新质生产力促进民营经济的高质量发展。

(三)引导民营经济布局新兴产业和未来产业

科技进步与产业发展之间存在交互作用关系。一方面,

① 钱龙、蔡书凯:《科技服务业集聚与制造业企业技术创新》,《科研管理》2023 年第 4 期。

产业转型升级的需求驱动科学技术不断进步、革新；另一方面，科技创新能力的累积和原创性成果的应用促进新兴产业和未来产业的持续涌现和发展，以科技创新为核心的新质生产力便与产业新赛道相伴而生。改革开放初期，我国民营企业大多依靠成本优势承接国际加工制造环节转移，产业发展呈现出被动承接、低端嵌入、规模扩张的不发达质态。在利用民营经济培育新质生产力的过程中，需要依托关键性颠覆性技术突破催生新产业、激发新动能，而新能源、新材料、量子信息、基因技术等战略性新兴产业和未来产业具有技术创新密集、跨领域融合发展、增值空间广阔等突出特征，能够为民营经济的高质量发展提供新契机。但是，新兴产业和未来产业的发展面临产品、市场和技术水平的不确定性，且培育周期较传统产业而言更长，其崛起需要多方面的支持。因此，应从政策支持、金融支持、顶层设计等方面引导民营经济合理布局新兴产业和未来产业，并使之在培育新质生产力的过程中提升自身发展质量和水平。

在政策支持方面，应加大对民营经济布局新兴产业和未来产业的科研经费支持和税收优惠力度，以稳定民营企业的发展预期，引导其立足自身已有优势资源谋划布局新兴产业和未来产业。尤其要为专精特新民营企业提供良好的政策环境，积极引导其成长为国内领先的“小巨人”企业，以夯实新兴产业和未来产业的微观基础①。在金融支持方面，既要鼓励银行充分重视民营企业的融资问题，又要有序设立创投基金等新型金融工具以拓展民营企业的融资渠道，支持其合理布局新兴产业和未来产业。具体而言，应督促银行不断推进服务下沉、简化科创项目审批流程，切实减轻民营企业的融资负

① 徐政、郑霖豪、程梦瑶：《新质生产力助力高质量发展：优势条件、关键问题和路径选择》，《西南大学学报（社会科学版）》，2023 年第 6 期。

担。同时,加大对民营科技企业布局新兴产业和未来产业的信贷支持力度,以发展普惠金融等方式支持重点产业链和先进制造业集群内的民营中小微企业融资,以充分发挥其在培育新质生产力方面的突出作用。在顶层设计方面,要引导民营经济差异化布局新兴产业和未来产业,防止其一哄而上开展低水平重复建设,造成资源浪费等一系列问题。此外,应从国家层面倡导民营企业就新兴产业和未来产业积极开展国际合作,充分利用世界范围内的资源、技术和市场,助力我国在培育新质生产力的同时提升民营经济发展质量。

(四)完善支持民营企业培育新质生产力的体制机制

生产关系对于生产力的发展具有能动的反作用,新质生产力的形成和发展需要新的生产关系与之相适应。因此,要培育以关键性、颠覆性技术突破为依托的新质生产力,并以之促进民营经济高质量发展,必须深化创新驱动的体制机制改革,让各类优质生产要素向着加快发展新质生产力的目标顺畅流动和高效配置。而且,制度支持作为推动企业经营模式转型的关键,是研究如何促进民营经济发展壮大的重点所在[①]。为此,应通过建立健全相关体制机制打通民营企业在培育新质生产力方面的堵点和卡点,使其能够在发展新质生产力的过程中合理调配各类创新资源,进而凭借生产力的跃迁实现自身的高质量发展。

其一,坚持公有制为主体、多种所有制经济共同发展的基本经济制度,为民营经济的创新发展提供根本制度保障。在培育新质生产力的过程中,既要毫不动摇巩固和发展公有制经济,又要毫不动摇鼓励、支持、引导非公有制经济发展,以充分发挥民营企业在推动技术创新与产业升级方面的特殊优

① 冒佩华、杨浩宇:《发展壮大民营经济的理论逻辑与现实进路》,《上海经济研究》2023 年第 6 期。

势，助力新质生产力的培育和民营经济的高质量发展。

其二，夯实市场经济的基础制度，构建高水平社会主义市场经济体制，为民营经济培育新质生产力、实现高质量发展提供良好的市场环境。党的二十大报告强调要“完善产权保护、市场准入、公平竞争、社会信用等市场经济基础制度”①，为社会主义市场经济体制的有效运行提供基本保障。落实到支持民营企业发展新质生产力方面，既要健全知识产权保护制度与要素参与收入分配机制以充分调动民营企业开展科技创新的积极性，又要逐步完善市场准入制度与非人格化的竞争机制以破除制约民营企业培育新质生产力的制度障碍，还要建立健全民营企业及时进入和动态退出创新项目的政策机制以稳定民营企业加快培育形成和发展新质生产力的预期。

其三，建立健全中国特色现代企业制度与管理制度，使民营企业得以在培育新质生产力的基础上有序推进自身发展质量提升。应敦促民营企业坚持市场导向、提升管理水平、明晰技术创新产权，以充分调动企业所有者、经营者、劳动者合作开展技术创新、促进产业转型升级的积极性和主动性，使之共同助力加快形成新质生产力和民营经济高质量发展。

① 习近平：《高举中国特色社会主义伟大旗帜　为全面建设社会主义现代化国家而团结奋斗——在中国共产党第二十次全国代表大会上的报告》，人民出版社2022年版，第29页。

第八章
新质生产力与新型工业化

党的十八大以来，习近平总书记就新型工业化一系列重大理论和实践问题作出重要论述，极大丰富和发展了我们党对工业化的规律性认识，为我们推进新型工业化提供了行动指南和根本遵循。2023 年 9 月 22—23 日，全国新型工业化推进大会召开，会上传达了习近平总书记就推进新型工业化作出的重要指示："新时代新征程，以中国式现代化全面推进强国建设、民族复兴伟业，实现新型工业化是关键任务。要完整、准确、全面贯彻新发展理念，统筹发展和安全，深刻把握新时代新征程推进新型工业化的基本规律，积极主动适应和引领新一轮科技革命和产业变革，把高质量发展的要求贯穿新型工业化全过程，把建设制造强国同发展数字经济、产业信息化等有机结合，为中国式现代化构筑强大物质技术基础。"①习近平总书记的重要指示深刻阐述了新时代新征程推进新型工业化的重大意义、重要原则、重点任务，为扎实推进新型工业化、加快建设制造强国、构筑中国式现代化的坚实物质技术基础指明了前进方向、提供了行动指南。我们要准确把握住新型工业化的概念内涵，同时也要充分认识到扎实推进新型工业化与加快形成新质生产力的逻辑关联与重大意义，顺应新

---

① 《把高质量发展的要求贯穿新型工业化全过程　为中国式现代化构筑强大物质技术基础》，《人民日报》2023 年 9 月 24 日第 4 版。

型工业化的发展规律，加快实现高水平科技自立自强，以科技创新引领现代化产业体系建设，前瞻性谋划好战略性新兴产业、未来产业，从而加快形成以科技创新为主导的新质生产力，为全面建成社会主义现代化强国提供坚实的物质技术基础。

一、新型工业化的概念内涵

作为人类现代社会物质生产的主要部门，工业是人类社会分工发展的产物。工业化是从传统农业社会向现代工业社会的转变过程，是现代化的前提和基础。在英国率先爆发的工业革命，成为人类工业时代与现代文明的开端。新中国成立以后，通过开展全面的大规模的社会主义建设，我们开始建立起独立且比较完整的工业体系和国民经济体系；改革开放以来，我们用几十年时间走完西方发达国家几百年走过的工业化历程，形成了全球最完整、规模最大的工业体系，是全世界唯一拥有联合国产业分类中所列全部工业门类的国家。历史和现实都表明，在我们这样一个有着 14 亿多人口的发展中大国推行工业化，既要遵循世界工业化的一般规律，更要立足国情，走中国特色新型工业化道路。我国坚决不走西方国家"先污染后治理"的工业化老路，也不照搬西方国家"先工业化后信息化"的发展模式，而是立足我国实际，充分利用后发优势，开辟出一条跨越式发展与可持续发展的新型工业化道路。我国新型工业化道路是一条坚持以信息化带动工业化、工业化促进信息化，科技含量高、经济效益好、资源消耗低、环境污染少、人力资源优势得到充分发挥的工业化道路。党的十八大以来，习近平总书记就新型工业化一系列重大理论和实践问题作出重要论述，极大丰富和发展了我们党对工业化的规律性认识，为我国推进新型工业化提供了根本遵循和行动指南。

新时代新征程，新型工业化具有新的时代特征和内涵要求：

（一）新型工业化是以新发展理念为引领，将高质量发展要求贯穿始终的工业化

新型工业化是从赶超跨越导向的高速度工业化转向技术创新驱动的高质量工业化。深入推进新型工业化，就必须贯彻新发展理念和高质量发展要求，以推进制造业高质量发展为重心，加快推动我国从制造大国向制造强国转变。

新型工业化是以创新为第一动力的工业化。创新是新型工业化的根本动力，要实现从依靠传统的要素投入所形成的规模性扩张转向创新驱动所引领的高质量发展，就必须走以创新驱动的新型工业化。

新型工业化是以协调为内在要求的工业化。面对我国工业化进程中的发展不平衡不充分问题，只有走新型工业化道路，才能解决工业化进程中区域发展不平衡、产业发展结构不平衡、实体经济与虚拟经济发展不平衡等问题，不断优化重大生产力布局，促进区域协调发展，围绕实体经济推动传统产业与新兴产业、实体经济与虚拟经济协调发展，实现新型工业化与信息化、城镇化和农业现代化的同步发展。

新型工业化是以绿色为普遍形态的工业化。绿色低碳发展是新型工业化区别于传统工业化的本质所在，以高投入、高消耗、高污染所支撑的低水平数量扩张型传统工业化道路难以持续，新型工业化将绿色发展理念贯穿于全链条、全领域和全过程，推动实现生产生活方式的绿色发展转型，加快建立健全绿色低碳循环发展的经济体系。

新型工业化是以开放为必由之路的工业化。高水平开放是推动新型工业化的重要动力。新型工业化要坚持“引进来”与“走出去”并重，统筹国内国际两个市场、用好两种资源，加快构建以国内大循环为主体、国内国际双循环相互促进的新

发展格局。

新型工业化是以共享为根本目的的工业化。推进新型工业化必须坚持共享发展理念，以全体人民共同富裕为目标，让工业化发展成果更多更公平地惠及全体人民。新型工业化不仅能为共同富裕奠定雄厚的物质基础，做大蛋糕，而且更具包容性、普惠性、共享型，更加注重分好蛋糕，在扎实推进新型工业化进程中实现全体人民共同富裕。

（二）新型工业化是更好统筹发展与安全、加快构建新发展格局的工业化

当今世界正经历百年未有之大变局，全球政治经济秩序加速变革，新一轮科技革命和产业变革蓄势待发，大国竞争和国际博弈日趋激烈。新型工业化面对的外部环境更加复杂严峻，风险挑战更加错综复杂，一些关键核心技术仍受制于人，成为影响科技安全、经济安全和国防安全的关键节点，全球产业链供应链不确定性、不稳定性增强，“断链”与“脱钩”风险增大。因此，扎实推进新型工业化，必须要更好统筹发展与安全，增强风险意识，坚持底线思维，增强自主创新能力，推进关键核心技术攻关突破，加快解决“卡脖子”问题，实现高水平科技自立自强；加快提升我国产业链供应链现代化水平，不断提升产业链供应链稳定性和竞争力，着力构建自主可控、安全高效的产业链供应链，以新型工业化逐步化解“卡脖子”“掉链子”风险，增强我国发展的独立性、自主性、安全性，实现高质量发展和高水平安全良性互动。新型工业化既不走过度强调出口导向的外向型发展老路，更不走脱离世界的封闭之路①。面对保护主义抬头与经济逆全球化潮流，新型工业化顺应经济全球化的历史大势，立足全球经济分工合作的客观基础，坚

① 中国社会科学院工业经济研究所课题组：《新型工业化内涵特征、体系构建与实施路径》，《中国工业经济》2023 年第 3 期。

持充分发挥我国超大规模市场优势和强大生产能力优势，统筹国内国际两个市场、用好两种资源，推动国内国际双循环互促互进，加快构建新发展格局。

（三）新型工业化是准确把握工业化发展阶段特征、顺应现代化发展规律的工业化

新型工业化是客观洞察传统工业化发展道路利弊、准确把握我国工业化发展的阶段特征、充分认识人类现代化发展规律所形成的理论命题和实践要求。科学技术正在以前所未有的力量改变着人类社会生产生活，新一轮工业革命来势迅猛，制造业数字化、智能化、绿色化转型趋势明显。数字化、智能化、绿色化是新型工业化的鲜明特征。当今信息时代，数字领域出现大量关键性、颠覆性技术，大数据、区块链、量子信息、人工智能等新技术深入发展，促使全球要素资源配置、生产方式和生活方式加速变革。数据作为关键生产要素，正发挥优化要素配置结构、激发生产要素活力作用。作为典型的通用目的技术，数字技术正以高创新性、强渗透性、广覆盖性引领新一轮科技革命和产业变革，不断涌现出数字化新产业、新业态、新模式，迅猛发展的数字经济成为推动全球经济发展的新引擎。在世界新一轮科技革命和产业变革同我国转变发展方式的历史性交汇期，新型工业化必须继续做好信息化和工业化深度融合这篇大文章，利用数字技术对传统制造业进行全方位、全角度、全链条的改造，推动工业技术变革、赋能传统产业转型升级；大力发展数字经济，有效推动数字化转型与智能化融合，推进战略性新兴产业融合集群发展，瞄准重大前沿科技成果科学布局未来产业，积极主动适应和引领新一轮科技革命和产业变革。

二、新型工业化与新质生产力的内在关联

新型工业化与新质生产力并非泾渭分明，而是密不可分；

新型工业化与新质生产力也不是各自独立地发挥作用，而是相互促进、相得益彰。扎实推进新型工业化、加快形成新质生产力是实现高水平科技自立自强、塑造竞争新优势的迫切需要，是建设现代化经济体系、着力推进高质量发展的必然选择，是全面建成社会主义现代化强国、实现中华民族伟大复兴的内在要求。

（一）扎实推进新型工业化与加快形成新质生产力的内在关联

1.扎实推进新型工业化是加快形成新质生产力的必然要求

加快形成新质生产力的重要载体就是新型工业化。党的二十大擘画了全面建成社会主义现代化强国的宏伟蓝图，到2035年基本实现社会主义现代化，到本世纪中叶把我国建成富强民主文明和谐美丽的社会主义现代化强国。要实现这一宏伟目标，必须大幅提升经济实力、科技实力、综合国力，实现高水平科技自立自强，建成现代化经济体系，形成新发展格局，基本实现新型工业化、信息化、城镇化、农业现代化，基本实现国防和军队现代化。目前，世界新一轮科技革命和产业变革与我国加快转变发展方式形成历史性交汇，面向前沿领域及早布局，提前谋划变革性技术，夯实未来发展的技术基础，形成并发展新质生产力，实现传统生产力向新质生产力的过渡转化，是不容错过的重要战略机遇，是抢占发展制高点、培育竞争新优势、蓄积发展新动能的“先手棋”。我国工业仍处于全球价值链中低端，自主可控能力还不强，工业大而不强的格局尚未根本改观。面对日益激烈的国际竞争，我国必须加快推进新型工业化，实现高水平科技自立自强，保护好全球最完整的产业体系，提升产业链供应链韧性和安全水平，提高制造业在全球产业分工中的地位和竞争力，确保我国在大国博弈中赢得主动。

2.扎实推进新型工业化是加快形成新质生产力的根本支撑

工业是综合国力的根基、经济增长的主引擎、技术创新的主战场。对于我国这样14亿多人口的大国而言,没有强大的工业,就不可能有现代化的经济,发展受制于人的局面就不可能得到根本性改变,现代化强国的奋斗目标也就难以实现。因此,必须加快推进新型工业化,加快形成新质生产力,为全面建成社会主义现代化强国提供强大物质基础、技术支撑。新型工业化是关键性技术、颠覆性技术实现突破的载体和根本性支撑。深入推进新型工业化,促进工业化和信息化深度融合,构建以先进制造业为骨干、以实体经济为支撑的现代化产业体系,是实现中国式现代化的必然选择。

3.新质生产力是扎实推进新型工业化的强大引擎

科技创新是新型工业化的内在要求,推进新型工业化的关键是以科技创新促进制造业高端化、数字化、绿色化和融合化发展,从而加快形成以科技创新为主导的新质生产力。新质生产力是以科技创新为主导,实现关键性、颠覆性技术突破而产生的生产力,新质生产力内含的关键性、颠覆性技术突破能够促进传统产业转型升级以及战略性新兴产业和未来产业的形成和发展,突破技术"卡脖子"环节,补齐产业"短板",从而提高生产效率,优化产品和服务质量,实现经济增长模式由"粗放式"向"集约式"的转变,顺应高质量发展的目标要求。因此,必须大力实施创新驱动发展战略,实现关键性、颠覆性技术突破,推动科技创新和经济社会发展深度融合,使新质生产力成为推动新型工业化的强大引擎。

4.新质生产力是扎实推进新型工业化的澎湃动力

工业制造业是科技创新活动最活跃、科技创新成果最丰富、科技创新应用最集中、科技创新溢出效应最强的产业,是科技创新的主战场。推进新型工业化,要强化高水平自主技术要素供给，加强新一代信息技术、生物技术、新能源、新材料等领域的关键核心技术攻关，突破关键共性技术、前沿引领技术。坚持以科技创新为引领，加快形成新质生产力，可以为新型工业化提供澎湃动力。新质生产力所生成的新科技、新要素、新产业，不仅可以弥补我国工业产业技术方面的不足，提升工业技术水平和产业发展水平，还可以为新型工业化提供产业竞争新优势和新的经济增长点，推动工业化向更高水平迈进。培育和形成新质生产力的目的之一，就是通过推进新型工业化实现经济高质量发展①。

（二）扎实推进新型工业化与加快形成新质生产力的重大意义

1.实现高水平科技自立自强、塑造竞争新优势的迫切需要

新型工业化更好统筹发展和安全，新质生产力加快科技自立自强。我国拥有门类齐全、独立完整的工业体系和最为完整的产业链供应链，然而工业大而不强、关键核心技术受制于人的局面尚未得到根本改变，产业链创新和自主可控能力较弱。当今全球经济衰退风险增大，贸易保护主义抬头，逆全球化趋势增强，全球产业链重组、供应链重塑、价值链重构不断深化，产业链安全性和供应链弹性越发受到关注和重视，产业安全、经济安全和国防安全问题日益凸显。习近平总书记强调："关键核心技术是要不来、买不来、讨不来的。只有把关键核心技术掌握在自己手中，才能从根本上保障国家经济安全、国防安全和其他安全。"②新型工业化是坚持创新驱动发展、推动实现高水平自立自强的工业化。新型工业化的首要任务就是坚持创新引领加快实现技术突破，构建高水平自主

① 余东华、马路萌：《新质生产力与新型工业化：理论阐释和互动路径》，《天津社会科学》2023 年第 6 期。

② 习近平：《论把握新发展阶段、贯彻新发展理念、构建新发展格局》，中央文献出版社 2021 年版，第 271 页。

可控的科技创新和产业创新体系。因此,面对复杂的形势和激烈的国际竞争,必须大力推进新型工业化,加快形成新质生产力,实现高水平科技自立自强。

当今世界各国综合国力的竞争,归根到底是创新的竞争。大国博弈是创新的博弈,科技创新愈加成为经济社会发展的核心动力。工业是技术创新的主战场,战略性新兴产业和未来产业是大国博弈的重要阵地,它们代表产业发展的未来方向,是培育发展新动能、赢得未来竞争新优势的重要领域。新一轮科技革命和产业革命深入发展,我国面临新的战略机遇,同时也面临国内现实条件的制约和激烈的国际竞争。要想抢占未来发展制高点、赢得发展主动权,就必须依靠科技创新,扎实推进新型工业化,加快形成新质生产力,开辟发展新领域新赛道,塑造发展新动能、竞争新优势。因此,我们迫切需要依靠科技创新,扎实推进新型工业化,加快形成新质生产力。

2.建设现代化经济体系、着力推进高质量发展的必然选择

新型工业化是建设现代化产业体系、加快迈向全球价值链中高端的工业化。西方率先开启了以工业化为主导的现代化,然而西方经典产业结构理论并不科学。应用西方经典产业结构理论的发展中国家虽然在前期获得了快速的经济增长和短暂的经济繁荣,然而长期发展的结果却是呈现出产业结构空心化趋势和经济"脱实向虚"风险,制约产业结构的健康发展,缺失经济增长的核心动力,不可避免地陷入所谓的"中等收入陷阱"①。西方发达国家自身的发展现状也印证了这一理论的后果,长期的"去工业化"造成了制造业的快速衰退,发达的虚拟资本脱离实体经济使得供需失衡和经济泡沫膨胀。现代化产业体系是现代化经济体系的坚实内核,扎实推进新

① 周文:《中国道路:现代化与世界意义》,浙江大学出版社2021年版,第140页。

型工业化、加快形成新质生产力是建设现代化经济体系的必然选择。“加快建设以实体经济为支撑的现代化产业体系，关系我们在未来发展和国际竞争中赢得战略主动。”①大力推动新型工业化，加快形成新质生产力，就是要以科技创新引领现代化产业体系创新，建设具有智能化、绿色化、融合化特征和更具完整性、先进性、安全性的现代化产业体系，以新质生产力推动劳动方式的技术突破、社会生产的产业革新和经济发展的动能转换，最终实现劳动生产力整体飞跃和社会生产力水平总体跃迁。

高质量发展是全面建设社会主义现代化国家的首要任务。高质量发展是以科技创新引领的发展，新型工业化正是坚持以新发展理念引领、始终贯彻高质量发展要求的工业化；新质生产力也是摆脱传统经济增长路径、符合高质量发展要求的生产力。党的十八大以来，我国信息化与工业化发展取得历史性成就，新型工业化步伐显著加快。然而新型工业化也面临着新形势、新挑战。从内部发展看，我国正处于从工业大国向工业强国迈进的关口时期，工业仍处于全球价值链中低端，劳动生产效率仍有待提高，传统产业体量大、占比高，战略性新兴产业比重低。就外部环境而言，面对新一轮科技革命和产业变革迅猛发展的势头，世界主要工业大国纷纷发布高端制造业发展战略，积极参与科技创新博弈以抢占竞争制高点；全球产业结构和布局深度调整，发达国家纷纷推进“再工业化”，推动高端制造业回流，新兴经济体凭借成本优势积极承接国际产业转移；西方发达国家更是不断升级对我国先进制造业的遏制打压。推进经济高质量发展，重点在工业，难点也在工业②。新时代新征程，建设现代化经济体系、实现高

---

① 《加快建设以实体经济为支撑的现代化产业体系　以人口高质量发展支撑中国式现代化》，《人民日报》2023 年 5 月 6 日第 1 版。

② 金壮龙：《加快推进新型工业化》，《求是》2023 年第 4 期。

质量发展，就必须以科技创新推动产业创新，特别是以颠覆性技术和前沿技术催生新产业、新模式、新动能，发展新质生产力；大力推进新型工业化，积极发展数字经济，加快推动人工智能发展；打造生物制造、商业航天、低空经济等若干战略性新兴产业，开辟量子、生命科学等未来产业新赛道，广泛应用数智技术、绿色技术，加快传统产业转型升级。

3.全面建成社会主义现代化强国、实现中华民族伟大复兴的内在要求

习近平总书记强调，中国梦具体到工业战线就是加快推进新型工业化。现代化不等同于工业化，工业化不是现代化的全部内容；然而现代化却离不开工业化，工业化是现代化的核心内容，也是经济增长的重要引擎、技术创新的主要阵地。没有强大的工业，就不可能有现代化的经济体系，国家发展就会受制于人，就会处于被动的竞争地位。作为世界人口最多的国家，我国仅用几十年的时间就走完西方发达国家几百年走过的工业化进程，建立起全世界最完整的工业体系，实现从落后农业大国向世界性工业大国的历史性转变。立足于从工业大国向工业强国转变的重任和建设现代化产业体系的要求，新型工业化既不同于西方国家后工业化阶段的发展历程，也不同于我国以往工业化阶段的发展任务。新型工业化是以技术创新驱动的高质量工业化，新质生产力是以创新为驱动，摆脱传统发展方式、实现高质量发展的生产力。习近平总书记强调："没有坚实的物质技术基础，就不可能全面建成社会主义现代化强国。"①新型工业化必将为中国式现代化构筑强大的物质技术基础，新质生产力必将释放更为发达的社会生产力和创造更为雄厚的物质财富。

当今世界正处于生产力跃升的前夜，全球科技创新正步

① 习近平：《习近平著作选读》第一卷，人民出版社2023年版，第23页。

入密集活跃期，科技创新成为赢得国家竞争和抢占世界变局领先优势的关键。率先取得颠覆性技术和前沿技术重大突破的国家，就能塑造未来发展新优势，赢得全球新一轮发展战略主动权。迈向全面建设社会主义现代化强国新征程，以中国式现代化全面推进中华民族伟大复兴，关键就在于扎实推进新型工业化，加快形成新质生产力，创造丰富的物质文明和精神文明，为实现社会主义现代化强国奠定坚实的物质基础、技术支撑和精神动力，真正推动实现全体人民共同富裕的现代化、物质文明和精神文明协调发展的现代化、人与自然和谐共生的现代化、走和平发展道路的现代化。习近平总书记强调："我们能不能如期全面建成社会主义现代化强国，关键看科技自立自强。"①扎实推进新型工业化、加快形成新质生产力的重点就在于坚持创新驱动发展战略，实现高水平科技自立自强。因此，扎实推进新型工业化，加快形成新质生产力，在我们这样一个拥有 14 亿多人口的大国，无论怎么强调都不为过②。

三、推进新型工业化与加快形成新质生产力的重要着力点

世界新一轮科技革命和产业变革同我国转变发展方式的历史性交汇期，为我国创造了重要的战略机遇。我们要把握新一轮科技革命和产业变革新机遇，依靠科技创新加快实现高水平科技自立自强，以科技创新引领现代化产业体系建设，前瞻性谋划好战略性新兴产业、未来产业，扎实推进新型工业化，加快形成新质生产力。

（一）加快实现高水平科技自立自强

习近平总书记强调："在激烈的国际竞争中，我们要开辟发

---

① 《牢牢把握高质量发展这个首要任务》，《人民日报》2023 年 3 月 6 日第 1 版。

② 周文：《抓住新型工业化重要机遇》，《经济日报》2023 年 11 月 27 日第 10 版。

展新领域新赛道、塑造发展新动能新优势，从根本上说，还是要依靠科技创新。”①在推进高水平科技自立自强的过程中，将产生众多重大原始创新和关键核心技术突破，为新质生产力的形成创造条件。高水平科技自立自强是形成新质生产力的必由之路，因此，要以国家战略需求为导向，集聚力量进行原创性、引领性科技攻关，坚决打赢关键核心技术攻坚战，加快实现高水平科技自立自强。其一，加强基础研究和原始创新。建立完善竞争性支持和稳定支持相结合的基础研究投入机制，平衡好稳定的机构资助和竞争性的项目资助之间的布局，满足不同类型基础研究的需求，为基础前沿方向重大原创成果的持续涌现提供资金支持。其二，打好关键核心技术攻坚战。关键核心技术是国之重器，真正的核心技术是要不来、买不来、讨不来的，必须靠自力更生。推进科研攻关，必须要坚持需求导向，把握正确方向，坚持面向世界科技前沿、面向经济主战场、面向国家重大需求、面向人民生命健康，从国家急迫需要和长远需求出发选择研究方向和推进科技创新，不断向科学技术广度和深度进军；要拓展科学技术的广度，在更广的先进领域进行科技研发，壮大战略性新兴产业和未来产业的规模，推进关键性、颠覆性技术创新和成果转化，解决西方发达国家在关键技术领域的“卡脖子”问题；要深耕产业链条，延长战略性新兴产业和未来产业的产业链。

（二）以科技创新引领现代化产业体系建设

离开作为载体的现代化产业，创新就成为无源之水，无本之木。经济发展从来不靠一个产业“打天下”，而是百舸争流、千帆竞发，主导产业和支柱产业持续迭代优化。光伏、新能源汽车、高端装备这些促进当前经济增长的重要引擎，都是从曾经的未来产业、战略性新兴产业发展而来的。当前，我国科技支撑产业发展的能力不断增强，为发展未来产业奠定了良好基础。要

① 《牢牢把握高质量发展这个首要任务》，《人民日报》2023 年 3 月 6 日第 1 版。

紧紧抓住新一轮科技革命和产业变革机遇，以科技创新为引领，加快传统产业高端化、智能化、绿色化升级改造，培育壮大战略性新兴产业，积极发展数字经济和现代服务业，加快构建具有智能化、绿色化、融合化特征和符合完整性、先进性、安全性要求的现代化产业体系，以产业升级和战略性新兴产业发展推进生产力跃升。着眼于传统产业的转型升级，在产业高端化方面，要一手抓基础支撑，突破一批基础元器件、基础零部件、基础软件、基础材料和基础工艺；另一手抓产业高端装备引领，在大飞机、工业母机、医疗装备等重点领域突破一批标志性的重点产品，提升传统产业的技术密集程度，向价值链高端和产业链核心迈进。在智能化方面，要大力推进人工智能技术在传统产业领域的融合及应用，通过互联网对传统产业生产运行过程中产生的数据进行感知和采集，以及人工智能与生产设备和控制系统的融合，实现生产控制和运营优化等方面的智能化变革，形成具有一定自治功能的智能生产和运行系统，打造智能工厂和智慧供应链。在绿色化方面，要加快实现绿色低碳技术重大突破，实施传统产业焕新工程，推进传统产业制造工艺革新和设备改造，提升产业绿色化发展水平。

（三）前瞻性谋划好战略性新兴产业、未来产业

与传统产业相比，战略性新兴产业具有高技术含量、高附加值、高成长性、产业辐射面广等特点，是各国经济发展竞争的关键点，更是现代化产业体系的主体力量。需要注意的是，战略性新兴产业与传统产业并不是绝对隔离的，传统产业不等同于落后产业，强调培育和壮大战略性新兴产业也不是简单地抛弃传统产业。战略性新兴产业发展高度依赖传统产业作为基础、提供技术支撑。因此，要通过形成新质生产力，运用新成果、新技术改造提升传统产业，为战略性新兴产业发展提供强大动能。未来产业是发展新趋势，成长不确定性更大，培育周期也更长。前瞻布局未来产业，就是要先发制人，为新兴产业做好接续

储备。

战略性新兴产业和未来产业是大国博弈的重要阵地。贯彻新发展理念,构建新发展格局,实现高质量发展,从根本上说就是要不断突破关键性技术和颠覆性技术束缚,促进生产力更好发展。当前,我国仍然面临着原始创新能力不足、成果转化渠道不畅、要素市场建设不完善、产业布局与地区优势错位等问题,迫切需要整合科技创新资源、提高科技成果落地转化率、培育一批新产业集群,立足当前、着眼长远来统筹谋划。一方面,要积极开展前瞻性顶层设计,优化产业空间布局,推动地方产业规划与国家整体战略规划、地区产业发展优势相结合,提升整体产业发展效能。另一方面,要尊重产业发展规律,完善人才、资本、技术等创新要素的组织体系,营造有利于创新的产业生态环境,提高研发投入支持力度,提升成果转化率,增强原始创新能力。通过上述举措,提升战略性新兴产业的核心竞争力,抢占未来产业发展的制高点,释放更多新质生产力,为大国博弈培育竞争新优势。

第九章 新质生产力与数字经济发展

近年来，互联网、大数据、云计算、人工智能、区块链等技术加速创新。相对于农业经济和工业经济而言，数字经济作为一种新型经济形态，其独特之处就在于它本身就代表一种先进生产力——新质生产力，涵盖数字产业化、产业数字化、数据价值化、治理数字化等多维内容，具有高创新性、强渗透性、广覆盖性等多维特征。如今，新的物质生产力正在信息化、智能化等条件下形成，当关键性技术实现突破、发生质变，必然引发生产力核心因素的变革，从而产生新质生产力。据 2023 年 7 月发布的《全球数字经济研究报告》，2016—2022 年，中国数字经济年均复合增长 14.2%，是同期美中德日韩五国数字经济总体年均复合增速的 1.6 倍。[①] 2024 年 1 月，中国信息通信研究院发布的《全球数字经济白皮书（2023 年）》数据显示，数字经济作为新一轮科技革命和产业变革的新型经济形态，正成为全球产业发展与变革的重要引擎。因此，加快发展数字经济在形成新质生产力方面具有重要的战略意义。

目前有关新质生产力的研究较少与数字经济联系起来，也较少考虑数字经济对新质生产力的影响。而当今数字经济发展速度之快、辐射范围之广、影响程度之深前所未有，正在成为重

---

① 华凌：《中国数字经济 2016 年—2022 年年均复合增长 14.2%》，《科技日报》2023 年 7 月 6 日第 1 版。

组全球要素资源、重塑全球经济结构、改变全球竞争格局的关键力量。[①] 因此,有必要对数字经济如何为形成新质生产力提供重要支撑、如何以数字经济高质量发展加快培育新质生产力实现高水平科技自立自强、如何通过有效市场和有为政府的有机结合真正为形成新质生产力提供制度保障进行研究。

一、数字时代新质生产力的新特征

在《政治经济学批判(1857—1858 年手稿)》中,马克思和恩格斯通过对机器大生产体系下社会财富生产进行考察,认为科学技术在社会物质财富的生产过程中具有决定性力量。“随着大工业的发展,现实财富的创造……取决于科学的一般水平和技术进步,或者说取决于这种科学在生产上的应用。”[②]数字时代,新技术在科学技术是第一生产力的基础上强调关键性、颠覆性技术突破,超越了传统意义上的技术创新,代表着新质生产力的关键性技术维度。数字时代最本质的特征就是技术迭代和知识交流速度的大幅度提升。[③] 数字技术与传统技术最显著的区别就在于其强调了万物互联和数字化。克劳斯·施瓦布在《后疫情时代:大重构》一书中指出:“人们禁闭在家带来的一个主要影响是,数字世界实现了决定性甚至是永久性的拓展和发展。这一点不仅体现在它最为普通的日常功能上(在线聊天、更多的娱乐节目流播和更丰富的数字化内容),而且体现在它进一步改变了企业经营方式。”[④]

新质生产力的核心是新要素。数字经济时代,传统生产要

---

① 习近平:《不断做强做优做大我国数字经济》,《求是》2022 年第 2 期。

② 中共中央马克思恩格斯列宁斯大林著作编译局编译:《马克思恩格斯文集》第八卷,人民出版社 2009 年版,第 195—196 页。

③ 夏杰长、高红冰等:《扎根实体经济:创新与重塑》,中国发展出版社 2023 年版,第 18 页。

④ 克劳斯·施瓦布、蒂埃里·马勒雷:《后疫情时代:大重构》,世界经济论坛北京代表处译,中信出版社 2020 年版,第 123—124 页。

素优势已不复存在，生产要素结构需要发生新的变化。不同于传统的劳动、土地等要素资源投入，数据作为新型生产要素改变了我国社会生产力的基本构成要素结构。数据作为一种新的生产要素，具有开放性、跨时空和共享的特征。2020 年 5 月，中国社科院数量经济与技术研究所、社会科学文献出版社发布《数字经济蓝皮书：中国数字经济前沿（2021）》，经测算，1993—2020 年中国数字经济平均增速达 16.3%。2022 年，中国数字经济规模达 50.2 万亿元，同比名义增长 10.3%，占国内生产总值的比重为 41.5%。已有研究也表明，中国数据资本存量从 2003 年的 14880.48 亿元增长至 2020 年的 174137.67 亿元，年均增长率为 15.57%。① 可见，新质生产力的载体是新要素，数据生产力已成为支撑和引领经济社会发展的新动能。数字产业作为以数据生成、采集、存储、加工、分析、服务为主的战略性新兴产业，可以激活数据要素潜能，推动生产力变革和创新，形成新质生产力。

新质生产力的关键是新技术。新质生产力的落脚点在于基于数字技术的算力。以算力为落脚点的新质生产力的巨大跃迁，不仅表现为其将改变物质变换的传统生产力范畴，即以数字赋能为主导的生产力发展和变迁将改变以往高物质投入、高资源能源消耗、高碳排放和高污染的发展范式，使经济转向更加高效能、高质量、绿色化的发展新范式；而且还表现为消费模式的改变以及充分发挥消费在推动生产力跃迁中的重要作用。数据要素作为国家关键性生产要素，与算力相结合，将衍生形成强劲的数据生产力，成为新质生产力的重要组成部分②。

新质生产力的载体是新产业。数实融合带动模式依托传统

① 刘涛雄、戎珂、张亚迪：《数据资本估算及对中国经济增长的贡献——基于数据价值链的视角》，《中国社会科学》2023 年第 10 期。

② 刘雅君、张雅俊：《数据要素市场培育的制约因素及其突破路径》，《改革》2023 年第 9 期。

优势产业，通过应用5G、人工智能、大数据等数字技术，将产品研发、生产、销售等过程与数字经济深度融合，推动传统产业转型升级和创新，实现提质降本增效、绿色低碳发展。这方面以智能制造、智能家电、数字安防等产业为代表。在数字时代的全球化浪潮中，企业重新界定企业的边界，在供应链和价值链高度碎片化的基础上建立全球生产网络。我国新一代信息技术领域围绕核心基础硬件、基础软件和高端信息服务，以及高端整机产品实现了突破性发展，建成了全球规模最大的信息通信网络，网络通信水平世界领先；产业数字化转型深入推进，制造业数字化转型加快，智能化制造、网络化协同、个性化定制、服务化延伸、数字化管理等新业态和新模式快速成长壮大。新一代信息技术产业将肩负起引领创新的使命，成为我国形成新质生产力的重要力量。

培育和形成新质生产力，关键在于科技创新。正如埃里克森和韦格尔在《增长陷阱：欧美经济衰落和创新的假象》一书中所说，生产力增长的差异会体现在经济体的创新能力和对新技术的适应能力上①。数字技术牵引模式把数字技术创新作为集群发展的命脉和根基所在，通过数字技术的研发突破、成果转化，促进技术创新链和产业链深度融合，加快形成新产品、新模式、新业态，汇聚一批创新型企业及其研发和服务机构。这方面以新一代信息通信、电子信息制造、软件等产业为代表。第四次工业革命正在融合数字、物理和生物系统，它的主要驱动力是人工智能、大数据和物联网。这是当代最重要的科技发展趋势，正在引领全球创新浪潮，迅猛地改变世界经济发展和结构。它将超越单纯的技术革命的层面，带来经济、社会、文化等领域的深刻变革。

① 弗雷德里克·埃里克森、比约恩·韦格尔：《增长陷阱：欧美经济衰落和创新的假象》，张旭等译，中国友谊出版公司2021年版，第26—27页。

例如，2024 年中央一号文件《中共中央国务院关于学习运用“千村示范、万村整治”工程经验有力有效推进乡村全面振兴的意见》中明确指出，要“强化农业科技支撑。优化农业科技创新战略布局，支持重大创新平台建设”①。就农业生产模式而言，以大数据、区块链为代表的数字技术投入能够推动农业生产工艺数字化改造、生产设备智能化升级，克服农产品生产流程各环节的工作弊端，提高农业生产质量和效率，构筑全新农业生产工作模式。这可引导农业产业结构优化升级，切实提高农产品附加值，推动一国农业全球价值链地位向“微笑曲线”两端突破。就农业经营模式而言，在数字技术赋能下，农户能够充分挖掘和分析各类生产数据，作出智能生产作业决策，使农业经营管理过程更具“智慧”。

二、数字经济为加快形成新质生产力提供重要支撑

（一）数据作为新生产要素赋能生产力升级

数据作为数字经济时代的核心生产要素，正在发挥越来越重要的基础性与战略性作用。在互联网经济时代，数据是新的生产要素，是基础性资源和战略性资源，也是重要生产力。2024 年 1 月，国家数据局等 17 部门联合印发《“数据要素×”三年行动计划（2024—2026 年）》，推动数据要素高水平应用，推进数据要素协同优化、复用增效、融合创新，数据要素的市场化建设从理念形成深入到实践探索阶段。该行动计划把培育和发展新质生产力作为实施“数据要素×”行动的重要目标之一。数据作为新的生产要素在重构生产力方面体现为依附倍增性和集约替代性，在重构生产关系方面体现为网状共享性和分配特殊性。它具备超越了传统要素的基本属性与特征，一跃成为数字经济时

① 《中共中央国务院关于学习运用“千村示范、万村整治”工程经验有力有效推进乡村全面振兴的意见》，《人民日报》2024 年 2 月 4 日第 1 版。

代下的核心战略资源。

一方面，数据要素在参与知识生产过程中能够创造巨大的数据价值。在数字信息迅速倍增的时代，海量的数据资源具有巨大的潜力，人类的知识生产方式也发生了由传统知识生产到网络知识生产的嬗变。依托于大数据、人工智能、云计算等先进技术的数据智能，能够以其强大的数据信息收集分析能力和计算能力"创造"知识。另一方面，数据要素配置能够利用大数据、云计算、人工智能等现代化技术，优化金融机构基础设施建设，助力金融产品数据化。这可提高金融资本流通性，拓展金融服务范围，使更多居民能够更便捷地购买金融产品，为经济高质量发展提供充足的资金支持。数据要素配置能够凭借无界性与正外部性等特征打破空间壁垒，促进资源跨区域流动。这能够促使周边地区将优质资源要素集中起来，发挥资源的最大效益，进而缓解生产要素不对称问题。

将数据引入生产是数字经济时代生产力进步的重要特征。传统生产要素资源总量有限，在生产中满足规模报酬递减的规律，大量投入廉价劳动力和生产资料的高投入型生产模式难以长期维持经济高增长。相比之下，数据要素具有无限性且能够实现自身增值，同时数据要素使用时具有外溢性，能够克服资源总量约束，打破传统生产要素的规模报酬递减束缚，形成规模报酬递增的生产模式从而促进经济的长远发展。与此同时，在数字劳动过程中，分工协作的方式得到进一步发展。马克思认为，"许多人在同一生产过程中，或在不同的但互相联系的生产过程中，有计划地一起协同劳动"，这样"不仅是通过协作提高了个人生产力，而且是创造了一种生产力"[①]。一方面，数字经济能够整合线下的服务链，工业互联网的蓬勃发展降低了产业链

① 中共中央马克思恩格斯列宁斯大林著作编译局编译：《马克思恩格斯文集》第五卷，人民出版社2009年版，第378页。

上下游企业之间的信息交流与交易成本，使得位于产业链不同环节的企业可以在数字平台上实现对接。另一方面，数字经济本身具备融合效应、渗透效应、匹配效应、替代效应、协同效应，有助于实现市场要素精准匹配。当前，数字技术在教育、医疗、公益、交通与旅游等领域的广泛应用，极大地改善了诸多领域传统的内涵与边界，所催生的零工经济与个性化生产等模式可充分激发劳动者财富创造能力。

数据要素是创造新质生产力的关键生产资料，数据要素的高效流通与利用，可以加速资源配置效率，优化生产方式变革，推动产业生态重构，促进经济社会高质量发展。2019 年，党的十九届四中全会提出数据可作为生产要素按贡献决定报酬，明确了数据要素市场这个重要概念。2022 年 12 月，《中共中央国务院关于构建数据基础制度更好发挥数据要素作用的意见》发布，部署了数据要素基础制度的“四梁八柱”，开启了数据要素市场建设发展的新征程。培育数据要素市场是充分释放数据“新”要素价值的关键选择。促进数据要素流通和市场化配置，有利于充分释放数据的乘数效应①，最大化发挥其经济和社会价值。数据资源驱动模式将数据要素作为集群创新发展的重要来源，充分发挥数据作为新型生产要素的潜在价值，以数据流的自由流动带动技术流、资金流、人才流、物资流的高效配置，提升全产业链全要素生产效率，实现规模效益提升。这方面以人工智能、区块链、大数据等依赖于数据要素的数字产业为代表，促进新质生产力的发展。

数据要素模糊了原有经济活动中生产过程与部分再生产投资，交换过程、消费过程与部分再投资的边界，使得商品的扩大再生产和数字要素的扩大再生产有机融合起来，提升了社会再

① 熊巧琴、汤珂：《数据要素的界权、交易和定价研究进展》，《经济学动态》2021 年第 2 期。

生产范围和效率。[①] 生产力的数字化、智能化是新质生产力的重要特征，也是新一轮科技革命和产业变革条件下生产力发展的基本趋势。当下全球热门的“ChatGPT”便是一种生成型预训练变换模型，表现出强大的智能生产力潜能。其基本技术运行逻辑便是基于海量数据持续训练，以此构建起巨大模型，并以强大算力尤其是智能算力作为重要底座支撑。借助于强大的算力支撑、深度学习算法和万亿级别数据语料的“喂养”，生成式预训练变换模型得以进行学习和迭代，为形成更高水平的新质生产力提供强大驱动。

（二）数字产业化与产业数字化为新质生产力形成提供实体基础

形成新质生产力需要改造提升传统产业，培育壮大新兴产业，布局建设未来产业，完善现代化产业体系。5G、工业互联网、大数据和算力中心等新型基础设施的建设和应用，新一代信息通信技术的迅速发展，能够有效发挥数据、算力、算法等要素的作用，促进传统产业改造升级，构成新质生产力的基础支撑，有效助力企业提质、降本、增效。战略性新兴产业和未来产业，被定义为新赛道、新经济、新业态，是新质生产力形成的主要阵地。战略性新兴产业是引领未来发展的新支柱、新赛道，是构建现代产业体系的主方向、主阵地和主力军，代表未来科技革命和产业变革的方向，是培育发展新动能、引领未来经济社会发展的重要力量。未来产业是以颠覆性技术创新和技术融合为驱动力，引领创造未来社会发展新需求，拓展人类社会进步和发展空间，深刻改变人类生产和生活方式的产业。未来产业虽然处于孕育阶段或成长初期，但未来最具活力与发展潜力，是对生产和生活影响巨大、对经济社会具有全局带动和重大引领作用的产

① 周文、韩文龙：《数字财富的创造、分配与共同富裕》，《中国社会科学》2023年第10期。

业，是面向未来并决定未来产业竞争力和区域经济实力的前瞻性产业，是影响未来发展方向的先导产业，是支撑未来经济发展的主导产业。①

产业数字化转型持续向纵深加速发展，成为经济发展的主引擎，数字产业化发展正经历由量的扩张到质的提升的转变。产业互联网不是把线下的产业链、供应链和价值链简单地搬到线上，而是借助于数字化技术和互联网重新塑造它们原有的关系，优化资源配置、再造流程。特别是还要把数据作为要素，赋能每一个流程和环节，从而创造新的价值链关系，甚至会拓展价值链形成的空间。② 工业变革的核心在于工业、工业产品和服务的全面交叉渗透，这种渗透借助软件，通过在互联网和其他网络上实现产品及服务的网络化而实现。新的产品和服务将伴随这一变化而产生，从而改变整个人类的生活和工作方式，尤其是改变了人类与产品、技术和工艺之间的关系。

同时，产业数字化还促进了产业的绿色化，正如习近平总书记指出的，新质生产力本身就是绿色生产力。产业数字化过程中，制造业企业可以借助数字技术改善管理与生产方式，优化资源配置，提升企业经营效率与效益，减少资源浪费现象，提升制造业绿色技术创新水平。美国未来学家杰里米·里夫金在《第三次工业革命：新经济模式如何改变世界》一书中对这一趋势也作了描述："新能源革命使得商业贸易的范围与内涵更加广阔的同时，结构上也更加整合。相伴而生的通信革命则为对新能源流动引发的更加复杂的商业活动进行有效管理提供了有力工具。现在，互联网技术与可再生能源即将融合，并为第三次工

① 中国科学院科技战略咨询研究院：《构建现代产业体系：从战略性新兴产业到未来产业》，机械工业出版社 2023 年版，第 22 页。

② 张军：《大国经济：中国如何走好下一程》，浙江人民出版社 2022 年版，第 87—88 页。

业革命奠定一个坚实的基础。”①

数字经济以网络化方式提高了传统生产要素配置的活跃程度和配置效率，驱动创新资源应用于产业链各环节，将数据集成、平台赋能等驱动因素融入农业、工业以及服务业之中，促进产业链供应链融合融通、延伸拓展。例如，平台经济、直播带货为农业、工业、服务业注入了新的活力，为产品的生产和销售提供了新的思路。与此同时，在国内大市场优势持续赋能下，以大数据、云计算等新一代信息技术为着力点，建立功能强大的金融、教育、医疗等现代服务业，亦可以增强制造业、农业领域对外开放程度，实现现代服务业与实体经济的有效融合，进一步助力以战略性新兴产业和未来产业为代表的新制造，以高附加值生产性服务业为代表的新服务，以及以全球化和数字化为代表的新业态健康发展，从而加快形成新质生产力。

与传统产业集聚相比，数字产业集聚具有实时交互、泛在连接、相互依存、共同演化等特性，可发挥合作效应与内部竞争效应，助力企业突破创新“低端锁定”格局，加快形成新质生产力。合理引导数字产业集聚，有助于推动产业链上下游网络化协作和跨产业链合作，提高聚集区内研发方向的投入产出比，打造“创新驱动—产出增长—价值链水平提升”的良性循环，支撑经济高质量发展。德国在“工业 4.0”战略中，通过支持优秀集群的战略发展，增强从区域性创新潜力到长期性经济附加值的转化能力，从而支持数字制造业集群进入国际顶尖行列。产业集群同样有助于区域内产业分工的实现。马克思和恩格斯指出：“任何新的生产力，只要它不是迄今已知的生产力单纯的量的扩大（例如，开垦土地），都会引起分工的进一步发展。”②数字产

① 杰里米·里夫金：《第三次工业革命：新经济模式如何改变世界》，张体伟、张豫宁译，中信出版社 2012 年版，中文版序。

② 中共中央马克思恩格斯列宁斯大林著作编译局编译：《马克思恩格斯文集》第一卷，人民出版社 2009 年版，第 520 页。

业本身属于技术和资本密集型产业，迫切需要以低成本获取更多知识、创新要素资源。数字产业集聚可锻造多主体参与、高技术密集度、复杂数字产品结构的产业链条，吸引大量产业链上下游与支撑性企业形成较小空间尺度上的高密度集聚，有助于促进知识流动与专业化分工，从而加快形成新质生产力。①

（三）数字基础设施为新质生产力的形成提供坚实平台支撑

数字基础设施建设是发展数字经济的前提，因此世界主要经济体均把数字基础设施建设作为产业升级和创新发展的关键。例如，中国全面部署新一代通信网络基础设施，美国提供高速互联网服务，欧盟推进数字网络和服务的部署。这些部署都提出了发展目标。例如，欧盟委员会“数字十年政策计划”明确了 2030 年欧盟数字化转型的关键领域、目标和愿景，指出要持续推进互联互通、计算和数据基础设施建设，到 2030 年，所有家庭应实现千兆网络连接，所有人口密集地区应实现 5G 网络覆盖。2017 年的二十国集团（G20）汉堡峰会公报《塑造联动世界》，充分体现了构建全球数字基础设施、数字政府、数据流动、政策监管等系统化数字生态体系的努力。

这些部署对未来数年内基础设施建设的投入也都设定了相应目标。例如，美国政府先后发布了“国家信息基础设施行动计划”“国家宽带计划”“平价网络连接计划”等，推出《网络空间政策评估——保障可信和强健的信息和通信基础设施》《释放无限宽带革命》《将 500 MHz 频谱用于无线宽带的计划与时间表》等政策。2015 年，英国首先开始强调建设下一代数字网络设施。2017 年，英国政府发布《英国数字战略》，更加明确地制定了打造世界级数字基础设施，使宽带接入变成公民权利，加

---

① 赵放、徐熠：《以数字经济高质量发展助推中国式现代化建设：作用机理、现实困境与解决途径》，《马克思主义与现实》2023 年第 5 期。

快网络全覆盖、全光纤和 5G 建设等方面的基础设施建设战略目标。2021 年 7 月，法国政府发布《5G 与未来通信网络技术国家战略》，提出在 2025 年前用 7.35 亿欧元公共资本撬动总计 17 亿欧元的投资，支持法国实现通信技术战略自主、保障通信基础设施安全。①

我国制定的“十四五”规划强调围绕强化数字转型、智能升级、融合创新支撑，布局建设信息基础设施、融合基础设施、创新基础设施等新型基础设施，为行业间协同发展、深化分工提供支撑。数字基础设施是指反映数字经济特征的新一代信息基础设施建设，涉及 5G 互联网、人工智能、工业互联网等多个领域，亦是面向经济高质量发展而衍生的创新性基础设施体系。数字基础设施建设可通过数字技术，将高技术产业发展的各类生产要素具体化、动态化地集成于共享网络当中。由此，要素供需端信息匹配的时空限制得以打破，可有效加强信息双向反馈效率。在规模上，我国拥有全球规模最大的 5G 网络基础设施。第 53 次《中国互联网络发展状况统计报告》数据显示，截至 2023 年 12 月，我国累计建成开通 5G 基站337.7万个，5G 移动电话用户达 8.05 亿户，三家基础电信企业发展蜂窝物联网终端用户 23.32 亿户。在应用层面，截至 2024 年 6 月，我国 5G 应用已经融入了 97 个国民经济大类中的 74 个，应用案例数超 9.4 万个，为制造业生产模式、智慧交通、移动支付等领域带来了深刻的影响。

作为核心技术底座，数字基础设施凭借互联网、人工智能、大数据等数字技术手段，可对各方面产生革命性的影响。就农业而言，数字基础设施能够辅助相关主体实现对农业产业的精细化管理与智能化决策，从而提高农业产业生产效率。并且，农

① 肖正强、钟硕林、邹慧等：《数字经济政策环境回顾、分析与展望（2022）》，中国工程科技知识中心、江西省科学院研究报告，2022 年 12 月，第 31、82、103 页。

村数字基础设施逐步完善及数字技术的成熟，能够推动农业产业领域全过程、各环节数字化转型，彻底转变农业产业组织体系结构，扩大农业产业经营规模，保障农业产业可持续发展及竞争力提升，为新质生产力注入持续动能。就产业链协同维度而言，数字基础设施的日益完善能够推动产业链协同发展和信息高效传递，帮助企业依托信息技术与外界进行高效沟通合作，缓解信息不对称问题，减少企业间沟通成本。这有助于推动企业共建科技创新联合体，建立利益共享、风险共担的开放式协同创新机制，打通研发、生产、试验等创新链条中的堵点，强化技术创新体系建设。① 就要素配置维度而言，数字基础设施建设能够畅通数据流动循环，打破创新要素供求信息交互的时空限制，在降低创新资源搜索成本和交易摩擦成本的同时，实现创新要素供求双方精准匹配，为提高技术创新效能提供有力支撑。

随着数字基础设施的不断完善，大城市的技术、信息、知识等资源加速向周边地区转移和扩散，促使创新成果和研发技术等要素打破时空界限，带动县域经济发展。在集聚饱和度持续提高的背景下，数字基础设施建设可推动知识要素逐渐由中心城市向县域流动，促进知识、信息等无形要素与县域传统产业深度融合，为激活县域经济活力、助推县域经济高质量发展提供有力支撑。同时，数字基础设施建设能够凭借技术优势，打破区域之间的行政壁垒和市场分割，推动形成一体化市场，进一步提升市场整合度。这有助于打通制约县域经济循环的现实堵点，促使各类商品要素资源在更大范围内自由流动，持续扩大市场规模，从而激发市场主体活力，助力县域经济高质量发展。

数字基础设施建设会带动资本、人才和技术等大量资源的再分配，加速生产要素在区域间自由流动，促进国内各生产环节

① 沈坤荣、林剑威、傅元海：《网络基础设施建设、信息可得性与企业创新边界》，《中国工业经济》2023 年第 1 期。

供需对接循环往复,推动行业垂直分工。数字基础设施有利于贸易市场地理范围扩展,在一定程度上能够减少贸易摩擦,吸引新贸易对象,增加贸易流量,使不同生产者有机会在市场范围内匹配到最具优势的生产环节并参与国内价值链分工。数字基础设施建设可促进数字产业发展,同时提升数字化产品数量及质量。这为要素精确配置提供了技术基础,极大地提高了要素配置效率。在此基础上,高技术产业的要素需求得以满足,进而促进高技术产业全球价值链升级。同时,数字基础设施也能够辅助农村地区建立统一农业农村大数据平台,提高农户信息获取效率,解决信息不对称导致的市场失灵问题,推动农业产业信息化水平提升,加强涉农数据深度共享,丰富大数据应用场景,为农业产业转型升级提供科学依据及精准服务,推动中国式农业农村现代化发展。

三、推动数字经济高质量发展加快形成新质生产力

(一)以市场与政府有机结合协同提高数字创新能力

新质生产力是引导我国未来经济社会高质量发展的重要力量,是产业结构升级和经济发展方式转变的关键,要通过统筹协调、相互支撑,促进集聚式发展。提高创新能力不仅仅在于技术本身的进步,更在于创新体制的进步。要形成政府机制与市场机制双向嵌入、集中化与扁平化有机融合的数字技术创新模式,大力推进数字经济发展,服务于新质生产力建设。

面向未来,我国新质生产力发展要坚持全国一盘棋,调动各方面积极性,集中力量办大事的显著优势,强化深入实施创新驱动发展战略的顶层设计。正如施瓦布和戴维斯在《第四次工业革命——行动路线图:打造创新型社会》一书中指出的,第四次工业革命具有复杂性、变革性和分散性的特点,因此需要一种新

型领导力——“系统领导力”①。因此，需要厘清政府和市场之间的关系，理顺中央和地方权责关系，协调好传统产业、新兴产业与未来产业之间的关系，营造有利于创新、创业、创造的良好营商环境、市场环境和发展环境。具体来看，“从 0 到 1”的原创基础研究，主要由政府财政投入，同时积极引导鼓励多元化社会资本投入；“从 1 到 100”的技术开发，主要依靠政府和市场相结合，发挥财政资金的引导作用，以实际需求为导向，推动技术创新和成果转移转化；“100 以上”的产业化应用，主要靠市场，通过风险投资和科技金融政策支持，形成产业竞争力。

2023 年 12 月，中央经济工作会议强调要“加强应用基础研究和前沿研究，强化企业科技创新主体地位”②。随着世界进入大科学时代，创新需要资金充足的公共研发机制以及强有力的产业政策来驱动，国家的制度保障和政策引导对基础研究产出的影响越来越大。基础研究与原始创新研究处于从研究到应用、再到生产的科研链条起始端，需要长期积累，难以快速产生应用成效，难以基于市场规律来发展。这类大科学研究和大量基础研究所需投入的资源和组织力度越来越大，远非一般社会组织或个人所能驾驭。③ 这是因为对短期风险和长期利益分配的看法影响着企业对新技术的担忧度。如果人们认为风险会在短期内发生，而收益只能长期获得，那么，他们就很可能会反对新技术；当人们认为创新只让小部分人受益，而风险则将广泛分布时，技术紧张关系也会大大加剧。④

面向未来，国际竞争格局的不断重构，我国迫切需要解决高

① 克劳斯·施瓦布、尼古拉斯·戴维斯：《第四次工业革命——行动路线图：打造创新型社会》，世界经济论坛北京代表处译，中信出版社 2018 年版，第 276—277 页。

② 《中央经济工作会议在北京举行》，《人民日报》2023 年 12 月 13 日第 1 版。

③ 周文、杨正源：《中国式现代化与西方现代化：基于比较视角的政治经济学考察》，《学习与探索》2023 年第 11 期。

④ 卡莱斯·朱马：《创新进化史》，孙红贵、杨泓译，广东人民出版社 2019 年版，前言。

端芯片、软件等产业链关键技术环节存在的问题，利用好“双循环”发展格局下我国超大规模市场的优势，推动数字经济的快速发展。这就需要重视产业发展中的基础研究和关键共性技术、前瞻技术、战略性技术研究，围绕高端核心器件、新型光子芯片材料、制备工艺和基础软件，构建全面布局、自主可控、合理分工的高端核心产业集群。在夯实基础产业支撑能力的基础上强化传感传输网络、数字存储及计算能力、数据资源体系等产业关键核心环节的建设，提升以云计算、边缘计算、量子计算、类脑计算等为代表的新型基础设施的建设水平，打造互联互通、经济适用、自主可控的分布式与智能化信息基础设施体系，推动人工智能、区块链等前沿赋能技术的突破，强化产业带动能力，支撑数字经济与实体经济融合发展。①

美国学者阿格塔米尔与巴克通过对世界诸多工业基地的转型案例进行分析后发现，企业自主研发的努力是必需的，因为外国公司将越来越不愿意将技术许可授权给新兴的后发企业，特别是当后者试图进入原本由发达国家主导的技术密集型产业时。在这个阶段，企业必须设立内部研发实验室，探索学习和获取外国知识的多样化的渠道。在这种情况下，政府行动不能只是投入研发资金，更应该以各种方式培养研发能力本身，以纠正市场失灵。

当前，我国必须健全以财政、税收和金融货币政策为主要手段，产业、就业、投资和消费政策等协同发力的产业调控体系；以区域和地方战略性新兴产业发展规划为支撑，创新中央和地方合作组织实施重大项目方式，实行决策、执行、评价、监督相对分开的项目组织模式和管理机制；进一步深化科技创新体制机制

① 洪银兴、任保平：《数字经济与实体经济深度融合的内涵和途径》，《中国工业经济》2023 年第 2 期。

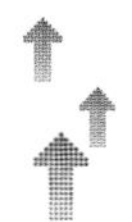

改革，让国有企业作为核心技术创新的先锋队①，民营企业作为孵化新技术的重要载体，最大限度地释放全社会创新、创业和创造动能，引导创新要素更多投向核心技术攻关；加快培育一批竞争力强的主导企业和专精特新中小企业，充分发挥市场、社会、金融、龙头企业和产业的自我迭代力，从而不断增强我国在数字时代世界大变局中的影响力和竞争力。

（二）以数实融合加快推进新兴产业与未来产业

制造业是国家繁荣的基础，国家的繁荣离不开制造业的支撑。新质生产力形成的支撑点仍然是以制造业为主的实体经济，这也是形成新质生产力的重要基础。非金融企业的过度金融化会加剧经济“脱实向虚”，导致资本更多地配置到金融部门，对工业部门的投资来源造成挤压，进而使企业雇佣的劳动力数量下降，对稳定就业与社会整体的稳定性造成负面影响。②日本、韩国等东亚国家的经济增长都是基于工业化，在政府的有力推动下，资源从传统农业等低生产力部门转移到制造业等高生产力部门。

当前，我国必须加大数字经济与实体经济的融合，促进战略性新兴产业与未来产业发展。发达国家之所以能在国际经济中具有较高的话语权，正是因为掌握了全球绝大部分的创新资源，创新竞争力领先于发展中国家。2020 年开始，无论是美国的《关于加强美国未来产业领导地位的建议》《无尽前沿法案》《芯片与科学法案》，还是欧盟的《欧洲新产业战略》《工业 5.0——迈向可持续、以人为本和有韧性的欧洲工业》《芯片法案》，以及英国的《科学技术框架》、日本的《产业技术愿景 2020》，发达经

---

① 贾根良：《国有企业的新使命：核心技术创新的先锋队》，《中国人民大学学报》2023 年第 2 期。

② 彭俞超、黄志刚：《经济“脱实向虚”的成因与治理：理解十九大金融体制改革》，《世界经济》2018 年第 9 期。

济体都纷纷抢占人工智能、生物技术、可再生能源等科技制高点。①

历史表明,要在科技领域取得突破,企业就必须利用“硬件”生态系统。经验表明,制造业可以引入数字“基因”,与虚拟世界相融。2022 年 3 月,国家发展改革委正式印发《“十四五”数字经济发展规划》,从顶层设计上明确了我国数字经济发展的总体思路、发展目标、重点任务和重大举措,是“十四五”时期推动我国数字经济高质量发展的行动纲领。规划提出,到 2025 年,我国数字技术与实体经济融合取得明显成效,数字经济竞争力和影响力稳步提升。在推进制造业数字化进程中,必须稳步推进工业互联网的基础设施建设,推动网络基础建设,建立健全网络体系,打造良好的发展平台,提高安全保障能力,以应用为牵引将传统制造业的转型升级与工业互联网的新技术、新模式紧密结合,加快数字化智能化进程,大力发展基于边缘计算开发软件系统,工业分析能力从云端向边缘延伸的模式,积极探索制造业新模式,例如全生命周期管理、整体解决方案、在线监测与维护、个性化定制、网络化协同制造、信息增值服务等。

战略性新兴产业的发展,需要明确国家创新体系、区域创新体系、地方创新集群和创新生态的关系,充分发挥科技对战略性新兴产业的推动力以及潜在布局能力,加快技术促进产业的进程和科技创新成果转化为社会生产力的进程,推动产业需求牵引科技创新措施双轮驱动,实现国家创新驱动发展大循环。同时,要前瞻布局未来产业发展,这是建设现代产业体系、培育发展新动能、促进经济高质量发展的重要举措,是面对新型国际关系、把握产业发展主动权的战略举措,也是谋求“十四五”时期竞争新优势的关键所在。

---

① 周文、杨正源:《新质生产力与国家竞争优势:内在逻辑与战略重点》,《教学与研究》2024 年第 6 期。

面向未来，我国高端装备制造产业的发展需要依靠创新驱动突破重点领域和关键核心技术，提升核心技术自主可控能力；加强技术产业化应用和标准制定，促进创新链与产业链深度融合，优化创新链与产业链布局，提升产业链控制能力。同时，要顺应制造业数字化转型趋势，加强新一代信息技术在高端装备制造领域的融合应用，促进我国高端装备制造产业数字化、智能化发展；加快突破智能制造装备硬件和软件系统瓶颈，加强智能制造装备在航空航天、轨道交通等高端装备制造产业和其他战略性新兴产业的推广应用；加强高端装备制造产业服务模式创新探索，深化信息技术服务应用，提升装备制造效能，拓展装备制造服务能力，推动高端装备制造产业向价值链高端延伸，提升对国民经济各行业的支撑作用；构建高效、清洁、低碳、循环的绿色制造体系，加快高端装备制造产业绿色改造升级，发展循环经济和再制造产业，强化全生命周期绿色管理，提高资源回收利用效率。

（三）以培育创新型人才打造新型劳动者队伍

劳动者素质是影响新质生产力发展水平的一个重要因素。党的二十大报告强调，人才是第一资源。战略型人才是科学帅才，是国家战略人才力量中的“关键少数”。当前，战略型顶级人才相对匮乏已成为困扰我国“三大战略”的重要掣肘，人才缺乏不仅限制了宏观科技视野和科技战略规划，还对微观高精尖技术的研发和突破造成了威胁。[①] 再科学系统的计划也需要人才的贯彻落实，否则很可能陷入巧妇难为无米之炊的尴尬境地。

新质生产力的提升离不开创新人才的储备，离不开创新人才在科技研发以及技术创新中所起的积极作用。新华社中国经济信息社发布的《新一代人工智能发展年度报告（2022—

① 赵晨、林晨、高中华：《人才链支撑创新链产业链的融合发展路径：逻辑理路、中美比较以及政策启示》，《中国软科学》2023 年第 11 期。

2023)》数据显示,中国人工智能行业的有效人员缺口较大,高水平、复合型人才稀缺已经成为人工智能发展的瓶颈。人工智能技术替代了部分劳动力,同时也创造了更多新的工作岗位以及拓展了部分原有工作岗位的劳动需求,改变了就业结构。在第四次工业革命的发展进程中,在需要创造性发明来实现生产计划的地方,我们不太可能看到人工智能取代人类劳动者。实际上恰恰相反,人工智能可能会补齐这个领域的人类劳动者的短板,扩展他们的生产能力,为他们提供深刻的机会。从创新的研发到创新的成果转化,在创新链条上的每一个阶段的创新活动都需要创新人才的参与。创新人才既是创新的基础,也是创新在全球范围内扩散的载体。一国在创新人才上的储备不仅影响该国的创新效率及创新发展水平,同时还影响着该国技术进步增速以及自主创新能力的提升。

国家在储备创新人才时必须加强创新人才的自主培养。习近平总书记在"国家工程师奖"首次评选表彰之际作出重要指示强调:"要进一步加大工程技术人才自主培养力度,不断提高工程师的社会地位,为他们成才建功创造条件,营造见贤思齐、埋头苦干、攻坚克难、创新争先的浓厚氛围,加快建设规模宏大的卓越工程师队伍。"①这为做好新时代工程技术人才工作指明了方向。

当前,在创新人才自主培养中,首先要以市场需求为导向打造高素质人才队伍。教育是培育高素质人才的主要途径,也是实现从数量型人口红利到质量型人力资本红利转变的重要推手,数字经济时代必须重视素质教育,以市场就业需求为导向培育优质的创新型、专业型、实践型的高素质人才。其次要提高人岗匹配度。提高人岗匹配度不仅能够最大限度地发挥人才个人

① 《坚定科技报国为民造福理想 加快实现高水平科技自立自强服务高质量发展》,《人民日报》2024年1月20日第1版。

优势，创造更大的职业发展空间，而且有助于实现人才队伍的优化配置，促进就业质量提升，进而提升经济发展绩效。职业能力不足、职业规划不明、职业认知缺乏、职业流动困难是造成人岗匹配度低的主要原因，因此，以完善的职业教育培训体系培养经济发展紧缺的应用技能型人才，以个性化、多元化的职业指导体系帮助求职者找准个人职业定位，以便捷的就业信息共享平台提升求职双向选择效率，以健全的就业保障促进人才流动，以积极的就业政策稳定就业形势，就显得尤为重要。

在促进创新人才的自主培养中，企业应发挥自身作用，通过多种途径促进人才培养。其一，企业可与行业协会、科研院所构建数字经济产学研科技人才联盟，共建共享成果数据库、人才数据库和专家数据库，提升地方科技人才集聚度，为战略性新兴产业链现代化发展奠定人才基础。其二，企业可通过技术转移服务、技能认证、数字化科普等活动，丰富专业技能培训课程及实践获得，促进科技人才集聚，助力战略性新兴产业链现代化发展。其三，企业可与职业院校建立深层次、多方位合作关系，构建适合本地经济发展的科技人才培养模式，推动战略性新兴产业链现代化发展。其四，企业可借助数字技术构建线上人才交互平台，并通过人才柔性流动机制与高校、科研院所进行交互，引导专业人才集聚，发挥科技人才创新赋能作用，助推新质生产力发展。

第十章
新质生产力与生态文明建设

大自然是人类赖以生存发展的基本条件,良好生态环境是美好生活的基础、人民共同的期盼。党的十八大以来,以习近平同志为核心的党中央全面加强生态文明建设,系统谋划生态文明体制改革,一体治理山水林田湖草沙,着力打赢污染防治攻坚战,创造了举世瞩目的生态奇迹和绿色发展奇迹,形成了习近平生态文明思想。新质生产力理论是党的二十大以来习近平生态文明思想的重大理论创新,为中国的生态文明建设提供了新的指导思想与行动指南。习近平总书记深刻指出:“绿色发展是高质量发展的底色,新质生产力本身就是绿色生产力。”①“新质生产力本身就是绿色生产力”,揭示了新质生产力的绿色内核,阐明了生态文明建设与经济社会发展的辩证关系,指明了实现高质量发展和高水平保护协同共生的新路径。当前,必须深刻理解新质生产力作为绿色生产力的本质特征,阐明新质生产力赋能生态文明建设的理论逻辑,探索发展新质生产力协同推进经济社会发展与生态文明建设的方式,推动构建人与自然和谐共生的中国式现代化。

一、新质生产力本身就是绿色生产力

在历史唯物主义的视角下,生产力是人类在生产实践中形

---

① 习近平:《发展新质生产力是推动高质量发展的内在要求和重要着力点》,《求是》2024 年第 11 期。

成的改造自然与影响自然的能力，是推动人类经济社会发展的关键动力。千百年来，人类通过劳动“在对自身生活有用的形式上占有自然物质”[①]，在劳动过程中逐步解放与发展生产力，推动人类经济社会向前发展。18 世纪以来，人类社会的前三次工业革命加速了生产力的发展过程，为世界各国的现代化注入强劲动力，但这一发展过程也带来了深重的生态环境危机。这促使人类重新思考人与自然的关系，试图在经济发展与环境保护之间寻求平衡，找到一种能够兼顾经济增长、社会进步与环境保护的发展方案。新质生产力正是中国对于这一世界之问、时代之问的回答。

（一）新质生产力开辟生产力发展的绿色新路径

18 世纪 60 年代的第一次工业革命，宣告人类社会从农耕时代转向工业时代。通过征服自然力、广泛应用机器发展大工业，修建铁路与连通河川，西方资本主义国家率先开启现代化，在不到 100 年的时间内创造出远超过去一切世代的庞大生产力，实现了物质财富的高速增长。这是由能源消费模式的转变、产业发展以及城镇化的兴起等因素共同作用的。通过开采和使用不可再生的化石燃料（煤、石油和天然气），西方资本主义国家找到了电力这一高度便捷的二次能源，为工厂和家庭提供照明、取暖与动力，由此促进了自动化工业生产的实现、工业机器人的开发与应用以及全新行业（如高耗电的电解铝行业、家用电器行业）的发展。[②] 化石燃料的高度使用推动了工业化和城市化进程，城市吸引和聚集了大量人口，为工业生产提供了场所与充足的劳动力，西方资本主义国家由此实现了生产力的极大增长。“人类在获得更多食物和榨取更多资源上获得了成功，

---

① 中共中央马克思恩格斯列宁斯大林著作编译局编译：《马克思恩格斯文集》第五卷，人民出版社 2009 年版，第 208 页。

② 克莱夫·庞廷：《绿色世界史：环境与伟大文明的衰落》，王毅译，中国政法大学出版社 2015 年版，第 238 页。

在此基础上维持着人口的增长和越来越精巧、越来越技术发达的社会。”[①]但这繁荣景象背后却是一个以增长为本的不可持续的工业化社会，人口爆炸、资源浪费、过度消费、生态退化、社会分化等问题日益严重。究其根本，资本主义的生产以获取剩余价值为唯一目的，由此导致人类无节制地向自然索取，盲目追求经济增长，造成严重的环境污染和资源危机。[②] 这种粗放型、资源消耗型和环境污染型的经济增长方式被诸多研究者称为“黑色发展模式”，与之相对应的生产力被称为“黑色生产力”。无论是黑色发展模式抑或是黑色生产力，都是以过度消耗乃至透支未来资源为代价来换取当下人类社会的发展，这会使经济增长逼近甚至是超越生态边界，产生梅多斯等人笔下“人口和工业生产能力这两方面发生颇为突然的、无法控制的衰退或下降”[③]的后果。在工业化国家，合成物质材料和其他新材料混合产生的废弃物数量不断增加，推高了废弃物的处理成本，而这一成本是由整个社会来承担的。在这里，技术进步服务于资产阶级无止境的贪欲，生产力的发展加速了自然资源的枯竭，生态极限快速将“经济增长”转变为“不经济的增长”[④]。

面对日益严重的生态危机，西方发达国家采取了诸多措施，以求在经济发展与环境改善之间找到平衡点。一部分西方发达国家选择调整国内产业结构，将部分传统产业的制造工厂和一些劳动密集型产业的加工装配环节迁移至国外，以应对国内资源枯竭、土地和工资等生产成本上升以及环境质量下降的情况，但这一“去工业化”的做法在后来引发了更为严重的产业空心

① 克莱夫·庞廷：《绿色世界史：环境与伟大文明的衰落》，王毅译，中国政法大学出版社 2015 年版，第 6 页。

② 史丹：《绿色发展与全球工业化的新阶段：中国的进展与比较》，《中国工业经济》2018 年第 10 期。

③ 梅多斯等：《增长的极限》，于树生译，商务印书馆 1984 年版，第 12 页。

④ 乔舒亚·法利、迪帕克·马尔干编：《超越不经济增长：经济、公平与生态困境》，周冯琦等译，上海社会科学院出版社 2018 年版，第 32 页。

化问题和失业浪潮。部分西方发达国家吸取了上述教训，着眼于发展节能环保的绿色制造技术，推动传统制造业转型升级。如德国提出“工业 4.0”战略，促进传统产业工业化和信息化的深度融合，使工业由加工制造向智能制造转型升级。但上述创新只涉及技术进步，未能引发经济社会发展模式及体制机制的系统性变革，部分不可持续行业的既得利益者会采用“洗绿”“否认产业”等行动破坏绿色发展的既有成果，抵制新兴技术的开发和使用，这严重阻碍了西方资本主义国家的绿色发展进程。

与西方国家不同，中国着眼于中华民族永续发展与全球生态文明建设，提出了发展新质生产力这一重要战略，开辟了生产力发展的绿色新路径。新质生产力是由技术革命性突破、生产要素创新性配置、产业深度转型升级催生的绿色生产力，与黑色生产力存在显著差别。

一是绿色科技创新成为绿色生产力形成的核心。绿色发展离不开高水平科技体系的支撑，为突破黑色生产力高度依赖于资本与能源的密集投入的发展路径，一方面要实现关键性、颠覆性技术的创新发展，另一方面必须对科技创新的方向予以把控，舍弃有利于经济而严重损害环境的创新成果。绿色科技创新将深刻改变劳动者、劳动资料和劳动对象的形态、功能与耦合方式，提升人类认识自然与改造自然的能力，通过可再生能源的开发、环保产业的发展、绿色低碳循环经济体系的建立等方式，减少经济发展对有限资源的依赖性，优化对自然资源的开发和利用方式，促进生态环境的保护修复。

二是数字技术与绿色技术将深度融合，为绿色生产力的发展夯实要素与产业基础。新质生产力是数字经济时代诞生的先进生产力质态，数据要素已经成为绿色发展的基础性和战略性资源，采集、分析数据要素有助于人们获得绿色发展信息，在生产中应用数据要素能提升其他生产要素的利用效率，实现绿色全要素生产率的快速增长。[①] 数字技术具有通用目的性、技术积累性和创新互补性的技术特征,其与绿色技术深度融合将促进多样化的专有技术的开发,推动产业的数字化、绿色化转型与融合发展,减少能源消耗,提升污染治理效能,优化产品与服务的供给。

三是技术创新与产业转型将引发经济发展模式的深层次变革,为绿色生产力的持续发展提供动力与保障。绿色技术的创新突破、新型要素的应用、资源配置方式的优化以及新兴产业的发展将引发绿色经济领域的制度变迁。技术、产业、制度三者将有机融合、相互促进,共同构建起绿色低碳循环发展的经济体系,为绿色生产力的形成与发展提供不竭动力。这也将促进传统经济增长方式向创新驱动、人才引领、资源集约、环境友好的绿色发展模式转变,真正兼顾高质量经济发展与高水平生态保护。

(二)新质生产力为全球发展中国家提供绿色发展新方案

自20世纪下半叶起,西方发达国家开始控制产业链布局,逐步将高污染产业转移至发展中国家,并妄图利用碳排放议题将发展中国家绑定在全球产业链低端;一些发达国家避重就轻,片面强调当前和未来的排放水平,避而不提历史责任和“碳债”,并要求其他国家跟他们同等减排,这进一步加剧发达国家和发展中国家在气候变化问题中权利和义务的不平衡。[②] 发展中国家面临经济发展与环境保护的两难困境:一方面,发展中国家的环境问题很大程度上源于发展不足。由于缺少必要的原材

---

① 韩晶、陈曦、冯晓虎:《数字经济赋能绿色发展的现实挑战与路径选择》,《改革》2022年第9期。

② 罗国芳:《抢夺资源 转移污染——起底西方气变政策背后的“碳殖民主义”》,新华网,http://www.news.cn/world/2023-12/05/c_1130009939.htm,2023年12月5日。

料、技术、资金、人才等资源，发展中国家无力发展高科技、低能耗的绿色技术和绿色产业，只能选择先依靠本国自然资源消耗实现社会物质财富的快速积累，解决贫困问题，但这种粗放型的增长无疑会加重生态环境负担。另一方面，生态环境所遭受的损害很多是不可逆的，许多由于人类活动的影响发生极度退化的自然生态系统想要恢复到原始状态，在很多情况下技术上不可行、经济上不合算。同时，生态环境的退化会导致自然灾害频发、疾病肆虐，发展中国家更加缺乏应对上述情况的有效手段。事实上，发达国家与发展中国家的经济发展水平不同，在全球可持续发展中的责任也不同。在环境承载力和资源有限的情形下，发达国家应该寻求经济社会结构变革，而发展中国家、新兴国家首先应该通过提高能源、资源效率解决贫困问题。发展中国家既不能听信西方发达国家的片面之词，忽视本国经济发展现实，盲目追求“可持续”或“减少消费”，也不能重复西方国家“先污染后治理”的老路。绿色发展及低碳工业化最大的特征就是人类开始有选择、有限制地进行工业化，发展中国家应当立足自身实际选择发展路径，兼顾经济发展与生态环境保护，走“生产力优先发展的绿色道路”①。

作为全球最大的发展中国家，当前中国正处于转变发展方式、优化经济结构、转换发展动力的关键时期，新质生产力已经在实践中形成并展示出对高质量发展的强劲推动力、支撑力，创新驱动发展成效与绿色低碳转型成效日益显著。中国发展新质生产力的实践充分说明，“保护生态环境就是保护生产力、改善生态环境就是发展生产力”②。广大发展中国家也可以通过发展绿色生产力实现提升国家经济实力、改善人民生活水平和更好地保护生态环境的多元目标。新质生产力理论不仅为推动全

① 孟庆琳主编：《新千年的选择：生产力发展的绿色道路》，经济科学出版社2004年版，第24页。

② 习近平：《习近平谈治国理政》第三卷，外文出版社2020年版，第361页。

球可持续发展贡献中国智慧，更为全球发展中国家提供了绿色发展的新方案。

其一，发展新质生产力是发展中国家兼顾经济发展与环境保护的重要举措。传统的经济增长方式与生产力发展路径对能源与资源的利用率低、产出率低，不利于发展中国家尽快积累社会物质财富，改善贫困问题；发展中产生的废弃物难以被循环利用，会造成严重的环境污染，不利于发展中国家经济社会的长期稳定发展。新质生产力是以绿色科技创新为核心的绿色生产力，具有高科技、高效能与高质量的特征。发展中国家可以通过发展新质生产力推动经济发展提质增效，通过绿色科技创新与绿色新兴产业发展打造本国经济发展的新支柱、创造更多的就业岗位，通过生产绿色高附加值产品和提供绿色服务提升在全球贸易中的竞争力。随着绿色科技水平的提升，发展中国家能够更好地节约和保护自然资本，使自然环境成为经济可持续发展的财富之源和重要保障。

其二，发展新质生产力为不同国家开展合作与交流、协同推进全球可持续发展提供契机。随着经济全球化的深入发展，世界各国越来越成为休戚与共的命运共同体，人与自然越来越成为不可分割的生命共同体，每个国家都需要在全球可持续发展中承担应尽的责任。绿色发展是当前世界各国经济发展的重要趋势与必然选择。以绿色生产力的发展为契机，发达国家与发展中国家可以在绿色技术、绿色产业、绿色金融等领域开展合作交流，实现共赢。世界各国可以就全球环境治理中的重要议题进行协商，共同构建绿色低碳、清洁美丽的世界。

（三）新质生产力丰富与创新了绿色生产力理论

我们生活在萨克斯所说的“人类世”，人类活动是生态环境演变的重要驱动力之一。一方面，历次工业革命带来了生产力的解放、社会财富的积累和人类文明的繁荣；另一方面，生态环境却随着人类社会的兴旺而凋零，并开始危及人类自身的发展。

率先开启工业化的西方资本主义国家最先直面工业文明的阴暗面，人们逐渐意识到工业主义的生产生活方式难以持续。20世纪70年代，西方涌现出第一批生态经济学者，戴利、舒马赫等对新古典经济学进行了深刻反思，揭露了“经济增长成瘾”现象背后支付的社会与生态代价，批判了自然界被外化于经济领域之外的做法，指出了不合理的经济增长衡量指标的有害性，强调对新技术的优劣的评价应兼顾伦理道德、生态影响与经济成就，并提出“零增长经济”“稳态经济”等发展设想。但这些方案缺乏建设性，无法替代以增长为本的传统经济体系。里斯、瓦克纳格尔等新一代可持续经济学家继承和创新了上述思想，他们拒斥“经济的最终目的是无限增长”的观点，提出发达国家要创建注重稳定性与生态承受极限的经济体系，创制了生态足迹分析、生命周期分析和真实发展指标等可持续性测量工具，提倡发展绿色经济，以实现低碳、去中心化、环境可持续，提升平等、福祉和生活满意度，对全球可持续发展产生了重要影响。[①] 但可持续理论预设资本主义的体制架构会继续存在，可持续经济学只是围绕绿色价值观、生活满意度和生态极限等问题对新古典经济学思想进行了重新校准，本质上依然是“以资本为中心”的资本主义经济学，在其指导下产生的技术创新与制度变革的成果无法消除人与自然、经济发展与环境保护的根本对立。“新质生产力本身就是绿色生产力”这一重要论断则继承了马克思主义生态观的重要内容，创新发展了马克思主义生产力理论，是习近平生态文明思想的重要内容。

其一，新质生产力理论深刻体现以人民为中心的发展思想。习近平总书记强调，“良好生态环境是最普惠的民生福祉”，“发展经济是为了民生，保护生态环境同样也是为了民生”[②]。发展

---

① 杰里米·L.卡拉东纳：《可持续性通史：从思想到实践》，张大川译，上海科技教育出版社2023年版。

② 习近平：《习近平谈治国理政》第三卷，外文出版社2020年版，第362页。

新质生产力是为了构筑起自然财富、生态财富、经济财富与社会财富四者相互增进、不断积累的良性循环，让当代人民和后世人民都能享受到经济、社会与环境协同发展的成果。发展新质生产力就是坚持生态惠民、生态利民、生态为民，通过绿色科技创新和绿色产业发展加快形成节约资源和保护环境的空间格局、产业结构、生产方式和生活方式，使绿色生产力成为支撑高质量发展的重要动力，为人民提供优美生态环境、优质生态产品、绿色交通工具，创造出更多绿色经济就业岗位，满足人民对美好生活和优美生态环境的需要。

其二，新质生产力理论将生态环境纳入生产力范畴，继承和创新了马克思主义生产力理论。[①] 人与自然的关系是人类社会最基本的关系，保护自然资源、尊重自然规律的思想在中国古已有之。据《逸周书·文传》记载，周文王提出："山林非时不升斤斧，以成草木之长。川泽非时不入网罟，以成鱼鳖之长。"《管子·立政》中也明确提出："修火宪，敬山泽林薮积草。夫财之所出，以时禁发焉。使民于宫室之用，薪蒸之所积，虞师之事也。"马克思主义生产力理论高度重视人与自然的关系，恩格斯强调，人类应当"学会更正确地理解自然规律，学会认识我们对自然界习常过程的干预所造成的较近或较远的后果"[②]。新质生产力理论继承了中国古代生态文明思想与马克思主义生态观的重要内容，将"人与自然和谐共生"作为发展目标，创新了马克思主义生产力理论。发展新质生产力坚持"既要金山银山也要绿水青山，推动绿水青山转化为金山银山，让自然财富、生态财富源源不断带来经济财富、社会财富，

① 黄群慧：《新质生产力本身就是绿色生产力》，《生态文明研究》2024 年第 2 期。

② 中共中央马克思恩格斯列宁斯大林著作编译局编译：《马克思恩格斯选集》第三卷，人民出版社 2012 年版，第 998 页。

实现经济效益、生态效益、社会效益同步提升”①。这一理论突破了将环境与经济视为此消彼长的对立面的固有认识，揭示了“保护生态环境就是保护自然价值和增值自然资本，就是保护经济社会发展的潜力和后劲”②，为统筹经济社会发展与生态环境保护提供指引。

其三，新质生产力理论将绿色科技创新作为发展绿色生产力的核心，要求通过非线性、颠覆性的系统创新对不可持续的生产方式与社会制度进行整体性变革，为人类社会从工业文明转向生态文明指明了道路。在经济社会发展存在生态环境红线的情况下，只依靠普通的技术优化和效率改进无法推动生态文明建设。西方国家的困境在于，在资本主义制度的统摄下，可持续发展行动往往只涉及技术变革，难以涉及深层次的体制机制变革，少数既得利益者会抵制有利于环境保护、不利于盈利的绿色技术的开发和应用，影响生态文明建设的进程。中国的新质生产力是符合新发展理念的先进生产力质态，蕴含“创新、协调、绿色、开放、共享”的基本特性。新质生产力的发展以绿色科技创新为核心，一方面强调通过关键性、颠覆性的绿色科技创新为新能源、新产业的发展提供支持，另一方面强调通过技术、产业、制度的协同发展，推动绿色技术应用、绿色产业成长、绿色金融发展、绿色制度完善和绿色生活方式流行，实现科学技术与经济社会的系统变革，既大幅提升绿色全要素生产率，也降低人类活动对自然环境的损害，解决好工业文明带来的矛盾。

① 中华人民共和国国务院新闻办公室：《新时代的中国绿色发展》，《人民日报》2023年1月20日第7版。

② 习近平：《习近平谈治国理政》第三卷，外文出版社2020年版，第361页。

二、发展新质生产力有助于推进绿色发展和赋能生态文明建设

如果从原始文明、农业文明和工业文明递进演变的视角观察人类文明形态的发展演变，生态文明无疑是一种"后工业文明"，一种人与自然和谐共生的高级文明形态。推进生态文明建设，就是要以资源环境承载能力为基础，以自然规律为准则，以可持续发展、人与自然和谐为目标，建设生产发展、生活富裕、生态良好的文明社会。[①] 作为发展中国家，中国仍然需要把发展作为包括生态文明在内的整个文明建设的基本建设手段，通过进一步促进经济社会的发展和最大限度地降低发展的生态代价来推动生态文明建设。[②] 正如习近平总书记所言："生态环境问题归根到底是发展方式和生活方式问题。建立健全绿色低碳循环发展经济体系、促进经济社会发展全面绿色转型是解决我国生态环境问题的基础之策。"[③]党的十八大以来，中国提出了"创新、协调、绿色、开放、共享"的新发展理念，绿色发展成为中国经济高质量发展的内在要求。绿色发展是顺应自然、促进人与自然和谐共生的发展，是用最少资源环境代价取得最大经济社会效益的发展，是高质量、可持续的发展。[④] 它指向一种低碳、资源高效型和社会包容型的经济发展方式，能够协同经济发展、社会进步与环境保护的三重目标。绿色发展是生态文明建设的必然要求和战略路径，是人类社会从工业文明时代跨入生态文明时代的关键。发展新质生产力能够促进经济社会发展全面绿色转型，有助于扎实推

① 张高丽：《大力推进生态文明　努力建设美丽中国》，《求是》2013 年第 24 期。

② 俞可平：《科学发展观与生态文明》，《马克思主义与现实》2005 年第 4 期。

③ 习近平：《习近平谈治国理政》第四卷，外文出版社 2022 年版，第 363 页。

④ 中华人民共和国国务院新闻办公室：《新时代的中国绿色发展》，《人民日报》2023 年 1 月 20 日第 7 版。

进绿色发展，赋能生态文明建设。

（一）以绿色科技创新为绿色发展提供重要支撑

科技创新是一把“双刃剑”，其既能提升人类利用自然与改造自然的能力，从而推动人类社会的发展与进步，也会赋予人类对自然环境与生态系统更为强大的破坏力，为可持续发展埋下隐患。在前三次工业革命中，技术进步更多地是加剧了经济发展与环境保护的对立，而绿色技术突破了“以生态换发展”的路径依赖，能在经济系统、社会系统与环境系统间构筑起良性循环。发展新质生产力有助于增强中国的绿色科技创新实力，为统筹经济社会发展与生态环境保护提供重要支撑。

其一，绿色科技创新是中国塑造全球绿色低碳竞争新优势的核心。当今世界，绿色科技创新正成为全球新一轮工业革命和科技竞争的重要新兴领域，绿色科技创新的率先突破能使一国抢占绿色科技制高点，掌握未来发展的主动权。一方面，科技制高点具有引领带动性强、攻坚难度大、任务目标集中等特征，占据科技制高点离不开多领域、多学科的协同合作。绿色科技创新的突破不仅伴随着多领域的基础性、原创性与颠覆性技术的突破，更能通过与其他领域技术的结合不断产生新的技术创新突破口。通过加快绿色科技创新，中国不仅能提升国家整体的科技竞争实力，突破关键核心技术“卡脖子”困境，也能更好地融入全球创新网络，获得更多与其他国家开展技术交流与合作的机会。另一方面，科技创新会推动产业创新。绿色科技创新的率先突破有助于产业能耗与碳排放强度的降低，能推动传统产业转型升级，加速绿色低碳领域的战略性新兴产业与未来产业发展，赋能中国抢占产业发展的制高点，提升产业链供应链韧性与安全水平，实现向全球价值链高端的攀升。

其二，绿色科技创新引领能源革命，以点带面推进碳达峰碳中和,形成低碳发展新格局。当前,中国的能源结构依然以传统化石能源为主导。数据显示,2023 年中国全年能源消费总量 57.2 亿吨标准煤,煤炭消费量占能源消费总量的比重为 55.3%[①],占绝对主体地位。同时,中国现有能源体系存在整体效率不高、结构不合理的问题,如作为主体能源的煤炭多用于发电且利用率低,石油资源短缺、油品质量不高,可再生能源难以并网和规模应用,等等。[②] 这就决定了将传统的化石能源为主的能源体系转变为以可再生能源为主导、多能互补的能源体系,进而促进中国能源及相关工业升级,是实现"双碳"目标的关键。[③] 在发展新质生产力的过程中,绿色科技创新将为能源清洁低碳高效利用提供技术支持。具体而言,大规模储能技术的发展能促进可再生能源的充分开发利用;风能、太阳能、生物质能等可再生能源关键技术以及智能电网和分布式能源等关键核心技术的突破有助于构建以新能源为主体的低碳绿色电力系统;多能融合、规模应用的关键技术的突破能促进不同能源实现转化,如煤炭可经由改性实现高效清洁燃烧,这有助于工业部门充分利用中国富煤、贫油、少气的能源资源分布特点进行生产,缓解石油供应压力。当前,中国在能源革命方面已取得丰硕成果,如中国科学院大连化学物理研究所和陕西延长石油集团公司共同开发了合成气制乙醇工艺技术,实现了利用煤、天然气或钢厂煤气大规模制取乙醇。基于这一工艺,2024 年年初,由淮北矿业集团碳鑫科技有限公司建设的全球规模最大的乙醇生产装置启动试生产,该装置每年

① 国家统计局:《中华人民共和国 2023 年国民经济和社会发展统计公报》,《中国统计》2024 年第 3 期。

② 吕清刚:《"双碳"目标下能源科技发展路径新思考》,《中国科学报》2022 年 7 月 14 日第 1 版。

③ 刘中民:《"碳达峰"与"碳中和"——绿色发展的必由之路》,《人民日报》2021 年 8 月 13 日第 20 版。

可产出无水乙醇60万吨，开创了一条煤炭清洁高效利用的新路线。[①] 上述成果充分表明，绿色科技创新能支持工业流程再造、传统产业升级和绿色新产业发展，在促进节能减排的同时打造新的经济增长点，为中国经济社会绿色发展提供强劲动能。

其三，绿色技术与数字技术深度融合能促进生态环境保护与生态经济发展。数字技术具有高创新性、强渗透性与广覆盖性，能突破时空限制，促进信息交互，提升资源配置效率，赋能绿色技术发展。同时，数字技术的发展需要依靠强大的算力支持，这在一段时间内会加剧能源消耗与碳排放量的提升，绿色技术能降低数字技术发展对环境的负面影响，确保数字技术的发展及应用始终遵循绿色发展理念。[②] 数字技术可以与绿色技术实现双向深度融合与协同创新，为实现生态改善与经济发展的良性互动提供技术支撑。在生态环境保护方面，生态环境部门可以应用大数据、云计算、人工智能、区块链和数字孪生等先进技术深入挖掘、高效汇聚、融合应用生态环境数据，构建智慧高效的生态环境管理信息化体系，增强对自然灾害的监测感知、预警预报与应急处置能力[③]；强化山水林田湖草沙一体化保护和系统治理，优化国土空间开发保护格局，通过数据互联推动生态环境治理从切块式、片段化向协同式、整体性转变[④]。企业可以通过数字技术与环境污染治理、清洁煤发电、碳采集、碳封存等绿色技术的深度融合，加快在减污降碳、多污染物协同治理、新污染物治理等方面实现关键

① 陆成宽：《全球规模最大乙醇生产装置启动试生产》，《科技日报》2024年1月11日第5版。

② 寇冬雪：《推动数字化绿色化双转型的必要性和着力点》，《中国经营报》2023年5月29日第4版。

③ 任南琪：《数字化赋能生态文明建设》，《人民日报》2023年12月1日第9版。

④ 李海生：《建设绿色智慧的数字生态文明》，《人民日报》2023年12月1日第9版。

性技术的突破，减少经济活动对自然生态的不利影响。在生态经济发展方面，数字技术与绿色技术深度融合有助于各地探索生态产业化开发模式，健全生态产品价值实现机制，因地制宜将绿水青山的生态价值转化为金山银山的经济价值。① 如湖州依托互联网等现代信息技术和良好的交通条件，大力培育发展休闲旅游、高端民宿、家庭农场等生态经济，孕育了“企业+村+家庭农场”等多种经营模式，让生态资源成为生产资料参与经济活动，实现生态价值向经济价值转化。② 这充分说明，绿色技术与数字技术的融合能发挥“1+1>2”的效果，推动生态财富更好地转化为经济财富。

（二）以绿色先进产业推动经济结构持续优化

从长期来看，一国经济增长和发展的前途取决于其产业发展的程度。绿色发展必须以先进完善的绿色产业体系作为支撑，这涉及建立什么样的工业制造体系、什么样的产业结构、什么样的国际分工格局等国家战略性问题。③ 发展新质生产力有助于以绿色科技创新赋能绿色产业发展，推动经济结构持续优化，为发展方式绿色转型和提升全球竞争力奠定坚实基础。

其一，以绿色科技创新为引领，绿色产业发展能带动中国产业结构、需求结构与城乡区域结构的调整，促进经济结构持续优化。随着新质生产力的发展，绿色科技创新与先进数字技术将深度融合，推动绿色产业发展。绿色技术的开发与应用能改进传统生产工艺，提升能源资源利用效率，推动实现清洁生产，赋能高耗能、高排放、高耗水的传统产业绿色改造升

---

① 孙金龙、黄润秋：《培育发展绿色生产力 全面推进美丽中国建设》，《求是》2024 年第 12 期。

② 中共浙江省湖州市委：《“绿水青山就是金山银山”的湖州实践》，《求是》2020 年第 17 期。

③ 史丹：《绿色发展与全球工业化的新阶段：中国的进展与比较》，《中国工业经济》2018 年第 10 期。

级，提质增效。一系列关键性、颠覆性技术的突破将赋能绿色经济领域的战略性新兴产业与未来产业加速发展。数字技术能够帮助企业实现自动化生产，通过实时监控与数据分析减少物料浪费、提升产品质量，不断改进绿色低碳生产工艺，实现资源集约高效利用，促进绿色全要素生产率的提升。在技术创新的推动下，传统的高污染、高能耗产业将进行改造升级或有序退出；生态农业、绿色制造业、绿色能源产业、绿色交通运输业与绿色金融行业将加快发展，成为国民经济增长的重要支柱；绿色工厂、绿色工业园区、绿色产业链供应链的发展将加速绿色工业制造体系的完善，构建起以生态农业、循环工业和持续服务产业为基本内容的经济结构和经济增长方式。① 在这一过程中，中国的产业结构将持续向合理化、高级化方向转变。绿色产业的发展不仅能优化产品供给，也能满足人民日益增长的优美生态环境需要，持续改善需求结构，提升民生福祉。各地区将结合自身资源禀赋优势，发展和培育新的绿色经济增长点，不断实现生产力布局优化调整；区域间、城乡间将为推动绿色科技创新与绿色产业发展开展协同合作，促进资源、人才、资金等要素的流动与优化配置，不断完善新型基础设施建设，有助于城乡区域结构的优化。

其二，绿色产业发展将深刻改变中国在全球产业分工中的地位，推动形成国际分工新格局。在过去很长一段时间里，中国自身研发能力较弱，主要依靠丰富的资源与低成本劳动力的比较优势参与全球产业分工，所生产的产品技术含量低、附加值低、利润较少。在这一过程中，中国被迫承接了发达国家低附加值、高能耗与重污染型产业的转移，不仅面临发达国家的技术封锁，更面临资源枯竭与环境恶化等重要问题，许多

① 郑德凤、臧正、孙才志：《绿色经济、绿色发展及绿色转型研究综述》，《生态经济》2015 年第 2 期。

领域被长期锁定于全球产业分工的中低端，经济发展空间受限，国际竞争力总体不强，容易受到国际市场动荡的不利影响。通过发展绿色产业，中国将有序进行生产工艺更新、产业结构调整、城乡发展空间格局的优化，向外迁出不利于可持续发展的重污染企业，推动各地区因地制宜发展绿色生态产业和绿色高技术产业，优化对生态财富的开发与利用方式，拓宽经济增长空间。通过发展绿色产业，中国将开辟新的产业增长领域，抢占全球绿色发展制高点，通过为世界各国提供多元化的绿色、优质、高附加值产品和服务提升在全球产业分工中的地位，实现向全球产业链、价值链中高端的攀升。

（三）以绿色生活方式塑造人与自然和谐共生新格局

习近平总书记指出，“生态环境问题归根结底是发展方式和生活方式问题”，必须“把经济活动、人的行为限制在自然资源和生态环境能够承受的限度内，给自然生态留下休养生息的时间和空间”[①]。绿色生活方式是一种简约适度、绿色低碳、文明健康的生活理念和消费方式，包括绿色消费、绿色出行、绿色居住等。绿色生活方式对于绿色发展的实现具有重要的作用。

其一，绿色消费能够推动绿色生产的发展和进步。马克思指出，生产、分配、交换、消费四者“构成一个总体的各个环节，一个统一体内部的差别”[②]。消费既是前一轮社会生产过程的结束，也是新的社会再生产过程的开始，对于生产起重要反作用。消费使商品的价值得到实现，使社会再生产的四个环节有机衔接、周而复始，能够畅通经济循环，促进要素增值与供给优化。绿色消费规模增长与消费结构升级能不断创造出新的需求，并将消费者的行为与偏好信息反馈给生产者。

---

① 习近平：《推动我国生态文明建设迈上新台阶》，《求是》2019 年第 3 期。

② 中共中央马克思恩格斯列宁斯大林著作编译局编译：《马克思恩格斯文集》第八卷，人民出版社 2009 年版，第 23 页。

这有助于促进技术创新、生产结构调整优化与产品的升级换代，有助于延伸产业链，推动绿色低碳产业发展壮大，以新业态、新模式和新产业的增长为绿色发展提供强劲推动力。

其二，绿色低碳、文明健康的生活理念为塑造人与自然和谐共生新格局提供价值引领。理念是行动的先导，绿色生活理念的广泛传播有助于人们深刻认识经济、社会与环境三者之间密不可分的关系，了解到绿色消费、绿色出行、绿色居住等生活方式不仅能更好地满足个人需求，也能使经济发展与环境保护得到兼顾。绿色消费观能有效降低消费主义、拜金主义和奢靡思想的不利影响，引导人们节约资源、合理消费、绿色消费，主动选择绿色低碳出行方式，使用清洁能源，购买绿色生态产品，减少个人生活的碳足迹。

绿色生活方式的形成离不开绿色生产方式和绿色生活理念的支撑。发展新质生产力能推动绿色科技创新和产业数字化、绿色化转型，有助于优化绿色生态产品、绿色交通工具、绿色公共服务等的供给，为人们采用绿色生活方式、改善生活水平、提升民生福祉提供支撑。发展新质生产力能推动发展方式与生活方式实现全面绿色转型，使二者实现良性互促，从而使“绿色发展”深刻嵌入社会再生产各个环节之中，真正成为高质量发展的底色。发展新质生产力有助于以绿色生产生活方式的转变促进绿色发展理念与绿色生活理念的广泛传播，使人们养成节约资源、保护环境、低碳出行、绿色消费等意识，自觉践行绿色生活理念，形成推进生态文明建设的社会合力。

（四）以推进共建“一带一路”绿色发展赋能全球生态文明建设

推进共建“一带一路”绿色发展是践行绿色发展理念、推进生态文明建设的内在要求。新质生产力与共建“一带一路”绿色发展之间存在双向赋能作用：一方面，“一带一路”作为重要的国际公共产品与国际合作平台，能为国家间、区域间提供互学互鉴、携手合作的公共平台，能促进国内外要素资源流动与交换，为中国发展新质生产力提供先进技术、高水平人才、充足资金和广阔外部市场的支持；另一方面，中国发展新质生产力所取得的绿色技术突破与绿色产业发展成果将在“一带一路”共建国家中产生大规模的正向外溢效益，促进其他国家的绿色发展，进一步深化“一带一路”绿色发展进程。通过发展新质生产力，推进共建“一带一路”绿色发展，中国与世界各国共谋全球生态文明之路。

其一，推动共建“一带一路”绿色发展，为全球绿色低碳发展提供更加开放的合作平台，加快绿色低碳转型，共享绿色发展成果。推动实现绿色发展的关键在于加快绿色科技创新，以绿色科技创新引领绿色产业创新。绿色科技创新只有在技术的交流碰撞中才能得到突破，绿色产业的发展将为中国与世界各国开展合作提供机遇。“一带一路”能汇聚起全球多个国家的力量，为世界各国交流技术与经验、共享资源与分摊风险搭建平台。中国与“一带一路”共建国家可以在节能低碳产业、环境保护产业、资源循环利用产业、能源低碳转型产业等领域广泛开展合作，培育合作新增长点并从中受益。此外，中国积极支持发展中国家实现绿色低碳转型，推动实施“一带一路”应对气候变化南南合作计划，推进低碳示范区建设和减缓、适应气候变化项目实施，承建沙特红海公用基础设施项目、肯尼亚斯瓦克大坝项目、几内亚加纳特马新集装箱码头项目等促发展、惠民生的重要工程，向“一带一路”共建国家提供绿色低碳和节能环保等应对气候变化相关物资援助，通过绿色丝路使者计划为上百个发展中国家培训了上万名环境与气候专业人才①，为发展中国家加快绿色转型注入澎湃动力。中国的绿色技术与绿色发展方案已经切实转化为共建“一带一路”绿色发展的行动与成果，不仅为“一带一路”共建国家带来切实的好处，也使中国在国际上收获了更多国家的认可，与世界各国建立起更加紧密的绿色发展伙伴关系，拓宽了未来发展空间。

其二，推动共建“一带一路”绿色发展，深化全球生态环境治理进程。中国积极参与全球生态治理，以自身实践推动构建更加清洁美丽的世界。在应对气候环境变化方面，中国积极寻求与“一带一路”共建国家应对气候变化的“最大公约数”，积极推动各方全面履行《联合国气候变化框架公约》与《巴黎协定》，推动建立公平合理、合作共赢的全球气候治理体系。在维护全球生态安全方面，中国先后发布《关于推进绿色“一带一路”建设的指导意见》《“一带一路”生态环境保护合作规划》《对外投资合作建设项目生态环境保护指南》《关于推进共建“一带一路”绿色发展的意见》等重要政策文件，帮助“一带一路”共建国家补齐短板，提升应对气候变化能力，为共建绿色地球注入新动能。

三、加快发展新质生产力赋能生态文明建设的关键路径

（一）加快绿色科技创新和先进绿色技术推广应用

科技创新是发展新质生产力的核心要素，绿色科技创新是绿色低碳产业发展的核心，是经济社会向绿色发展方式和生活方式转变的主导动力。为加快绿色科技创新，促进先进绿色技术推广应用，发展新质生产力需要构建市场导向的绿色技术创新体系，加快实现高水平科技自立自强，推动形成研

① 龚鸣、禹丽敏：《推进共建“一带一路”绿色发展》，《人民日报》2024 年 1 月 22 日第 15 版。

究开发、应用推广、产业发展贯通融合的绿色技术创新新局面。

其一，夯实绿色技术发展根基，促进绿色创新成果转化。必须以兼顾经济发展与环境保护为目标，有选择地重点培育、优先发展部分绿色科技创新，积极推动绿色替代技术创新与功能材料开发。要围绕资源循环利用、高效能源转换与储存、生态保护与修复、碳捕集利用与封存、绿色建筑设计与施工、生物能源转化等关键共性技术、前沿引领技术、现代工程技术、颠覆性技术创新重点布局、加快研发，突破在新材料技术、高端科学仪器、关键零部件、高端装备等方面的瓶颈制约，形成一批具有自主知识产权、具备国际领先水准的关键核心绿色技术，实现高水平科技自立自强。同时，要围绕发展新质生产力布局产业链，促进产业链与创新链精准对接，加速绿色科技创新成果的推广应用与产业化，开创研究开发、应用推广、产业发展贯通融合的绿色技术创新新局面，形成发展绿色生产力的强大合力。

其二，培育壮大绿色技术创新主体。企业是绿色技术研发、成果转化、示范应用和产业化的主体，要加快绿色技术创新企业认定，支持有实力的企业创建国家绿色企业技术中心以及承担国家与地方部署的绿色技术创新重点项目，完善促进企业绿色创新的政策与措施，扶持初创企业和成果转化，培养一批绿色技术创新龙头企业。要推进“产学研金介”深度融合，构建绿色技术创新联合体，更好地吸纳与整合产业链上下游资源，加速绿色科技创新研发、成果转化和产业化。要加强绿色科技创新人才队伍建设，构建由企业牵头，高校、科研院所、金融资本、中介机构等共同参与建设的绿色技术领域产学合作协同育人项目，培育一批面向国家重大需求、面向企业发展需要的绿色技术创新领军人物、拔尖人才，使之成为推动高质量发展的重要支撑。要一体推进优化绿色技术创新人才的培养机制、配置机制、评价机制和激励机制，激发高水平人才的创新活力。

其三，加强绿色技术创新对外开放与国际合作。要持续推进建立“一带一路”绿色技术创新联盟等合作机构，加强同世界各国在绿色科技创新领域的国际交流合作，开展协同创新以加快关键技术攻关，促进绿色技术国际交易和转移转化。要积极引进、消化和吸收国际先进绿色技术，弥补本国技术研发的缺陷，更好地推动绿色产业发展。同时，鼓励国际绿色技术持有方通过技术入股、合作设立企业等方式，推动绿色技术创新成果在国内转化落地，鼓励国内企业、高校与科研院所广泛开展国际互利合作，促进成熟绿色技术在其他国家的转化和应用。通过深化国内外合作，加快绿色技术创新理念及成果的传播与应用，推动全球绿色低碳发展。

（二）加快建设智能化、绿色化、融合化的现代化产业体系

现代化产业体系是新质生产力形成与发展的载体，是实现高质量发展的重要支柱。以科技创新赋能智能化、绿色化、融合化的现代化产业体系建设，能为发展绿色生产力、推动经济社会全面绿色转型提供坚实的物质技术基础，为此必须加快发展绿色低碳产业，构建更为完善的绿色低碳循环经济体系。

其一，加快推动产业绿色化转型发展。绿色技术与绿色产业代表着未来全球经济发展方向，其中蕴含着新的经济增长点。加快发展绿色产业必须着力推动产业结构高端化升级，推动三次产业融合发展。一方面，要推动传统产业高端化、智能化、绿色化转型升级，有序淘汰落后产能，加快发展战略性新兴产业，提前布局未来产业，加快弥补中国在新材料、新技术发展上的短板，通过技术创新与产业发展的双轮驱动，

提升中国绿色产业的全球竞争力。另一方面，要推进工业、农业、服务业绿色升级、融合发展。在工业方面，要针对钢铁、石化化工、有色金属、建材等高污染行业进行绿色化改造，支持新能源、新材料和生物医药等新兴高技术产业绿色低碳发展，完善绿色制造支撑体系。在农业方面，需鼓励发展生态循环农业，强化耕地质量保护与提升，减少农业产生的污染废弃物对自然环境的损害。在服务业方面，要培育一批绿色商贸流通企业，加快信息服务业绿色转型，有序发展共享经济和闲置资源交易，以大数据、云计算、人工智能等先进数字技术提高资源配置效率，提升服务业智能化、绿色化水平。要按照产业演进规律和融合化发展方向，以绿色环保产业为重点率先突破，带动三次产业绿色升级，构建绿色产业链供应链，实现农业、制造业、服务业和信息技术的融合发展，为发展绿色生产力注入强劲动能。

其二，因地制宜优化绿色产业布局，打造高效生态绿色产业集群。不同地区的发展阶段不同，新质生产力的发展也会呈现出不同的区域特征，各地区之间可以加强交流协作，但不能简单套用其他地区发展新质生产力的规律来制定本地区的产业发展重点，这样只会导致产业同质化恶性竞争，而应该因地制宜、分类指导。各地区应依据本地的资源禀赋、产业基础、科研条件等，发挥本地优势、展现本地特长，有选择地培育与扶持绿色低碳产业，发展与资源环境相适宜的特色产业和生态产业，走差别化发展道路，与其他地区形成优势互补。[①] 在因地制宜优化绿色产业布局的基础上，各地区更需要打造高效生态绿色产业集群，以促进技术升级与模式创新、提升资源配置效率、实现要素资源共享，并带动相关产业以及产业链

① 史丹:《绿色发展与全球工业化的新阶段:中国的进展与比较》,《中国工业经济》2018 年第 10 期。

供应链的发展完善，构建起完整的绿色产业链条和强大的绿色产业生态系统，以此加强区域绿色发展，打造绿色发展高地。

其三，构建更为完善的绿色低碳循环经济体系。绿色低碳的现代化产业体系的建设离不开绿色低碳流通体系与绿色基础设施的支持。在流通体系绿色化方面，要推动绿色物流建设，积极调整运输结构，推广绿色低碳运输工具，鼓励物流企业发展智慧仓储、智慧运输，减少商品流通过程对自然环境的影响。要加强再生资源回收利用，推进垃圾分类回收与再生资源回收“两网融合”，加快落实生产者责任延伸制度，引导生产企业建立逆向物流回收体系，完善废旧家电回收处理体系与废旧物资循环利用体系，提升资源产出率和回收利用率。在基础设施绿色升级方面，必须着力推动能源体系绿色低碳转型，提升可再生能源利用比例，加快大容量储能技术研发推广，为城市与乡村提供更多清洁能源，推进城乡电网升级改造。要推进城镇环境基础设施建设升级，提升城镇对生活污水、生活垃圾、危险废物、餐厨垃圾等废弃物资源的利用与无害化处理能力。要提升交通基础设施绿色发展水平，减少污染排放，提高居民出行的便利性。要加强国家重点生态功能区建设，实现对生态环境资源从消耗性利用向非消耗性利用的转变。

（三）加快形成支撑高质量发展与高水平保护的绿色新型生产关系

新质生产力是统筹兼顾经济社会发展与生态环境的绿色生产力，能够引领发展方式全面转型，推动社会结构发生深层次变革。当前，经济社会中束缚新质生产力发展的旧有生产关系尚未消退，而与新质生产力发展相适应的绿色新型生产关系已经出现。为培育壮大新质生产力，赋能生态文明建设，必须进一步深化改革与扩大对外开放，推动加快形成支撑高质量发展与高水平保护的绿色新型生产关系。

其一，建设高标准市场体系，优化市场功能。发展新质生产力，必须尊重和把握绿色技术创新的市场规律，充分发挥市场在绿色技术创新领域、技术路线选择及创新资源配置中的决定性作用，让各类先进优质生产要素向发展新质生产力顺畅流动，使各类绿色企业能够灵活高效地获取所需资源，争相成为绿色低碳原创技术策源地和绿色产业高质量发展的领军者。为此，必须建立高标准市场体系，健全与优化市场功能。要完善现代产权制度，加强数据、知识、环境等领域产权制度建设，健全自然资源资产产权制度和法律法规，更好地激发社会创新潜能；要健全要素市场运行机制，发展知识、技术与数据要素市场，加快绿色科技成果转化与绿色技术推广应用；要推动市场基础设施互联互通，利用大数据、云计算、人工智能、区块链等新技术提升市场基础设施的智能化水平，打破市场分割，优化资源配置，提升市场运行效率与稳定性；要加强市场监管与执法，发展针对绿色低碳产品的质量安全责任保障，严厉打击虚标绿色低碳产品的行为和生产、销售列入淘汰名录的产品、设备的行为，肃清市场环境。

其二，发挥政府顶层设计、战略规划与统筹协调作用。政府必须牢固树立系统观念与底线思维，坚持保护优先、合理利用，彻底摒弃以牺牲生态环境换取一时一地经济增长的做法。各级地方政府必须依据地方经济基础、要素禀赋、科研条件与生态环境情况，因地制宜、量力而行、破立并举推进新质生产力发展。政府要建立生态环境保护者受益、使用者付费、破坏者赔偿的利益导向机制，探索政府主导、企业和社会各界参与、市场化运作、可持续的生态产品价值实现路径，推进生态产业化和产业生态化。政府要深化科技体制、教育体制、人才体制、金融体制改革，构建服务型科技创新体系，完善知识产

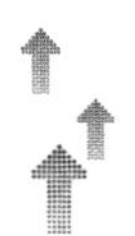

权保护制度，创新高等教育学科设置和企业人才培养模式，持续优化支持绿色低碳发展的经济政策工具箱，发挥绿色金融的牵引作用，打通束缚绿色生产力发展的堵点卡点，以体制机制改革赋能生态文明建设。

其三，持续推进更高水平对外开放。生态文明关乎全球未来，“国际社会要加强合作，心往一处想、劲往一处使，共建地球生命共同体”①。新质生产力这一重要战略能够凝聚全球共识，为世界各国深化交流合作创造重要机遇，使生态文明建设成果惠及全球各国人民。为此，中国必须持续推进更高水平对外开放，以二十国集团（G20）、“一带一路”、金砖国家等合作机制为依托，促进世界各国绿色技术交流与产品贸易往来，持续援助发展中国家的绿色工程项目建设，推动龙头企业在部分国际绿色技术研发领域发挥引领作用。中国更应积极参与全球生态环境治理，与世界各国一起就气候变化、生物多样性保护、水资源管理、土地退化与荒漠化防治、海洋环境保护与资源开发、可再生能源发展等重要议题进行商讨，加快各类标准与规则的制定，为全球可持续发展贡献中国智慧、中国方案。

（四）加快形成节约资源和保护环境的绿色生活方式

绿色生活方式对于构建绿色循环低碳经济体系，推动经济社会全面绿色转型具有重要的推动作用。以新质生产力赋能生态文明建设，必须大力促进绿色消费，弘扬绿色生活理念，加快形成节约资源和保护环境的绿色生活方式。

其一，大力促进绿色消费。绿色消费是各类消费主体在消费活动全过程贯彻绿色低碳理念的消费行为。促进绿色消费需要推进重点领域消费绿色转型，积极推广绿色衣着、绿色居住、绿色交通、绿色用品、绿色电力消费，减少消费对自然环

---

① 习近平：《习近平谈治国理政》第四卷，外文出版社2022年版，第435页。

境的不利影响。要加大政府绿色采购力度，加强对企业和居民采购绿色产品的鼓励与引导，建立完善绿色消费信息平台，提高绿色产品生产与消费的透明度，为机构与社会公众绿色消费提供指引。通过激发与释放全社会的绿色消费潜能，促进绿色生产的发展。要强化绿色消费科技与服务支撑，引导企业扩大绿色低碳产品供给，建设涵盖上中下游各主体、产供销各环节的全生命周期绿色供应链制度体系，鼓励闲置资源、二手资源流通与交换，构建与完善废旧物资循环利用体系。要建立健全绿色消费制度保障体系，倡导遵循减量化、再利用、资源化三原则，清晰界定围绕绿色消费所进行的采购、制造、流通、使用、回收、处理等各环节要求，明确政府、企业、社会组织、消费者等各主体责任义务。要完善绿色低碳产品和服务标准、认证、标识体系，健全绿色能源消费认证标识制度，完善绿色设计和绿色制造标准体系，引领和带动产品与服务持续提升绿色化水平。

其二，弘扬绿色生活理念，倡导绿色低碳生活方式。要积极弘扬生态文明价值理念，促进绿色低碳发展相关知识的传播，提升社会公众对绿色生活理念的理解与认同，树立勤俭节约、绿色低碳的生活理念，形成全社会共同推动绿色发展的良好氛围。要引导人们自觉践行绿色生活方式，杜绝餐饮浪费，拒绝商品过度包装，选择绿色出行方式，推进生活垃圾分类和减量化、资源化，打造宜居生活环境。要加快推进生态文明领域的法律法规建设，完善舆论监督机制，敦促政府、企业、消费者等不同主体在绿色生产生活中各尽其责、积极作为，推动全体社会成员实现生活方式绿色转型，形成良好社会风尚①。

---

① 王巍：《推动形成绿色生活方式》，《人民日报》2023年6月5日第9版。

第十一章
新质生产力与人类文明新形态

历经百年栉风沐雨，我们党带领人民成功走出了中国式现代化新路，创造了物质文明、政治文明、精神文明、社会文明和生态文明协调发展的人类文明新形态。党的二十大报告将“创造人类文明新形态”纳入“中国式现代化的本质要求”①，强调要不断丰富和发展人类文明新形态。从马克思主义政治经济学的视角来看，现代化是生产力不断发展的过程，社会主义的本质是不断解放和发展社会生产力。人类文明新形态是社会主义新文明形态，其形成的物质文明基础和发展动力来源于持续不断的生产力发展与生产方式变革。

可以说，在推进中国式现代化进程中，新质生产力与人类文明新形态两大时代命题相辅相成：新质生产力从生产力发展与生产方式变革的角度为丰富和发展人类文明新形态夯实了物质基础与演进动力，而人类文明新形态的创造为新质生产力的形成与发展提供宏观保障并指引前进方向。因此，要清楚认识发展新质生产力与创造人类文明新形态之间的内在一致性，科学把握新质生产力的文明超越逻辑，将二者统一于中华民族伟大复兴的历史进程，对加快形成和发展新质生产力、赓续人类文明新形态具有重要理论与实践价值。

---

① 习近平：《习近平著作选读》第一卷，人民出版社2023年版，第20页。

一、生产力发展推动人类文明形态更迭

人类文明是人类建立的物质文明和精神文明，回答好“人类文明向何处去”“人类文明何以演进”等终极问题，始终是古今中外学者孜孜以求的目标。从概念本身来看，汉语中“文明”一词可追溯至《易·乾》中的“见龙在田，天下文明”，是与野蛮相对的社会进步状态。而英、法等国语言中的“文明”，内涵包括但不局限于“技术水准、礼仪规范、宗教思想、风俗习惯以及科学知识的发展等”①，泛存于政治、经济、宗教、技术等多个领域。

随着文明的演进，西方学界对文明范畴内涵的研究越发深入并不断延展。如古希腊哲学家柏拉图认为文明的本质是“理念”，强调精神和思想的重要性，文明的进步在于人类内心的升华和思维的发展。英国历史学家汤因比认为各个文明均需服从起源、成长、衰落和解体四个阶段的历史规律，将文明定义为不只包括文化，还包括政治、经济的社会形态。② 同样，美国政治学家亨廷顿认为文明和文化涉及一个民族全面的生活方式，处于动态发展的过程，“它们演变着，调整着，而且是人类最持久的结合，是‘极其长久的现实’”③。英国经济学家威廉·罗雪尔主张对国民经济的研究不能仅仅局限于现代经济关系，更要从文明与文化的历史阶段这一“现代一切未发达国民的最好教师”④出发，认为“国民性、文化阶段等等体现于

---

① 诺贝特·埃利亚斯：《文明的进程：文明的社会起源和心理起源的研究》第一卷，王佩莉译，生活·读书·新知三联书店1998年版，第61页。

② 阿诺德·汤因比：《历史研究》上卷，郭小凌、杜庭广、吕厚量等译，王造时译，上海人民出版社2016年版，总序。

③ 塞缪尔·亨廷顿：《文明的冲突》，周琪、刘绯、张立平等译，新华出版社2017年版，第28页。

④ 威廉·罗雪尔：《历史方法的国民经济学讲义大纲》，朱绍文译，商务印书馆1986年版，第8页。

国民经济之中，国民和国民经济同时成立、成长、繁荣，而再衰落”①。

西方学界描绘文明的经典著作不胜枚举，对文明以及文明形态进行了多角度多维度的丰富阐释，具有珍贵的参考和借鉴意义，但由于大部分研究基于共同的形而上学传统和资产阶级立场，实质上大多演变为“历史占卜术”而陷入困境。② 与之不同，马克思和恩格斯立足唯物史观，从批判和反思资本主义文明中认识到文明的进步源于社会生产生活实践。依据马克思的文明史观，文明形态可以分为广义的和狭义的两个维度。其中，广义的文明形态演进是由生产方式变革所推动的整体社会形态更迭，如“三形态说”“五形态说”；狭义的文明形态是特定民族或社会所创造的不同层次的社会形态。生产力高度发展所造就的坚实物质文明，是创造高度文明的人类社会的基础，无论从广义还是狭义来看，人类文明形态演进都离不开生产力的发展。因此，可以说人类文明新形态是在生产力的跃迁中开创的：从马克思主义政治经济学原理出发，生产力发展与生产关系调整引发的生产方式变革，是物质资料生产促进文明形态演进的根本力量；从大历史观出发，中国共产党在发展社会生产力的过程中不断对新文明形态进行探索与实践；从大时代观出发，新质生产力是人类文明新形态的重要物质基础。

（一）理论阐释：生产力发展是人类文明演进的根本力量

文明源于人类物质生活创造，文明形态是文明发展、积累并高度成熟后的表现。依据马克思主义政治经济学基本原理，生产力被视作人们在劳动生产中利用自然、改造自然以使

---

① 威廉·罗雪尔：《历史方法的国民经济学讲义大纲》，朱绍文译，商务印书馆1986年版，第14页。

② 白刚：《〈资本论〉与人类文明新形态》，《四川大学学报（哲学社会科学版）》2017年第5期。

其满足人的需要的客观物质力量。文明的演进依赖于这样一种客观物质力量，并受制于一定的社会生产力发展水平，其中便包括物质资料的生产以及科学技术发展状况。生产力发展是人类文明演进的物质根基与根本动力，生产力高度发达是人类文明高度发展的重要表征。

从发展动力来看，生产力不断发展是文明前进的动力。在马克思和恩格斯之前，思想家便认识到生产力发展在文明演进中不可忽视的作用。譬如，黑格尔在《历史哲学》中便认识到生产工具对文明进步的重要作用，指出："美洲土人体质既然这样孱弱，又加上缺少文明进步所必需的各种工具，他们缺少马，缺少铁，别人就用马和铁来做征服他们的重要工具。"[①]但黑格尔将文明浓缩为诸如"理念""绝对精神"等精神产品，无法阐释文明产生的动力问题。不同于唯心史观下对文明的片面认识，恩格斯将文明视为"实践的事情""社会的素质"[②]；马克思将"文明的一切进步"视作"社会生产力的一切增长""劳动本身的生产力的一切增长"[③]。此外，马克思在写给安年科夫的信中，将生产力比作是"文明的果实"[④]；在《哲学的贫困》中指出："由于最重要的是不使文明的果实——已经获得的生产力被剥夺，所以必须粉碎生产力在其中产生的那些传统形式。"[⑤]可见，唯物史观认为文明在生产力与生产关系的矛盾冲突中不断演进，"生产力是文明的最核心本

---

① 黑格尔：《历史哲学》，王造时译，上海书店出版社 2001 年版，第 85 页。

② 中共中央马克思恩格斯列宁斯大林著作编译局编译：《马克思恩格斯文集》第一卷，人民出版社 2009 年版，第 97 页。

③ 中共中央马克思恩格斯列宁斯大林著作编译局编译：《马克思恩格斯全集》第三十卷，人民出版社 1995 年版，第 267 页。

④ 中共中央马克思恩格斯列宁斯大林著作编译局编译：《马克思恩格斯文集》第十卷，人民出版社 2009 年版，第 43 页。

⑤ 中共中央马克思恩格斯列宁斯大林著作编译局编译：《马克思恩格斯文集》第一卷，人民出版社 2009 年版，第 613—614 页。

质”①。

在生产力中，马克思和恩格斯着力强调科学技术的作用，认为科学技术是生产力，同时指出，科学技术在促进生产力发展的同时，推动文明形态的演进。恩格斯认为：“使用机械辅助手段而获益一旦成为先例，一切工业部门也就渐渐仿效起来；文明程度的提高，这是工业中一切改进的无可争议的结果，文明程度一提高，就产生新的需要、新的生产部门，而这样一来又引起新的改进……使用机械辅助手段，特别是应用科学原理，是进步的动力。”②同时，恩格斯也认识到科学技术在资本主义文明下的“阴暗面”，只有将科学技术这一“新生的力量”掌握在“新生的人”——无产阶级手中才能真正实现文明的进步。可见，文明的稳定与演进离不开以科技为代表的生产力的持续发展与迭代进化，只有破除生产力发展的桎梏，才能不断开辟和创造人类文明新形态。

从演进目标来看，生产力高度发达的共产主义社会是人类文明演进的目标方向。马克思以生产方式的标准划分社会形态，强调“各种经济时代的区别，不在于生产什么，而在于怎样生产，用什么劳动资料生产”③。马克思主义揭示了人类社会必然会经历原始社会、奴隶社会、封建社会、资本主义社会、社会主义社会与共产主义社会的社会形态演进过程。社会形态是文明的重要表征，新旧文明形态演进交替的根本动力是生产力的发展，划分的重要依据是生产方式的变革。摩尔根将人类历史划分为蒙昧时代、野蛮时代和文明时代。其中蒙昧时代与野蛮时代作为史前时期，在生产工具上尚未出现

---

① 唐爱军：《中国式现代化道路的意义叙事》，《北京大学学报（哲学社会科学版）》2022年第2期。

② 中共中央马克思恩格斯列宁斯大林著作编译局编译：《马克思恩格斯文集》第一卷，人民出版社2009年版，第102页。

③ 中共中央马克思恩格斯列宁斯大林著作编译局编译：《马克思恩格斯文集》第五卷，人民出版社2009年版，第210页。

代机械，主要以石器、木器、陶器等简单工具为主，协作分工程度低，生产力水平总体较低，并未出现真正意义的文明[1]，而“文明时代是学会对天然产物进一步加工的时期，是真正的工业和艺术的时期”[2]。

步入原始社会末期，随着生产力的发展，出现了以农业和畜牧业分离为标志的第一次社会大分工，极大程度提升了生产效率。随着私有制和阶级的产生，在三次社会大分工后奴隶社会取代原始社会，人类向现代文明迈进。可见，正如摩尔根等所论述，人类文明的演进并非偶然，而是生产力水平不断提升、社会财富不断积累的必然结果。马克思和恩格斯则进一步揭示了作为最高文明社会阶段的共产主义社会是人类社会演进的必然趋势。在共产主义社会形态下，生产力高度发达不仅是物质文明极大丰富的前提，也是精神文明得以充分发展的基石，从而为实现人的自由而全面的发展提供了根本保障。

（二）历史考察：中国共产党在生产力发展进程中对文明形态的探索与实践

政党是现代文明的重要标志，现代文明的成功转型有赖于政党发挥组织领导力量选择适合自身生产力发展的现代化道路。中国共产党是中国式现代化的领导核心，成功带领人民走出了中国式现代化道路，创造了人类文明新形态。可见，中国共产党是人类文明新形态的伟大探索者、创造者和实践者。回溯百年历史，面对资本主义文明与社会主义文明的道路选择，中国共产党人并没有照搬西方现代化道路或是传统

---

① 王世泰、余达淮：《中国式现代化道路开创人类文明新形态的逻辑架构及世界意义——基于马克思国家治理文明观的话语叙事视角》，《南京社会科学》2022 年第 1 期。

② 中共中央马克思恩格斯列宁斯大林著作编译局编译：《马克思恩格斯文集》第四卷，人民出版社 2009 年版，第 38 页。

社会主义发展道路，而是基于自身国情，不断解放和发展社会生产力，在不懈奋斗下创造了中国特色社会主义文明新形态。由此，中国式现代化是生产力持续发展与文明不断演进的过程，中国共产党对生产力发展的百年探索史也是开辟人类文明新形态的奋斗史。

在新民主主义革命时期，我们党主动承担中华文明现代转型的历史重任，开启与我国具体国情相适应、有利于生产力发展的现代文明道路探索。在不断探索中，随着对马克思主义理论认识与实践的深入，我们党找到了一条既不同于资本主义文明的“邪路”、也不同于苏东社会主义文明的“老路”的新民主主义文明道路。毛泽东在《新民主主义论》中提出，我们要建立的新中国，不仅是“一个政治上自由和经济上繁荣的中国”，而且是一个文化上“文明先进的中国”。[①] 在探索现代文明道路中，我们党高度重视生产力的发展，在新民主主义经济纲领中，明确提出了反对官僚买办资本、保护民族资本的主张，在党的七大报告中强调建立重工业和轻工业、使中国由农业国变为工业国的目标设想。在党的领导下，新民主主义革命取得伟大胜利，完成了中华文明现代转型和与马克思主义的内在结合，并为解放和发展社会生产力、开创人类文明新形态创造了根本的社会条件。

在社会主义革命和建设时期，我们党把工业化和现代化作为社会主义文明发展的重要基础，加快恢复和发展社会生产力。社会主义文明的建设是从生产力的恢复和发展开始的，毛泽东在新中国成立前便明确提出：“随着经济建设的高潮的到来，不可避免地将要出现一个文化建设的高潮。中国人被人认为不文明的时代已经过去了，我们将以一个具有高

① 毛泽东：《毛泽东选集》第二卷，人民出版社1991年版，第663页。

度文化的民族出现于世界。”[1]新中国成立初期,中国经济落后的面貌尚未改变,为了恢复和发展社会生产力,以毛泽东同志为主要代表的中国共产党人提出“一化三改”的过渡时期总路线,将工业化摆在国家现代化建设的首位。

1954 年 9 月,毛泽东在一届全国人大一次会议的开幕词中指出,我们的总任务包括“准备在几个五年计划之内,将我们现在这样一个经济上文化上落后的国家,建设成为一个工业化的具有高度现代文化程度的伟大的国家”[2]。1957 年,毛泽东将现代科学文化纳入现代化建设的宏观框架,提出“将我国建设成为一个具有现代工业、现代农业和现代科学文化的社会主义国家”[3]。可见,我们党高度重视经济与文化层面的现代化,以生产力的不断发展开启社会主义文明道路的探索。社会主义革命和建设坚定了文明探索的社会主义前进方向,为创造人类文明新形态奠定了制度基础与宝贵经验。

进入改革开放和社会主义现代化建设新时期,我们党着力推动经济体制改革,解放和发展社会生产力,形成中国特色社会主义文明。以邓小平同志为主要代表的中国共产党人总结新中国成立以来社会主义文明道路探索的正反经验,坚持社会主义文明发展方向,深刻认识到解放和发展生产力是社会主义的本质要求,作出改革开放的历史性决策。邓小平着力强调在改革开放过程中要“走出一条中国式的现代化道路”[4],其中,物质文明建设和精神文明建设要“坚持两手抓”。他指出:“在社会主义国家,一个真正的马克思主义政党在执

① 中共中央文献研究室编:《毛泽东文集》第五卷,人民出版社 1996 年版,第 345 页。

② 中共中央文献研究室编:《毛泽东文集》第六卷,人民出版社 1999 年版,第 350 页。

③ 中共中央文献研究室编:《毛泽东文集》第七卷,人民出版社 1999 年版,第 207 页。

④ 邓小平:《邓小平文选》第二卷,人民出版社 1994 年版,第 163 页。

政以后，一定要致力于发展生产力，并在这个基础上逐步提高人民的生活水平。这就是建设物质文明。”①“不仅经济要上去，社会秩序、社会风气也要搞好，两个文明建设都要超过他们，这才是有中国特色的社会主义。”②邓小平从社会主义建设规律高度对生产力发展与社会主义文明建设进行了准确把握，创造性地提出了社会主义市场经济体制，发展和完善社会主义初级阶段的基本经济制度，推动农村土地与国有企业等重点领域改革，使中国实现了从“站起来”到“富起来”的历史性飞跃，生产力实现了高速发展，促进了社会主义文明发展繁荣。可见，改革开放实现了生产力的跃迁，为形成新质生产力创造了新条件，为创造人类文明新形态提供了新基础并注入了新动力。

进入新时代，我们党坚持推动生产力的持续升级与发展，以中国式现代化成功创造了人类文明新形态。在百年未有之大变局的挑战与机遇下，以习近平同志为主要代表的中国共产党人带领人民在中国式现代化道路的探索过程中不断激发社会生产力对文明的推进力。一方面，高度重视以科技创新激发生产力跃迁，加速文明形态的演进。党的二十大报告将创新摆在我国现代化建设全局的核心地位，强调科技是第一生产力、人才是第一资源、创新是第一动力。另一方面，着重强调以绿色发展推动生产方式变革，保障文明的可持续发展。习近平总书记强调，要“牢固树立保护生态环境就是保护生产力、改善生态环境就是发展生产力的理念”③。在生产力发展与生产方式变革的推动下，我国在党的领导下统筹推进经济建设、政治建设、文化建设、社会建设、生态文明建设“五位一

① 邓小平：《邓小平文选》第三卷，人民出版社1993年版，第28页。

② 邓小平：《邓小平文选》第三卷，人民出版社1993年版，第378页。

③ 中共中央文献研究室编：《习近平关于社会主义生态文明建设论述摘编》，中央文献出版社2017年版，第20页。

体”总体布局,创造了中国式现代化新道路,推进了人类文明新形态的创造。

中国式现代化所取得的发展成就背后,是中国生产力水平的不断提升,是对人类文明新形态的不断探索。在新的历史条件下,新质生产力作为中国式现代化的新动能与新路径,是中国共产党领导下对过去生产力发展历史经验的总结与创新,也必将开辟生产力跃迁新境界,继续丰富和发展人类文明新形态。

(三)现实观照:新质生产力是创造和发展人类文明新形态的重要物质力量

生产力作为塑造文明最革命最活跃的因素,是人类社会发展的杠杆。马克思指出:“手推磨产生的是封建主的社会,蒸汽磨产生的是工业资本家的社会。”①从人类文明演进的历史形态来看,生产力水平及其独特的生产工具是划分各文明形态的重要标识。从石器、青铜器、铁器、蒸汽、电气再到如今的数字技术,生产工具的变化与科学技术的突破推动着生产力开辟新的时代,推动文明形态的更迭。当前,随着新一轮科技革命与产业变革不断深入,关键生产要素也从自然、劳动力逐步转向数据、知识、算力等新兴生产要素,人类文明新形态的发展呼唤着与新的历史阶段相适应的先进生产力的形成。新质生产力是符合新发展理念的先进生产力质态,是创造和发展人类文明新形态的重要物质力量。

以新质生产力开创人类新文明形态是中国式现代化引领世界现代化潮流的必然选择。文明源于生动的人类生产实践,以生产力跃迁加速现代文明的嬗变与革新是现代化进程的必然。中国式现代化不仅创造了人类文明新形态,更拓展

① 中共中央马克思恩格斯列宁斯大林著作编译局编译:《马克思恩格斯选集》第一卷,人民出版社 2012 年版,第 222 页。

了发展中国家走向现代化的途径，为世界上那些既希望加快发展又希望保持自身独立性的国家和民族提供了全新选择。这个人类文明新形态不是对西方文明或其他文明的“追随”“依附”，而是中华民族现代文明的新形态。它立足于马克思主义的根本立场，根植于源远流长的中华文明沃土，来源于中国共产党百年来对执政规律、社会主义建设规律、人类社会发展规律的实践与总结。

从世界历史视角来看人类文明新形态，大变局下世界格局的调整，深层次上是不同文明间力量对比的调整。[①] 汤因比提出“挑战与应战”模型，他认为玛雅文明消失，而中华文明还得以延续，就在于中华民族能够应对好每一场历史挑战。因此，在世界变局下，科技革命引发的生产力变革为文明形态的发展提供了无限可能，中华民族现代文明如果抓住了生产力发展新机遇，加快关键性、颠覆性科技创新发展新质生产力，便能为社会主义文明形态的变革提供崭新力量，从而走在世界历史的最前沿；反之，如果不能作出正确回应的话，就会走向落后。

新质生产力作为中国面对文明演进机遇与挑战的回应，是撬动新的文明形态的杠杆。正如李斯特所说：“作为一个大国，决不能但顾眼前物质利益的享受；文化和力量是比单纯的物质财富更加重要、更加有益的资产——这是亚当·斯密自己所承认的——，只有建立自己的工业，才能取得并保持这些资产；一个国家如果觉得自己在世界上强大、文明的各国中有资格占有一个地位，那么遇到任何牺牲时就不可退缩，只有这样才能为自己守住这些资产。”[②]

① 项久雨：《世界变局中的文明形态变革及其未来图景》，《中国社会科学》2023 年第 4 期。

② 弗里德里希·李斯特：《政治经济学的国民体系》，陈万煦译，商务印书馆 2012 年版，第 105 页。

当前以人工智能技术为代表的新工业革命正悄然孕育着人类文明新形态变革的时代契机，随着以5G、人工智能、大数据等为代表的新技术和以知识、算力、数据为代表的新要素的广泛应用，中国在新一轮技术变革中要实现从“跟跑”“并跑”到“领跑”的赶超，重点在于以关键性、颠覆性技术创新推动生产力的高质量发展，进一步重塑国家竞争优势、推动产业转型升级。而新质生产力正是在驱动能力、支撑载体、发展方式、生产力要素等方面区别于传统生产力的先进生产力①，是由技术革命性突破、生产要素创新性配置、产业深度转型升级而催生的生产力。新质生产力的发展将不断发挥创新的主导作用，实现关键性、颠覆性技术创新，为我国在新的历史阶段把握发展机遇，以生产力的跃迁迅速提高我国的国际竞争力、影响力和综合实力，为中国式现代化快速积累丰富的物质基础。随着新质生产力的不断发展，中国式现代化必将引领世界现代化潮流，在筑牢中华文明文化根基、坚定社会主义文明演进方向的同时，不断丰富和发展人类文明新形态。

二、新质生产力开辟生产力跃迁新境界

沃勒斯坦指出：“‘从封建主义向资本主义的世界历史性的转化’是何时和怎样发生的？该问题的答案要求把资本主义定义为一种社会制度，一种生产方式，以及一种文明。”②从人类文明演进的角度来看，资本主义生产方式催生出资本主义文明，“资产阶级在它的不到一百年的阶级统治中所创造的生产力，比过去一切世代创造的全部生产力还要多，还要

① 周文、李吉良：《新质生产力与中国式现代化》，《社会科学辑刊》2024年第2期。

② 伊曼纽尔·沃勒斯坦：《现代世界体系》第二卷，吕丹、刘海龙、侯树栋等译，高等教育出版社1998年版，第6页。

大”①，并推动人类历史向世界历史转变。

但辩证地看，资本主义文明的发展建立在资本逻辑的不断扩张之上，在利用资本发展生产力的同时，基于剥削与压迫的生产关系，孕育着其难以调和的内外部对抗性矛盾。由此，资本主义文明因其狭隘限度导致无法实现物质财富的充分涌流与人的自由而全面发展，人类文明最终必然会向社会主义与共产主义文明演进，以高度发达的生产力超越资本主义文明。新质生产力作为中国化时代化的马克思主义生产力理论，是引领世界发展的、推动人类文明演进的当代中国马克思主义生产力理论，开辟了当代中国马克思主义政治经济学新境界。由此，加快形成和发展新质生产力，不断开辟生产力跃迁新境界，创造和发展人类文明新形态，可为中华民族现代文明屹立于世界文明之林提供关键性动力。

（一）发展路径：从“西方现代化”到“中国式现代化”

文明是人类社会自诞生以来创造出来的所有物质、制度与精神成果的总和，现代文明的跨越式发展源于现代化的开启。现代化作为人类社会生产力发展的巨大成果，是人类文明发展的重大历史性跨越，深刻地改变着人类生产与生活方式。西方资本主义国家率先发挥资本的“文明面”作用，以西方现代化道路发展生产力，从而建立起资本主义文明。然而，资本逻辑的扩张与反噬导致了资本主义文明的生产力悖论：在资本主义文明下，生产力越是发展，劳动者越是“异化”，人类文明越是走向历史的对立面。与之不同，中国式现代化以规范和驾驭资本的社会主义文明道路，克服了资本逻辑下不可调和的内在矛盾，创造了现代化的中国道路与现代文明的社会主义新形态，“展现了不同于西方现代化模式的新图景，

① 中共中央马克思恩格斯列宁斯大林著作编译局编译：《马克思恩格斯文集》第二卷，人民出版社 2009 年版，第 36 页。

是一种全新的人类文明形态”①。只有在中国式现代化道路下才能真正克服西方现代化生产力发展的文明悖论，加快形成和发展新质生产力可以助推中国式现代化开辟驾驭资本的文明新形态。

西方现代化以资本为中心，遵从资本逻辑自发驱动，以实现资本无限积累为目的②，进而导致资本主义文明陷入生产力发展的文明悖论中，即“文明的一切进步，或者换句话说，社会生产力的一切增长，也可以说劳动本身的生产力的一切增长……都不会使工人致富，而只会使资本致富”③。这一现代化悖论的根源在于西方现代化蕴含的双重矛盾。

从内部来看，西方现代化的失衡突出表现为发展不平衡性、发展不公平性以及社会分裂对抗性。资本家作为“人格化”的资本，通过雇佣劳动无偿占有剩余价值，与无产阶级的阶级矛盾日益激化。资本主义生产方式无法自发调和与解决阶级对抗性冲突，社会贫富悬殊，导致出现“富者累巨万，而贫者食糟糠”的两极分化。同时，资本规定着人的生产与生活的具体内容，加剧着人的异化，使人在生产中沦为资本积累的工具，在生活中成为只有物质生活、没有精神生活的“单向度的人”。

从外部来看，西方现代化的矛盾主要表现为侵略扩张性、专制排他性与剥削压榨性。西方现代化绝不是“田园诗式的东西”，而是如马克思所言，“在真正的历史上，征服、奴役、劫掠、杀戮，总之，暴力起着巨大的作用”④。这有三方面表现：其

---

① 《正确理解和大力推进中国式现代化》，《人民日报》2023 年 2 月 8 日第 1 版。

② 周文、肖玉飞：《中国式现代化道路的独特内涵、鲜明特征与世界意义》，《马克思主义与现实》2022 年第 5 期。

③ 中共中央马克思恩格斯列宁斯大林著作编译局编译：《马克思恩格斯全集》第三十卷，人民出版社 1995 年版，第 267 页。

④ 中共中央马克思恩格斯列宁斯大林著作编译局编译：《马克思恩格斯文集》第五卷，人民出版社 2009 年版，第 821 页。

一，西方现代化竭泽而渔式地攫取与破坏进一步引发了全球资源短缺、世界环境危机等问题，是不可持续的现代化，最终只会走向盲目与异化的自毁式文明；其二，西方现代化通过血腥的殖民扩张与掠夺完成原始积累，对黄金和白银的渴望与贪婪使得西方资本主义国家“借助于火枪的狂射、利剑的乱砍和瘟疫的扩散”①，向那些充满危险的、有着茂密的原始森林的处女地进发。西方现代化是在侵略与暴力的罪恶下走向野蛮的“文明”；其三，西方现代化旨在固化现代资本主义“中心—外围”世界体系，为达到这一目标，西方帝国主义国家摧毁他国现代化根基、攫取他国民族资本并使其成为附庸，为掩盖其罪行，以所谓的“普世价值”和“西方文明中心论”，为资本的全球扩张寻找正义的借口。

中国式现代化开创了驾驭资本的文明新形态并克服了生产力发展的文明悖论，以加快发展新质生产力推动迈向社会主义现代化强国。中国是以和平共赢而非殖民掠夺方式谋求现代化发展的文明型国家，我们党团结带领人民走出了一条立足中华文明、坚持独立自主、和平发展并符合中国具体实际的文明发展道路。中国式现代化开启了驾驭资本、扬弃资本逻辑并吸收借鉴资本主义文明发展成果的文明新形态，在社会主义市场经济条件下充分发挥资本作为生产要素对生产力发展的积极作用，并以党的领导为政治保障、以社会主义制度为制度保障，充分发挥政府与市场的作用，克服了生产力发展的文明悖论。

当前新一轮科技革命和产业变革方兴未艾，人类文明演进正处于生产力跃迁的“历史前夜”，创新与竞争仍是世界的主题。在新技术革命时代，新质生产力的提出为中国式现代

① 爱德华多·加莱亚诺：《拉丁美洲被切开的血管》，王玫、张小强、韩晓雁等译，人民文学出版社2001年版，第9页。

化破解全球资本主义、金融资本主义与技术资本主义三重资本逻辑，治理过度金融化和科技霸权难题贡献了中国方案和中国智慧。[①] 汤因比将文明衰落的本质总结概括为：少数创造性群体丧失了创造能力，大多数人不再进行相应的模仿，随后整个社会出现分裂。[②] 在人类文明的演进下，“西方的力量相对于其他文明将继续衰落”[③]。以新质生产力为代表的先进生产力在社会主义文明下更能够激发人民力量、释放创新能力，以生产力的不断跃迁为人类现代文明增添新内容、注入新动力、开辟新境界。中国式现代化注定将引领世界新一轮现代化变革潮流，承担起指引人类现代文明新路向的历史重任。

（二）发展理念：从传统经济增长理念到新发展理念

生产力的跃迁能够变革旧的生产方式，创造新的经济增长动能，促进社会的进步、财富的积累与文明的演进。在物质财富的吸引下，西方主流经济学热衷于以“增长至上”“效率优先”的传统经济增长理念发展社会生产力，由此资本主义文明在一定的历史时期内完成了前所未有的财富积累。但随着人类文明的持续演进，资本主义私有制及其文明根基决定了资本主义文明的狭隘限度，资本主义始终无法克服自身社会矛盾，从而导致生产力发展水平越高、速度越快，其生产方式的内在矛盾越尖锐，周期性经济危机越频繁，资本主义文明越走向衰落。

亨廷顿曾通过分析多个发展中国家的现代化进程，得出了经济发展速度越快越容易造成社会不安定的悖论[④]。但这

---

① 周文：《再论中国式现代化与人类文明新形态》，《求索》2023 年第 5 期。

② 阿诺德·汤因比：《历史研究》上卷，郭小凌、杜庭广、吕厚量等译，上海人民出版社 2016 年版，第 247 页。

③ 塞缪尔·亨廷顿：《文明的冲突》，周琪、刘绯、张立平等译，新华出版社 2017 年版，第 79 页。

④ 塞缪尔·亨廷顿：《变革社会中的政治秩序》，李盛平、杨玉生、李培华等译，华夏出版社 1988 年版，第 50—51 页。

一悖论并没有在中国经济高速发展进程中出现，其关键就在于中国共产党从生产力的发展规律与人类文明演进的规律出发，坚持马克思主义政治经济学基本原理，坚定社会主义文明发展方向。在新发展阶段，我们以贯彻新发展理念的高质量发展实现了对西方主流经济学增长理念的超越，释放新质生产力对高质量发展的推动力与支撑力，不断发展中国特色社会主义文明形态，开辟生产力跃迁的新境界。

贯彻新发展理念的高质量发展走的是生产发展、生活富裕、生态良好的文明发展道路，新质生产力在文明发展道路中实现了对西方经济发展理念下传统生产力的超越。习近平总书记指出："高质量发展，就是能够很好满足人民日益增长的美好生活需要的发展，是体现新发展理念的发展，是创新成为第一动力、协调成为内生特点、绿色成为普遍形态、开放成为必由之路、共享成为根本目的的发展。"①具体来看，在新发展理念的指导下，以新质生产力为代表的先进生产力对传统生产力至少实现了三方面的超越：

其一，西方主流经济学对传统生产力发展水平的度量往往以 GDP 的数字增幅作为依据，经济发展中单纯对量的追求导致出现量与质的失调、规模与结构的失衡、自然的破坏等问题。新质生产力强调大幅提升全要素生产率以实现高质量发展，在度量上超越"唯 GDP 论"，以社会主义国家的综合国力与人民的生活水平的提高作为衡量标准。

其二，西方现代化经济体系以"私有化、市场化、自由化"的新自由主义经济学为指导，以产业结构分工理论和比较优势理论指导生产力的发展，误导发展中国家的现代化发展与产业调整方向，致使其生产力发展停滞甚至倒退，深陷"中等收入陷阱"而无法自拔。区别于西方的现代化经济体系，新质

① 习近平：《习近平著作选读》第二卷，人民出版社 2023 年版，第 67 页。

生产力建立在中国现代化经济体系之上，以社会主义公有制为主体、多种所有制经济共同发展的基本经济制度为基础，以高质量的要素资源、更加合理的产业结构与系统完备的产业体系推动社会主义文明发展。

其三，由于西方主流经济学过分强调“自由竞争”和要素报酬论的分配方式，生产力发展所形成的“文明的果实”掌握在少数人手里，社会贫富悬殊，社会不平等加剧，社会问题往往伴随着经济的高速增长而加剧。而在共享发展理念和按劳分配为主体、多种分配方式并存的分配方式下，新质生产力以科技创新创造坚实的物质文明基础的同时，依靠社会主义市场经济体制下平等的劳动生产关系，以生产力与生产关系的统一推动全体人民共享文明发展成果。因此，新质生产力作为推动经济高质量发展的内在要求与重要着力点，在新发展理念的指导下，能够不断释放生产力新动能，推动人类文明新形态的发展。

文明的存续与发展厚植于完善的经济结构与雄厚的物质基础，依靠科技创新所带来的生产方式变革，可以为生产力的跃迁与文明形态的飞跃创造根本条件。当前，我国已从高速增长阶段转向高质量发展阶段，因此，把握科技革命与产业变革的历史机遇，摒弃西方经济增长理念，坚决贯彻新发展理念，发挥新质生产力这一先进生产力对高质量发展的强劲推动力、支撑力，是加快文明形态变革的关键。

一方面，从内在要求来看，高科技、高效能、高质量是新质生产力的重要特征。新质生产力从“新”与“质”的角度推动高质量发展，是以科技创新为主导的生产力，摆脱了既往文明形态所对应的依靠大量资源投入、高度消耗资源能源的传统生产力发展方式，是符合高质量发展要求与社会主义文明演进内在规律的生产力。

另一方面，从重要着力点来看，推动贯彻新发展理念的高质量发展实践的核心在于精心布局并建设现代化的产业体系，而新质生产力的核心是创新、载体是产业，其形成和发展有助于现代化产业体系建设，实现人类文明演进的“时空压缩”。中国式现代化开辟人类文明新形态面临着发展时间压缩性、发展任务叠加性以及发展战略赶超性的挑战；同时，高质量发展面临着传统人口红利逐步消失、出口需求常态化萎缩等动力不足的问题。因此，以新一轮科技革命与产业变革机遇为抓手，加快形成和发展新质生产力，形成新技术、新经济、新业态，有助于为经济增长提供新动能，克服挑战、破解难题，以雄厚的产业基础与多元的经济结构推动高质量发展，丰富和发展人类文明新形态。

（三）发展范式：从工业文明到“五位一体”总体布局

随着工业革命的开启，资本主义生产方式在现代化的浪潮下推动以自然经济为基础的农业文明向以商品经济为基础的工业文明跃迁。工业文明发展范式下，创造的极大生产力、缔造的雄厚物质文明基础以及开拓世界市场都源自其物质中心主义的内核，但正如托夫勒在《第三次浪潮》中将其形容为“垂死的工业文明”那样，第三次浪潮将带来新的文明，“这一新文明在很多方面和传统的工业文明相冲突。它既包含了高科技，又包含了反工业化”①。以物质中心主义发展生产力的资本主义文明所形成的庞大物质财富，是以牺牲其他文明、精神文化衰落、人与自然关系高度紧张为代价的。

因此，工业文明范式只能是单一、片面、残缺、畸形的文明，也必将被社会主义新文明所取代。在马克思主义政治经济学基本原理的指导下，一代代中国共产党人将社会主义文明内在要求与中国具体实际统一起来，以系统观念审视生产力发展，不断开辟社会主义文明新境界。进入新时代，我们党

---

① 阿尔文·托夫勒：《第三次浪潮》，黄明坚译，中信出版社2018年版，第4页。

统筹推进经济建设、政治建设、文化建设、社会建设、生态文明建设“五位一体”的现代化建设总体布局,形成物质文明、精神文明、政治文明、社会文明、生态文明“五位一体”的社会主义文明观,以超越工业文明的全新发展范式推动新质生产力发展。

“五位一体”总体布局彰显了系统观念的科学布局,在新时代破解了西方工业文明线性思维下生产力的发展困境。

其一,从理论逻辑来看,只有扬弃资本主义工业文明,才能实现未来社会的新文明。马克思和恩格斯在肯定资本主义文明较之于过去文明形态的生产力水平与文明程度提升的同时,也认识到了资本主义文明是一种“异化”的文明,以“粗陋野蛮的文明”“文明中的野蛮”“文明灾祸”“资产阶级文明的极端伪善”等词句揭露了资本主义文明的对抗性和局限性。[①] 人类文明并不是只有资本主义文明这一唯一发展范式,社会主义文明是能克服生产力发展文明悖论的更高阶段文明形态,对资本主义文明中有利于生产力发展的部分进行批判性吸收,从而使社会主义新文明形态取代资本主义文明的发展趋势加速。

其二,从历史逻辑来看,文明形态的演进是动态的,资本主义生产方式下形成的工业文明并非自然的、永恒的,而是历史性的。资本主义文明形成于古希腊文明与基督教文化交融的西方文明形态之上,其“普世价值”的精神内核与资本逻辑的剥削扩张本性决定了“西方文明中心主义”不可能以解放和发展生产力真正实现共同富裕与人的解放。而“五位一体”总体布局的社会主义新文明发展范式孕育于中华文明基础之上,继承和发展了中华优秀传统文化中“天人合一”的自然观、

① 张永刚:《现代文明的生发逻辑与人类文明新形态的时代建构》,《江苏社会科学》2022 年第 5 期。

优秀而卓越的辩证思维与整体思维、先义后利的财富观等精华，经过创造性转化、创新性发展更能吸收和包容人类文明成果，涵养新质生产力的形成与发展。

其三，从现实逻辑来看，在科学技术，尤其是关键性颠覆性技术创新日益取代自然和劳动成为最关键的生产要素的时代，“我们所面对的并不只是一场科技革命，而是一种全新文明的到来”①。在资本主义私有制下，技术对人的异化愈发明显；工业文明范式下，其内在冲突也日益明显，资本主义工业文明也必将被新的文明所取代。而中国共产党人在大力发展生产力的同时，始终把握时代变局，不断深化对社会主义文明结构的认识。从“三位一体”到“四位一体”，再到“五位一体”总体布局，中国共产党坚持系统观念、立足中国实际，摸索出了整体协同、动态发展的文明发展范式，走出了与当代世界发展变局相适应的生产力发展的文明道路。

新质生产力是助推形成工业文明与生态文明有机统一的人类文明新形态的新动能。在“五位一体”总体布局下，中国式现代化展现了人类文明新形态的全面性，实现了工业文明与生态文明的有机统一。而新质生产力作为符合社会主义文明内在要求的先进生产力，是助推人类文明新形态发展的新动能。

一方面，人类文明新形态的发展离不开新质生产力对工业文明的改造和发展。中国式现代化不是对工业文明的简单否定，而是批判性吸收；新质生产力助推我国新一轮产业技术革命也并非西方国家的“去工业化”，而是以实体经济为支撑。西方发达国家对实体经济的忽视所导致的产业空心化、金融泡沫化、制造业虚假繁荣等问题，已充分证明了绝不能弱化和

① 阿尔文·托夫勒：《第三次浪潮》，黄明坚译，中信出版社 2018 年版，第 363 页。

忽视实体经济的发展。在“五位一体”总体布局的宏观保障与新型工业化的战略支撑下，新质生产力不仅能够推动实体经济在数量上的增长，更能进一步提升我国工业质量、产业结构与国际竞争力。新质生产力通过改造和发展工业文明，将人类文明推向了更高的发展阶段。

另一方面，新质生产力本身就是绿色生产力，大力发展新质生产力是人类文明新形态形成的内在要求。现代文明以工业文明为根基，但工业文明并非现代文明的全部，人类文明演进不能唯“工业化”、唯“生产力化”，而应从系统观念出发，整体推动物质文明、政治文明、精神文明、社会文明、生态文明协调发展。实现绿色发展是新质生产力的必然要求，新质生产力在发展方式上着力推动技术创新、实现绿色可持续发展，在产业结构调整上引领全产业链实现绿色升级，通过创新绿色技术和发展绿色产业推动工业文明绿色转型，从而助推中国式现代化破解人类文明失衡的发展难题，实现工业文明与生态文明的有机统一，进一步形成全面协调发展的现代文明形态。

三、新质生产力引领人类文明新形态

新质生产力作为马克思主义政治经济学中国化时代化新的标识性概念，丰富和发展了马克思主义生产力理论，阐发了中国式现代化道路上生产力发展的新趋势和新规律，以生产力不断跃迁的新境界为创造和发展人类文明新形态提供了强有力的理论指导。因此，以中国式现代化创造人类文明新形态要求加快发展新质生产力。

（一）充分发挥党和国家的引领作用，保障人类文明新形态的演进方向

中国特色社会主义最本质的特征是中国共产党领导，中国特色社会主义制度的最大优势是中国共产党领导。党始终

代表中国先进生产力的发展要求，党的领导是丰富和发展人类文明新形态的根本保障。中国共产党高度自觉地运用马克思主义政治经济学原理指导生产力发展与文明实践，引领着人类文明新形态的社会主义前进方向。因此，发展新质生产力、推进形成人类文明新形态，离不开党的领导。同时，也要进一步发挥国家主体性，促进政府与市场的有机结合，从而保障人类文明新形态的演进方向。

在西方主流经济学的分析范式下，政府与市场二元对立，在生产力发展与生产关系调整中缺乏强有力的领导核心。与西方主流经济学相比，中国在中国化、时代化的马克思主义政治经济学指导下，发挥社会主义市场经济体制优势，探索出以中国共产党总揽全局、协调各方，让市场在资源配置中起决定性作用，同时更好发挥政府作用的党、政府、市场三维架构，以之引领经济发展。新质生产力在三维架构下能够更好锚定社会主义文明演进方向，并在强有力的宏观保障下不断形成与发展。

其一，加强党和国家对科技创新与经济发展的顶层设计作用，统筹好政府与市场的关系。党始终坚持观大势、谋全局、抓根本的系统观念和自我革命、艰苦奋斗的政治本色。面对加快发展新质生产力的时代任务，要进一步发挥国家主体性与人民自主性，以坚韧不拔的毅力实现关键性、颠覆性技术创新，正确处理政府与市场的关系，协调好各类创新主体和资源，推动新质生产力发展的"文明的果实"满足人民对于美好生活的需要。

其二，更好发挥政府作用，释放其在长期创新活动中价值创造的生产性潜力。马祖卡托指出，政府政策不是对市场的

"干预"和"入侵",而是共同塑造竞争市场的社会过程的一部分[①],并且政府不仅资助基础研究领域和应用研究领域风险最高的研究项目,通常还直接推进突破性、开拓性最强的创新。因此,要明确并调整政府在发展新质生产力中的作用与范围,提升科技治理的效率,加大政府对科技创新的宏观统筹、政策引导、财政支持,以"五位一体"的社会主义文明观形成创新文化,激发全社会的创新动力与热情。

其三,充分发挥市场作用,激发市场主体创新活力。新质生产力的发展离不开有效市场的关键作用:从创新主体来看,企业是创新的主体,只有实现国有企业与民营企业"国民共进"才能释放创新的最大动能;从现实转化来看,市场是实现创新从理论成果向现实生产力转化的推动力量与支撑,发挥有效市场才能真正释放科技作为第一生产力的强大力量。发展新质生产力,必须完善市场基础制度,为各类市场主体的公平竞争与创新提供可能,充分利用和发挥超大规模市场优势对全球创新资源的"虹吸效应",遵循市场创新规律,激发国有企业与民营企业等主体的创新活力,加快新产业、新模式、新动能的形成。

(二)推动科技创新与产业变革,重塑人类文明新形态的增长动能

资本主义文明的全球扩张致使全球社会生产力发展不充分、布局不均衡等矛盾突出,全球生产力由于资本主义国际分工格局的固化与国际垄断资本的束缚而亟待解放与发展。[②]新一轮技术革命与产业变革加速演进,科学技术的创新使得人类生产生活的空间得以发展,拓展了人类文明的时间与空

① 玛丽安娜·马祖卡托:《增长的悖论:全球经济中的创造者与攫取者》,何文忠、周璐莹、李宇鑫译,中信出版社 2020 年版,第 239 页。

② 周文:《人类命运共同体的政治经济学意蕴》,《马克思主义研究》2021 年第 4 期。

间，以时间消灭空间是文明发展演进的必然趋势。在新的历史机遇期，新质生产力是我国赢得现代大国竞争的制胜关键、维护国家经济安全的应对之举，同时也是以科技高水平自立自强破除国际垄断资本集团的生产垄断、促进生产力高质量发展的新动能。因此，要进一步推动科技创新与产业变革，以更快速度、更高质量发展社会生产力，重塑人类文明新形态的增长动能。

其一，以自主创新打好关键核心技术攻坚战。当前，发达资本主义国家掌握科技霸权，广大发展中国家被迫陷入产业“低端锁定”，资本主义国际分工日益固化，阻碍了全球生产分工协作、生产力的合理布局与世界生产力的解放发展，资本主义以“西方文明中心论”压制世界其他文明。中国式现代化走的是自主发展的道路，坚持独立自主与创新发展是践行自主发展的核心要义。我国必须改变当前关键核心技术受制于人的局面，才能真正以新质生产力引领自主性内源式现代化道路。首先，从顶层设计来看，要始终坚持“四个面向”推动新质生产力发展，以长远眼光前瞻性谋划国家发展战略，增加创新研发投入，加强基础研究和原始创新。其次，从体制机制来看，要发挥新型举国体制优势，以有效市场和有为政府高效组织配置创新资源，进一步完善创新管理体系与运行机制，畅通关键核心技术攻关的跨部门跨领域创新。再次，从人才培养来看，要深入实施“人才强国战略”，健全面向未来的创新型人才培育机制，完善多层次多类型人才培养体系，不仅要培育能够承担国家重大攻关任务的高水平研究型人才，也要加强应用技术类高技能人才队伍建设。最后，从全球视野来看，要加强科技创新的国际合作，在人类文明发展的共同难题上发挥各国优势，共同促进全球生产力的合理布局与高质量发展，以人类命运共同体理念共同推动现代文明的发展。

其二，以全链条服务支撑体系加速科技成果转化。科技创新成果如不能向现实生产力转化，只能是潜在的生产力，无法发挥应有的价值和作用。当前，我国创新成果向现实生产力转化能力薄弱、高新技术产业化程度低等问题仍旧突出，因此，突破科技创新与经济发展现实脱节的困境，以全链条服务支撑体系加速科技成果转化，是以新质生产力重塑人类文明动能的必然环节。当前，要从社会主义市场经济条件出发，加快创新链、产业链、资金链、人才链深度融合；要发挥政府作用，突破制约产学研用有机结合的体制机制障碍，保障各类创新主体间信息、人才、资金、技术等创新要素的畅通与汇聚，提升创新整体效率，降低以科技创新推动生产力"质变"与新兴产业孵化的成本与风险；要激发市场创新活力，鼓励头部企业参与和牵头实施重大科技项目，加快形成以企业为主体、政府为保障、市场为导向的产学研用深度融合的技术创新体系，加快科技与经济的高质量融合发展。

（三）加快形成新型生产关系，构筑人类文明新形态的内在秩序

生产力是创造人类文明新形态的原动力，而生产关系作为"特殊的以太"，不仅体现着社会历史的一般规定，更彰显出不同历史社会的特色性质，规定着人类文明的内在秩序①。随着生产力的发展与生产方式的迭代，新文明形态的建立与发展都要求建立与之相匹配的生产关系。习近平总书记强调："生产关系必须与生产力发展要求相适应。发展新质生产力，必须进一步全面深化改革，形成与之相适应的新型生产关系。"②中国式现代化对人类文明的探索经验表明，没有生产力的不断发展就没有社会主义文明的持续演进，没有新型生产

---

① 刘同舫：《人类文明新形态的内在依据：生产方式的创新性发展》，《北京大学学报（哲学社会科学版）》2023 年第 1 期。

② 习近平：《发展新质生产力是推进高质量发展的内在要求和重要着力点》，《求是》2024 年第 11 期。

关系的建立，也难以推进新质生产力的形成与发展。因此，围绕新型生产关系的构建，要以深化体制改革为关键，从以下三方面完善体制机制：

一是要尽快构建和形成高水平的社会主义市场经济体制。高水平社会主义市场经济体制是马克思主义政治经济学中国化、时代化的重大创新，是党的领导下以政府与市场有机结合激发市场创新活力、调动人民生产积极性、促进新质生产力发展的宏观保障。具体来看，以经济体制的改革加快发展新质生产力，一方面，要着力加快建设全国统一大市场，以高标准市场体系为载体对创新资源进行合理配置，破除地方保护与市场分割，提高市场效率并减少重复建设与生产力的内耗，让各类先进优质生产要素向发展新质生产力顺畅流动，加快实现关键核心技术的突破。另一方面，要扩大高水平对外开放，设立自由贸易区与发展新对外开放经济区，引进高端要素资源，以开放型经济体制推动构建新发展格局，为发展新质生产力营造良好国际环境，共同推动全球生产力的发展。

二是要推动金融体制改革的深化。金融是链接科技创新和产业创新的重要中介，技术创新需要金融资本的支持，金融也应当更好地服务于实体经济的发展，以科技与金融深度融合加快形成新质生产力。在深化金融体制改革、加快形成新型生产关系的过程中，首先，在宏观保障上，要不断提升中国共产党驾驭资本的能力，使之更好地服务于中国式现代化与建设社会主义文明，同时发挥基本经济制度优势，防止金融资本无序扩张；其次，在服务支撑上，要深化金融服务体制改革，优化金融支持科技创新的配套政策，为广大科创企业提供多元融资渠道，提升创新型企业融资可得性，满足企业创新更深层次更广泛的金融服务需求；最后，在风险管理上，要平衡好金融支持科技创新与防范系统性金融风险的关系，针对我国资本市场的特点，进一步探索形成金融支持科技创新过程中风险共担、利益共享合作机制。

三是要深化科技体制改革。随着改革开放的推进，我国在科技体制改革方面取得了一定成效，开启了迈向创新型国家前列和建设科技强国的新征程，但与发展新质生产力的要求相比仍有较大进步空间。科技体制的完善应围绕教育、科学、人才三个方面形成良性循环，推动高素质综合性人才的培养和科技成果的转化。从宏观上，要完善统筹协调的科技宏观决策体系，建立健全关键核心技术新型举国体制，加快建设符合科技发展规律的中国特色国家创新体系；从中观上，要完善科技支撑战略性新兴产业发展和传统产业升级的机制，围绕新质生产力发展部署产业链创新链，找准制约产业发展的关键技术堵点，从体制机制上支撑从研究开发到成果产业化的有机衔接；从微观上，要建立企业主导产业技术研发创新的体制机制，充分给予企业在技术创新决策、研发投入、科研组织和成果转化中的自主决策权，鼓励企业与科研院所、高等学校等创新主体联合培养人才，共克技术难关。

（四）厚植现代化经济体系，夯实人类文明新形态的物质基础

现代化经济体系是实现社会生产力高质量发展、服务于社会主义现代化强国建设的制度体系，它以坚实的生产力基础重塑现代物质文明结构，不断刷新现代物质文明新高度。加快发展新质生产力与建设现代化经济体系是相互促进的：一方面，创新是“建设现代化经济体系的战略支撑”[①]，以创新为主导作用的新质生产力是现代化经济体系的关键动能；另一方面，加快建设现代化经济体系的重要着力点在于提高全要素生产率，而新质生产力以全要素生产率大幅提升为核心标志，现代化经济体系是加快形成和发展新质生产力的宏观

① 习近平：《习近平著作选读》第二卷，人民出版社2023年版，第26页。

保障。因此，要以发展新质生产力为契机，加快建设现代化经济体系，进一步夯实人类文明新形态的物质基础。

第一，要加快形成国家竞争优势。长期以来，西方致力于强调基于比较优势的国际贸易理论，按照这一理论逻辑，发展中国家利用自身自然资源禀赋大力发展农业，必然会走向“去工业化”趋势。实际上，在现有国际产业分工体系下，比较优势理论所维护的是西方发达国家的产业优势，广大发展中国家在短期内能够实现一定的经济增长，但长此以往会陷入“贫者愈贫，富者愈富”的马太效应中，从而加剧弱势地位并形成依附性经济。因此，我国现代化经济体系的建设不能照搬西方经济学理论，也不能简单以西方标准衡量，而要摈弃西方现代化的经济发展思维，从系统观念出发，将现代化经济体系的建设视作诸多环节、层面、领域相互关系和内在联系的有机整体；要突破比较优势理论桎梏，强化自主创新能力，发挥国家和政府在创新中不可替代的作用，利用社会主义制度优势、工业能力优势、超大规模市场优势等加快发展新质生产力，培育国家竞争新优势。

第二，要着力建设现代化产业体系。产业是经济之本、发展之基，现代化产业体系的构建是建设现代化经济体系的重中之重。西方经典产业结构理论片面地强调服务业占比与现代化程度正向挂钩，过分追求金融市场、房地产市场等虚拟经济的“蓬勃发展”，经济“脱实向虚”、产业空心化等问题严重，不仅严重阻碍了社会生产力跃迁，更会进一步引发国际金融危机，造成人类文明演进的停滞甚至是倒退。

我国建设现代化经济体系应摈弃西方经典产业结构理论的错误认识，加快科学创新成果向新质生产力转化，着力改造提升传统产业，培育壮大新兴产业，布局建设未来产业，完善现代化产业体系。在产业智能化上，加快高新技术与产业体系建设的深入融合，推动产业数字化与数字产业化，加快形成战略性新兴产业集群，尽早布局未来产业。在产业绿色化上，加快绿色科技创新和先进绿色技术推广应用，将绿色技术融入产业全链条，发展好循环经济等绿色新经济模式，打造高效生态绿色产业集群。在产业融合化上，既要实现产业发展与国家发展重大战略融合，围绕推进新型工业化和加快建设制造强国、质量强国、网络强国、数字中国和农业强国等战略任务，科学布局科技创新、产业创新，也要实现不同类别产业在区域内与区域间的融合发展，促进数字经济和实体经济深度融合，优化区域产业链发展，因地制宜发展新质生产力。

后　记

2023年7月以来，习近平总书记先后在四川、黑龙江、浙江、广西等地考察调研时，提出要整合科技创新资源，引领发展战略性新兴产业和未来产业，加快形成新质生产力。新质生产力是我国在国内外新形势下经济发展的新战略选择，我本人很荣幸在国内较早意识到新质生产力概念的重要性，也较早认识到新质生产力的深刻内涵。习近平总书记首次提出新质生产力后，《中国纪检监察报》曾就什么是新质生产力、如何理解形成新质生产力的重要意义对我进行专访，专访内容后来整版刊发于2023年9月19日的《中国纪检监察报》上，这应该是国内最早就新质生产力作全面系统解读的文章。

对于如何更好地解读新质生产力，我自己因为一直坚持学思践悟习近平经济思想，做到全面正确深刻领会和把握习近平经济思想的内涵和核心要义，因而能够自觉用习近平经济思想指导新质生产力研究。当时我在专访中就提出：新质生产力是以科技创新为主导，实现关键性、颠覆性技术突破而产生的生产力。没有科技发展的关键性突破，就没有新质生产力——先进科技是新质生产力生成的内在动力。而且我还认为，新质生产力的关键是“新”与“质”。所谓“新”，是指不同于一般意义上的传统生产力，而是以新技术、新经济、新业态为主要内涵的生产力；所谓“质”，是强调把创新驱动作为生产力的关键要素，以实现自立自强的关键性、颠覆性技术突破为龙头的生产力跃升。因此，新质生产力是科技创新在其中发挥主导作用的生产力，是高效能、高质量，区别于依靠大量资源投入、高度消耗资源能源的生产力发展方式，是摆脱了传统增长路径、符合高质量发展要求的生产力，是数字时代更具融合性、更体现新内涵的生产力。新质生产力的提出，带来的是发展命题，也是改革命题。生产力是生产关系形成的前提和基础。生产关系是适应生产力发展的要求建立起来的，是生产力的发展形式，它的性质必须适应生产力的状况。为了与形成新质生产力相适应，要加快围绕创新驱动的体制机制变革，通过不断调整生产关系来激发社会生产力发展活力。新质生产力的提出，是马克思主义生产力理论的发展和创新，是马克思主义政治经济学的中国化、时代化。

后来，《改革》杂志总编辑看到这篇对我的专访文章，专门电话约稿，让我尽快整理成学术论文发在该刊物上。这就有了后来发表在《改革》2023 年第 10 期上的《论新质生产力：内涵特征与重要着力点》。这篇论文已成为 CNKI 上引用量和下载量最大的论文之一。发表的这些成果在全国产生了如此广泛的影响，这是我当初没有预想到的。

2023 年 12 月 12 日，全国工商联专门邀请我在德胜门大讲堂做“加快形成新质生产力　增强发展新动能”的主题演讲报告。2024 年 1 月 25 日，中国人民银行总行又邀请我给司局长班做“加快形成新质生产力，建设金融强国”的报告。这些演讲报告与前面文章的内容，与习近平总书记 2024 年 1 月 31 日在中共中央政治局第十一次集体学习时的讲话精神基本一致。

今年以来，我们团队把推进新质生产力的研究作为重点，目前发表的有关新质生产力的文章大概有 30 篇。现在来看，这些解读和阐释是经得起历史检验的，也起到了一定的引领作用。通过解读和阐释新质生产力，我们的研究水平也得到进一步提高。现在呈现出来的研究成果是团队合作的结晶，是我和我的博士生、硕士生们共同合作完成的。书中各章具体分工如下：第一章，许凌云；第二章，李吉良；第三章，张奕涵；第四章，白佶；第五章，李吉良；第六章，杨正源；第七章，李雪艳；第八章，肖玉飞；第九章，叶蕾；第十章，张奕涵；第十一章，李吉良。书稿最后由我统稿。

今年以来，有不少国内出版社主动约请将我们团队的这些研究成果出版成专著，但是当时我并没有出版的打算。而当江西高校出版社主动约请出版时，鉴于我与江西高校出版社有过几次接触，江西高校出版社团队的敬业精神让我特别感佩，所以我毫不犹豫地答应了此事。感谢江西高校出版社对我们研究工作的肯定和重视，他们组织了最优秀的编辑力量合力编辑出版此书，保障了书的及时面世。

周文

2024 年 8 月 8 日